Dorothee Sänger · Michael Gahr

Dänemark · Jütland

Wandern im Land zwischen zwei Meeren

52 Touren durch Jütlands Dünen, Heiden und Wälder

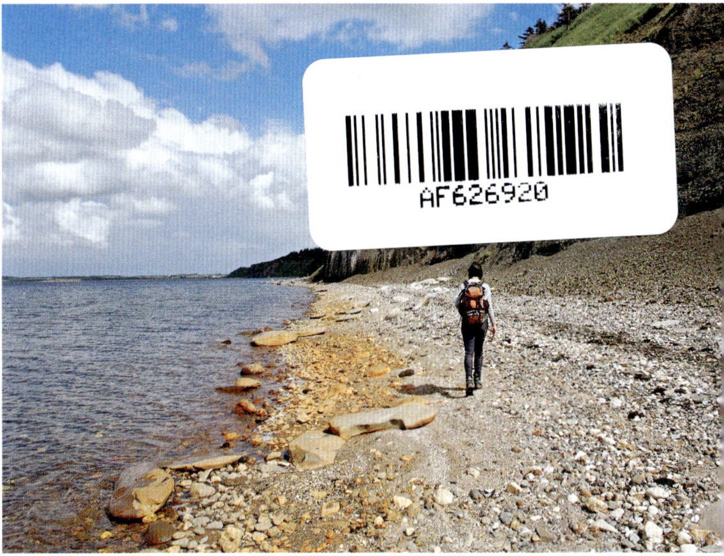

ROTHER
BERGVERLAG

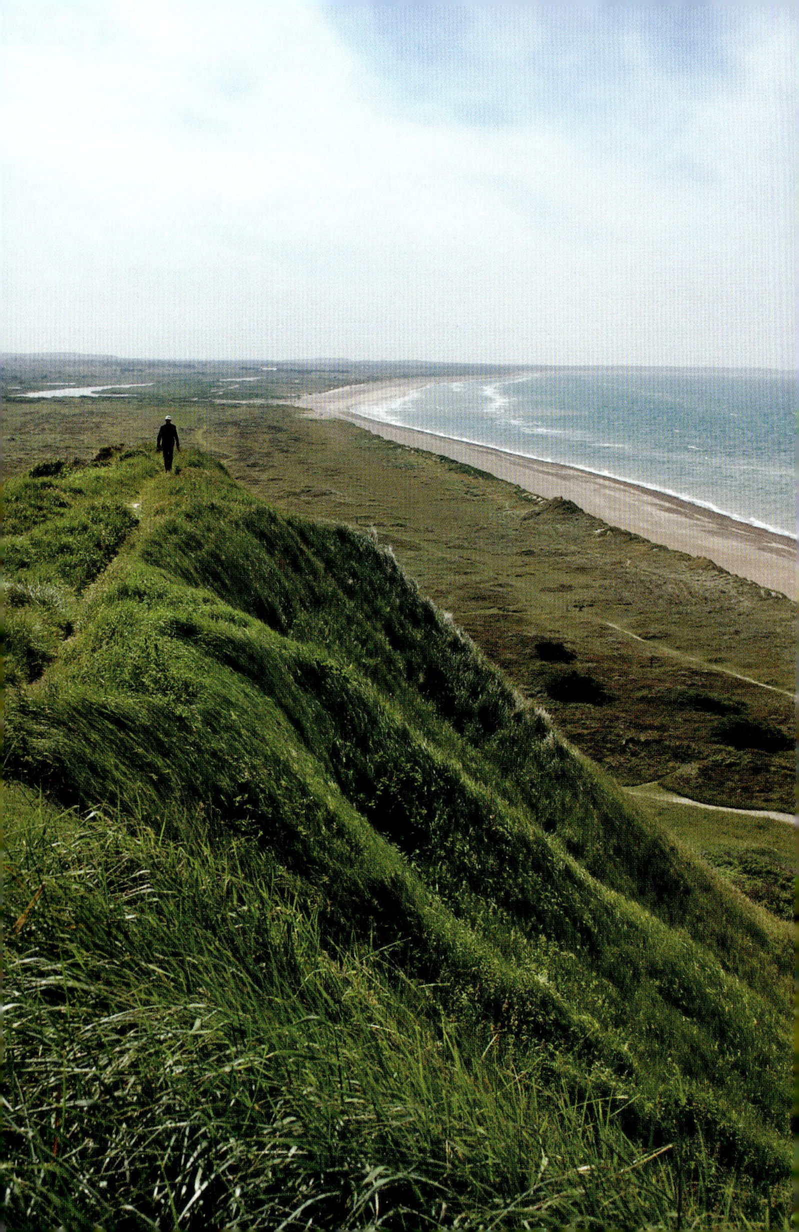

VORWORT

Sonne, Strand und weites Meer – so stellt sich der Urlauber die dänische Küste vor. Doch zum Baden und Surfen allein ist Jütland viel zu schade. Die herbe Schönheit der Westküste und die lieblich grüne Ostseeküste, eiszeitliche Moränenlandschaften und steile Felsabbrüche vereinen sich mit einer Vielzahl prähistorischer Stätten und mittelalterlicher Kirchen, Schlösser und Herrensitze zu einer attraktiven Natur- und Kulturlandschaft.
Lassen Sie sich überraschen, wie vielfältig das Zusammenspiel von Wasser und Sand, Wolken und Wind die Landschaft und damit auch die Wandermöglichkeiten gestaltet. Dazu hält jede Jahreszeit ein eigenes, unvergleichliches Farbenspiel bereit.
Viele Touren folgen der faszinierend vielgestaltigen Küste Jütlands: malerische Fjorde, atemberaubende Steilküsten, und nicht selten lockt das Meer an oft breiten Sandstränden zu einem erfrischenden Bad, bevor die Wanderrouten weiter durch einsame Heide- und Dünenlandschaften, durch ausgedehnte Marsch- und Sumpfgebiete und durch eigentümliche Binnen- und Küstenwälder führen. In manch verwunschenem Märchenwald möchte man sich unweigerlich vor Trollen und Waldmännchen in Acht nehmen, die zwischen jahrhundertealten, knorrigen Bäumen ihr Unwesen zu treiben scheinen. In der überall frei zugänglichen Natur Jütlands trifft man außerdem so zahlreich wie nirgendwo sonst in Europa auf Hügelgräber aus der Bronzezeit und auf Relikte der Wikingerkultur. Und die schmucken Dörfer und reetgedeckten Häuschen oder Windmühlen scheinen geradewegs einem Bilderbuch entsprungen zu sein.
Die in diesem Buch vorgestellten Wanderungen sind fast alle für die ganze Familie geeignet und erschließen die landschaftliche, geologische und kulturhistorische Einzigartigkeit Jütlands. Auch naturkundlich interessierte Wanderer kommen auf ihre Kosten, besonders bei Exkursionen zu Vogelbeobachtungsplätzen in den Untiefen nahe der Küste sowie in gekennzeichneten Naturschutzgebieten.
So bleibt uns nur, allen Wanderern viel Freude beim Entdecken der faszinierenden Landschaft Jütlands zu wünschen.

Berg/Ahrweiler, im Frühjahr 2024

Dorothee Sänger
Michael Gahr

Wie natürliche Schutzwälle trotzen sie Wind und Wellen der Jammerbucht: die Svinklovene (Tour 11).

INHALTSVERZEICHNIS

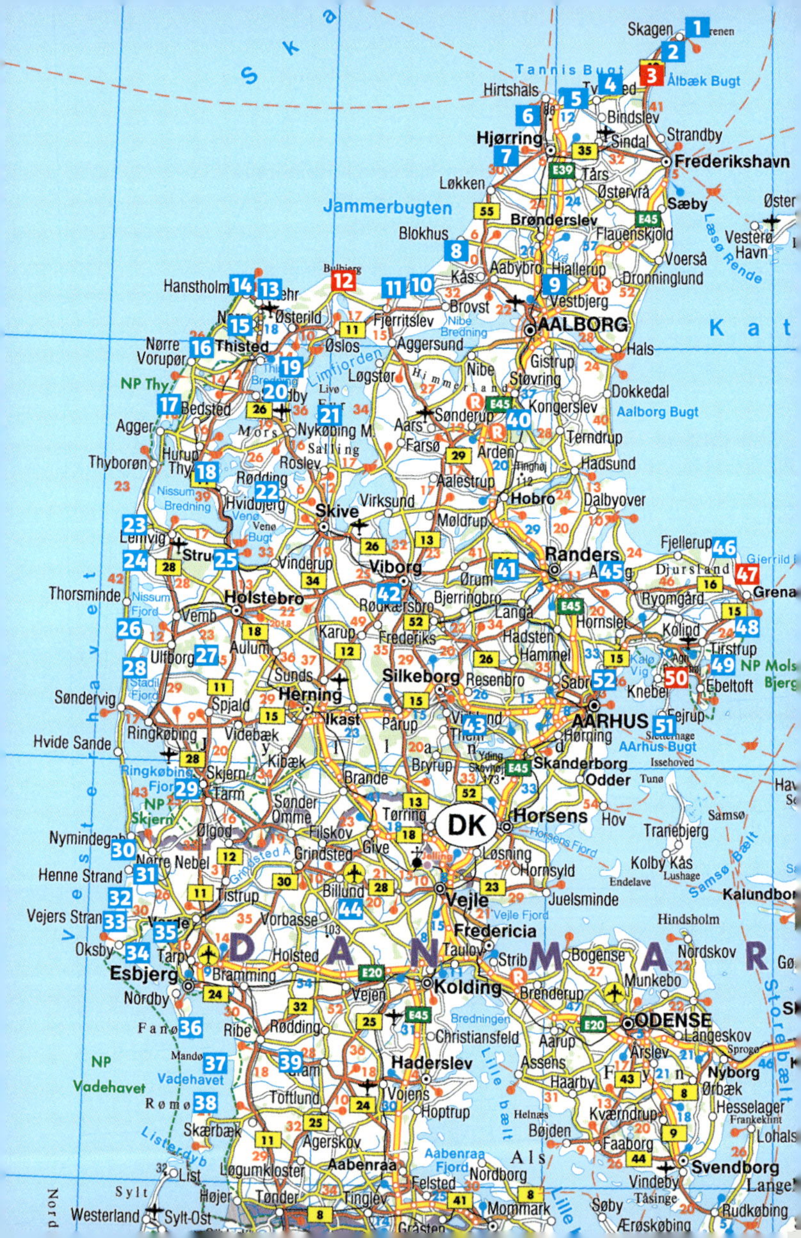

Skagen
Tannis Bugt
Ålbæk Bugt
Hirtshals
Bindslev
Strandby
Sindal
Hjørring
Frederikshavn
Tårs
Løkken
Østervrå
Sæby
Jammerbugten
Brønderslev
Flauenskjold
Blokhus
Vesterø Havn
Læsø Rende
Voerså
Aabybro
Hjallerup
Kås
Dronninglund
Bulbjerg
Hanstholm
Brovst
Vestbjerg
Østerild
Fjerritslev
Nibe Bredning
AALBORG
Kat
Nørre Vorupør
Thisted
Øslos
Aggersund
Hals
Gistrup
Limfjorden
Løgstør
Nibe
Støvring
NP Thy
Himmerland
Dokkedal
Bedsted
Kongerslev
Aalborg Bugt
Agger
Mors
Nykøbing M.
Aars
Sønderup
Salling
Farsø
Terndrup
Hurup
Thy
Arden
Thyborøn
Roslev
Hadsund
Rødding
Aalestrup
Nissum Bredning
Hvidbjerg
Virksund
Hobro
Dalbyover
Skive
Venø Bugt
Møldrup
Lemvig
Struer
Vinderup
Viborg
Randers
Fjellerup
Djursland
Gjerrild
Ørum
Grenaa
Thorsminde
Nissum Fjord
Holstebro
Bjerringbro
Ryomgård
Vemb
Rødkærsbro
Langå
Hornslet
Kolind
Frederiks
Hadsten
Ulfborg
Aulum
Karup
Hammel
Tirstrup
NP Mols Bjerge
Stadil Fjord
Sunds
Silkeborg
Resenbro
Sabro
Knebel
Ebeltoft
Søndervig
Spjald
Herning
Ikast
AARHUS
Fejrup
Ringkøbing
Videbæk
Pårup
Them
Hørning
Aarhus Bugt
Hvide Sande
Kibæk
Bryrup
Skanderborg
Issehoved
Ringkøbing Fjord
Skjern
Brande
Odder
Tunø
Tarm
NP Skjern
Sønder Omme
Tørring
DK
Horsens
Hov
Samsø
Nymindegab
Ølgod
Filskov
Give
Horsens Fjord
Tranebjerg
Nørre Nebel
Grindsted
Løsning
Hornsyld
Kolby Kås
Henne Strand
Grindsted Å
Billund
Endelave
Lushage
Samsø Bælt
Tistrup
Vejle
Juelsminde
Kalundborg
Vejers Strand
Vorbasse
Vejle Fjord
Fredericia
Hindsholm
Varde
Oksby
Tarp
DANMARK
Holsted
Taulov
Strib
Bogense
Nordskov
Esbjerg
Bramming
Kolding
Munkebo
Nordby
Vejen
Brenderup
ODENSE
Storebælt
Fanø
Ribe
Rødding
Bredningen
Christiansfeld
Langeskov
Mandø
Aarup
Årslev
Sprogø
NP Vadehavet
Vadehavet
Gram
Haderslev
Assens
Nyborg
Lille bælt
Fyn
Vojens
Haarby
Ørbæk
Rømø
Toftlund
Hoptrup
Hesselager
Frankekilt
Skærbæk
Helnæs
Bøjden
Kværndrup
Lohals
Agerskov
Aabenraa
Aabenraa Fjord
Faaborg
Als
Lister dyb
List
Løgumkloster
Felsted
Nordborg
Svendborg
Sylt
Højer
Tønder
Tinglev
Vindeby
Tåsinge
Langeland
Nord
Westerland
Sylt-Ost
Mommark
Søby
Ærøskøbing
Rudkøbing
Gråsten
E39
E45
E20

TOP-TOUREN

Von der Rubjerg Knude nach Lønstrup
Flugsanddünen und bizarr geformte Moränensteilküsten (Tour 7, 3.45 Std.).

Durch die Svinkløv Klitplantage
Bachschluchten und Küstenpfade mit fantastischen Tiefblicken (Tour 11, 4.30 Std.).

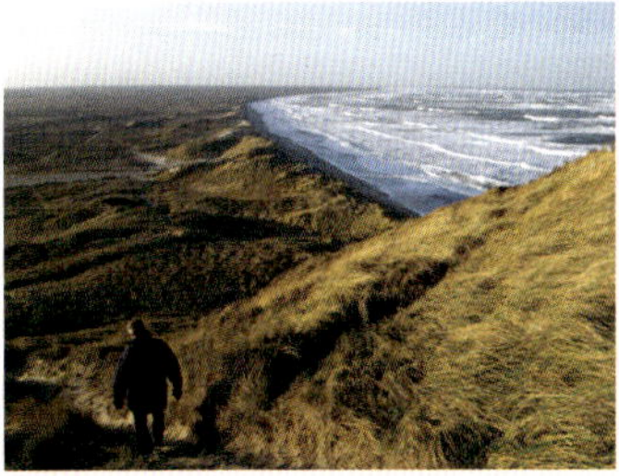

Abstieg von den Svinkløvene (Tour 11).

Bulbjerg
Einzigartig: der gigantische Kalkfelsen an der Jammerbucht, Brutstätte der Dreizehenmöwe (Tour 12, 5.15 Std.).

Insel Fur
Faszinierend: das Farbenspiel geologischer Faltungen am Blau des Limfjordes (Tour 21, 4.00 Std.).

Am Felsenstrand der Insel Fur (Tour 21).

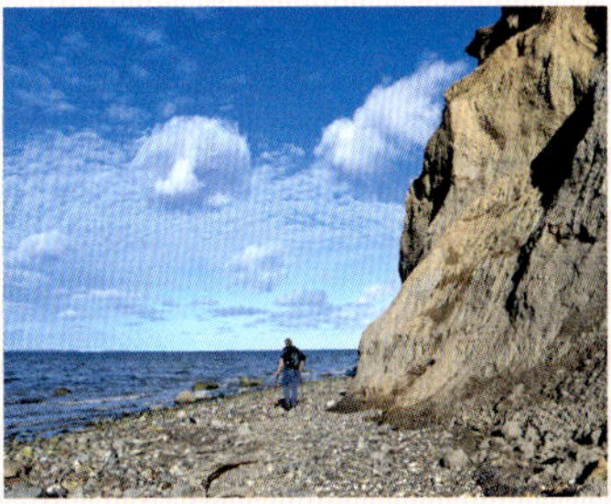

Durch die Kærgård Klitplantage
Vom Flugsand beinahe zugeschüttet: Wanderung in den Wipfeln riesiger Eichenbäume (Tour 32, 3.45 Std.).

Mandø
Idyllisch und fast kreisrund: die grüne Perle im Wattenmeer (Tour 37, 2.45 Std.)

Rebild Bakker und Rold Skov
»Jütische Gebirgstour«: über gewaltige Heidehügel durch märchenhafte Trollwälder (Tour 40, 3.00 Std.).

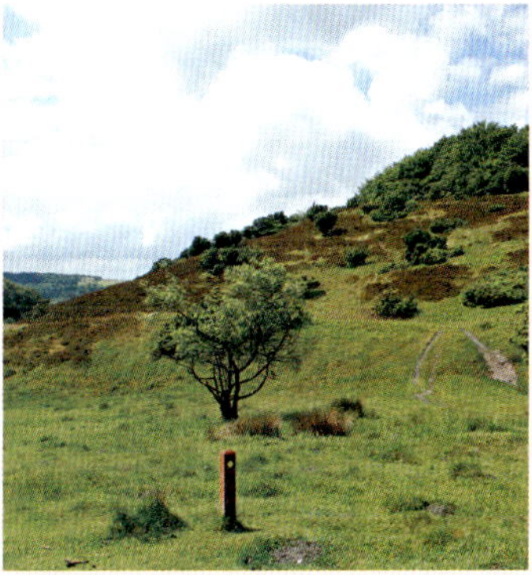

Inlandsdünen Rebild Bakker (Tour 40).

Naturpark am Hald Sø
Von Gletschern geformt: Wandergebiet mit Seen, Wald und Heide (Tour 42, 4.30 Std.).

Über die Mols Bjerge
Fernblick garantiert: mehr als 100 m über der Bucht von Ebeltoft (Tour 50, 5.15 Std.)

Halbinsel Helgenæs
Panoramaweg an der Südküste Djurslands mit Postkartenblicken (Tour 51, 3.00 Std.).

WICHTIGE HINWEISE FÜR UNTERWEGS

Anforderungen

Im Allgemeinen stellen die Wanderungen in Jütland keine besonderen Anforderungen z. B. an die Trittsicherheit oder Kondition des Wanderers. Einige Touren erfordern gutes Orientierungsvermögen, da sie streckenweise durch wegloses Gelände führen, andere mit teils ausgesetzten Passagen an Steilküsten zumindest punktuell Schwindelfreiheit. Die Wanderungen werden wie folgt eingestuft, die Tourenummern sind entsprechend farbig markiert:

SCHWIERIGKEITSKATEGORIEN

■ = Leicht

Die Wege sind überwiegend eher breit und nur mäßig steil. Die Orientierung ist relativ problemlos.

■ = Mittel

Die Wege und Pfade sind oft schmal und teilweise steil. In kürzeren, zum Teil weglosen Abschnitten kann die Orientierung schwierig sein. Aufgrund der Tourenlänge ist ausreichend Ausdauer erforderlich.

Gehzeit und Höhenunterschied

Die Zeitangaben sind reine Gehzeiten, ohne Pausen für Rast, Besichtigung von Sehenswürdigkeiten oder Fotografieren. Als Durchschnittsgeschwindigkeit wurden pro Stunde 4 km auf befestigten Wegen, 3,5 km auf Pfaden und am Strand sowie 3 km in den Dünen, auf Sandwegen und auf steilen Pfaden angesetzt.
Die angegebenen, i. d. R. sehr geringen Höhenunterschiede umfassen die jeweilige Summe aller Höhendifferenzen im Tourenverlauf inklusive Gegenanstiegen.

Unterwegs mit Limfjord-Blick am Küstenweg der Insel Fur (Tour 21).

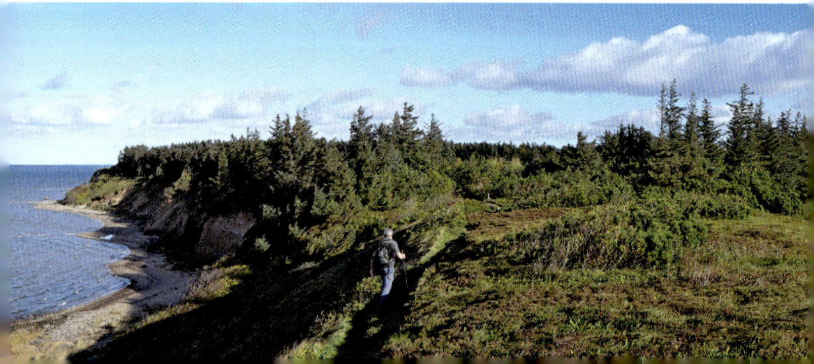

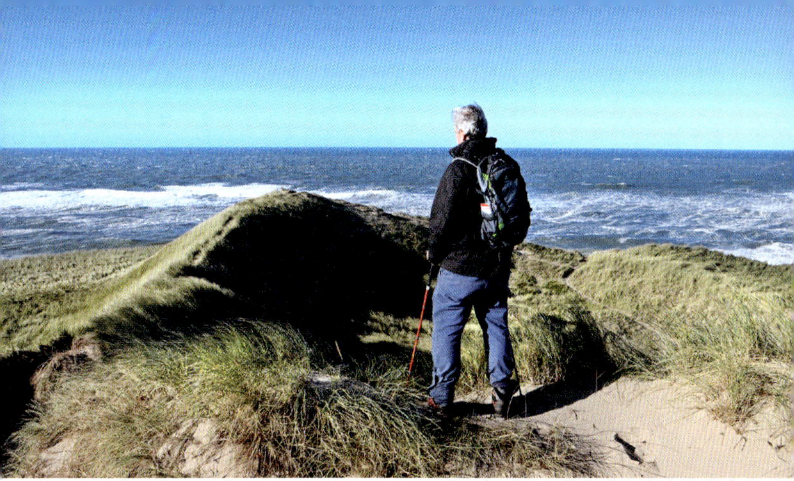

Vordere Dünenreihe am Strand der Lodbjerg Klitplantage (Tour 17).

Ausrüstung

Feste Wanderschuhe sind auf jeden Fall anzuraten. Strapazierfähige, der Jahreszeit angepasste Kleidung, die vor Heiderosen und Sanddorn, vor der Sonne und dem oft starken Wind, aber auch vor Kälte und Regen schützt, wird vorausgesetzt, ebenso wie ausreichend Proviant und Getränke, da nur selten unterwegs eingekehrt oder eingekauft werden kann. Auf Einkehrmöglichkeiten am Ausgangsort oder unterwegs wird bei den jeweiligen Touren hingewiesen.

SYMBOLE

Symbole im Tourenkopf

- Mit Bahn/Bus erreichbar
- Einkehrmöglichkeit unterwegs
- für Kinder geeignet

Symbole im Höhenprofil

- Ort mit Einkehrmöglichkeit
- Einkehrmöglichkeit
- Privat-, Wirtschaftsgebäude
- Parkplatz
- Aussichtsplatz
- Rast-, Picknickplatz
- Kirche, Kapelle, Kloster
- Schloss, Burg
- Archäologische Stätte
- Aussichtsturm
- Leuchtturm
- Windmühle
- Denkmal
- Camping-, Zeltplatz
- Brücke, Steg
- Bademöglichkeit

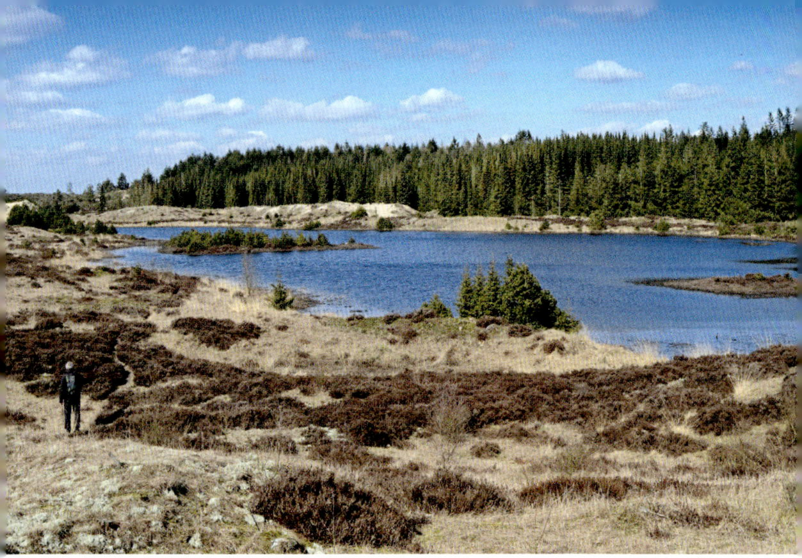

Eingebettet in Wald und Heidehügel liegt der Hede Sø in der Stråsø Plantage (Tour 27).

Karten und Reiseführer

Als Ergänzung zu den Wanderkärtchen der vorgestellten Touren bieten die amtlichen Karten des dänischen Landesvermessungsamtes einen Überblick zur jeweiligen Region. Sie können beim Nordisk Korthandel in Kopenhagen bestellt werden (scanmaps.dk), häufig sind die Karten im Maßstab 1:50.000 auch bei den Touristinformationen erhältlich (siehe auch Angaben in den Kurzinfos). Als großräumige Übersichtskarte für Jütland und Dänemark empfiehlt sich die Autokarte »Dänemark – Grönland – Färöer« im Maßstab 1:400.000 von Freytag & Berndt (freytagberndt.com).
Zur Reise- und Hintergrundinformation besonders empfehlenswert sind der Reiseführer »Dänemark« von Dirk Kruse-Etzbach und Ulrich Quack (Iwanowski's Reisebuchverlag, Dormagen, 8. Aufl. 2023) sowie »Dänemark Nordseeküste«, erschienen im Reise Know How Verlag.

Wege und Orientierung

Besonders in den staatlichen Wäldern und den Küstenschutzwäldern sind die breiten Wald- und Forstwege meist mit Schotter befestigt und in sehr gutem Zustand. Die markierten Pfade sind wanderfreundlich angelegt. Abseits der gekennzeichneten Routen sind die Wege bzw. Pfade jedoch häufig zugewuchert und enden nicht selten in unpassierbarem Gehölz oder gehen in der Heide und den Dünen in ein Gewirr von Naturpfaden über. In der Umgebung von Dünenseen und in küstennahen Heidegebieten muss

immer wieder mit feuchten oder überstauten Stellen gerechnet werden, die meist umgangen werden können.
Es gibt in Jütland zwei Markierungssysteme für Wanderwege: Weit- bzw. Fernwanderwege haben einen Namen und sind mit einem ihnen zugeordneten Zeichen markiert. Örtliche Wanderwege, die selten länger als 6 km sind, sind mit farbigen Dreiecken, deren Spitze in die vorgeschlagene Gehrichtung zeigt, bzw. farbigen Punkten gekennzeichnet. Die Wanderzeichen sind meist an roten, gut sichtbaren Markierungspfosten am Wegrand und manchmal auch an Bäumen angebracht. Die Markierung ist dabei immer nur in Gehrichtung eindeutig. Besonders an mehrstrahligen Abzweigen ist in umgekehrter Gehrichtung auf die Logik der Markierung zu achten.
Häufig werden an den Wanderparkplätzen informative Faltblätter mit Kartenteil angeboten. Die Markierungen bzw. der dargestellte Wegverlauf stimmen jedoch nicht immer exakt mit den Örtlichkeiten überein. Die Touren in diesem Wanderführer wurden in den Jahren 2017 und 2018 um Hinweise auf Mängel vor Ort aktualisiert. Am Strand, in Gebieten, die sich durch Flugsandablagerungen verändern, sowie streckenweise an den Steilküsten sind Wegmarkierungen nicht dauerhaft sinnvoll anzubringen und deshalb auch nicht vorhanden. Hier muss man sich an den Himmelsrichtungen, am Verlauf der Küstenlinie und an markanten Punkten wie Leuchttürmen etc. orientieren. Dies gilt häufig auch auf den Heideflächen und in den Dünen, die von einer Vielzahl von veränderlichen Naturpfaden durchzogen sind.
Es sei darauf hingewiesen, dass es schwierig sein kann, die Touren entgegen der beschriebenen Richtung zu gehen. Vor allem bei den Wanderungen, bei denen man von den Dünen aus zum Strand geht, sind diese Strandzugänge in umgekehrter Gehrichtung oft nur sehr schwer zu finden.

GPS-TRACKS UND KOORDINATEN DER AUSGANGSPUNKTE

Auf **gps.rother.de** stehen zu diesem Wanderführer GPS-Tracks und die Koordinaten der Ausgangspunkte zum kostenlosen Download bereit. Dieser QR-Code führt direkt zum Download.
5. Auflage, Passwort: **435205kpz**
Die GPS-Tracks können in die **Rother App** importiert werden. In der App kann man unterwegs stets sehen, wo man gerade ist und wo es langgeht. **Anleitungen dazu: rother.de/gps**
Die GPS-Daten der Touren 12, 22, 36 und 42 wurden auf einer digitalen Karte erfasst, der Rest von den Autoren im Gelände aufgezeichnet. Trotz sorgfältiger Prüfung können wir Fehler und zwischenzeitliche Veränderungen nicht ausschließen. Verlassen Sie sich für die Orientierung niemals einzig und allein auf die GPS-Daten, sondern beurteilen Sie die Verhältnisse vor Ort.

Der Umwelt zuliebe ...

Auch beim Wandern hinterlassen wir einen ökologischen Fußabdruck, aber im Einklang mit der Natur unterwegs zu sein, ist gar nicht so schwer!

VORBEREITUNG UND ANFAHRT

- Sich vorab informieren, worauf in Bezug auf Natur und Umwelt in der jeweiligen Wanderregion besonders zu achten ist.
- Soweit möglich mit Bahn und Bus anreisen, Wander- und Rufbusse nutzen.
- Ist eine Anfahrt mit dem Auto nötig, Fahrgemeinschaften bilden.
- Bei weiten Anfahrten Mehrtagestouren planen oder von einem Quartier vor Ort aus mehrere Touren absolvieren.
- Flugreisen möglichst reduzieren und durch Beiträge zu Klimaschutzprojekten kompensieren.

KLEIDUNG UND AUSRÜSTUNG

- Beim Kauf von Outdoor-Kleidung auf umweltfreundliche und faire Herstellung achten und Kleidungsstücke möglichst viele Jahre nutzen.
- Ausrüstung kann man eventuell auch gebraucht kaufen oder ausleihen.
- Reparieren statt neu kaufen.

VERPFLEGUNG

- Beim Einkauf Bio-Ware, regionale und saisonale Erzeugnisse bevorzugen.
- Hütten und Gasthäuser auswählen, die regionale Produkte verwenden.
- Auf Einwegflaschen und Plastikverpackungen verzichten, stattdessen wiederverwendbare Trinkflaschen und Brotzeitboxen benutzen.

ÜBERNACHTUNG

- Bei lokalen Anbietern buchen, damit Menschen vor Ort profitieren.
- Auf Hütten und in anderen Unterkünften Strom und Wasser sparen.

UNTERWEGS

- Wege benutzen und Abkürzer vermeiden.
- Sperrungen von Wegen und Schutzgebieten respektieren.
- Keine Blumen pflücken und keine Pflanzen entnehmen.
- Waldbrandgefahr beachten.
- Müll wieder mit nach Hause nehmen und dort entsorgen.
- Toilettengänge in freier Natur möglichst vermeiden.
- Lärm vermeiden.
- Hunde an die Leine nehmen.

ROTHER
BERGVERLAG

WANDERN IN JÜTLAND

Jütland wird als Wanderland immer bekannter, bietet aber eine Vielzahl sehr ruhiger Wandergebiete und fast unentdeckte Ziele. Neben der vielfältigen Küste wartet Jütland mit weiten Heidegebieten, ausgedehnten Wäldern, schönen Seen und naturbelassenen Flussläufen auf.

Wetter und Reisezeit

In Jütland kann man zu jeder Jahreszeit gut wandern, da durch den ausgleichenden Einfluss des Meeres die Sommer nicht zu heiß und die Winter nicht zu kalt sind. Die wärmsten Monate sind die Bademonate Juli und August mit bis zu 21°C im Mittel. Das Wetter ist fast immer wechselhaft mit oft kräftigem Wind aus meist westlicher Richtung. Lange komplett trockene Perioden sind eher die Ausnahme, aber ebenso Dauerregen.
Im Sommer ist der Tag im Norden schön lang, im Herbst und Winter dagegen wird es schon sehr früh dunkel. Besonders im Winter lassen sich nach Wanderungen an menschenleeren Stränden die langen Abende vor dem Kamin oder in der Sauna der gemütlichen dänischen Ferienwohnungen umso mehr genießen.

Das malerische Fischerdorf Stenbjerg (Halbinsel Thy).

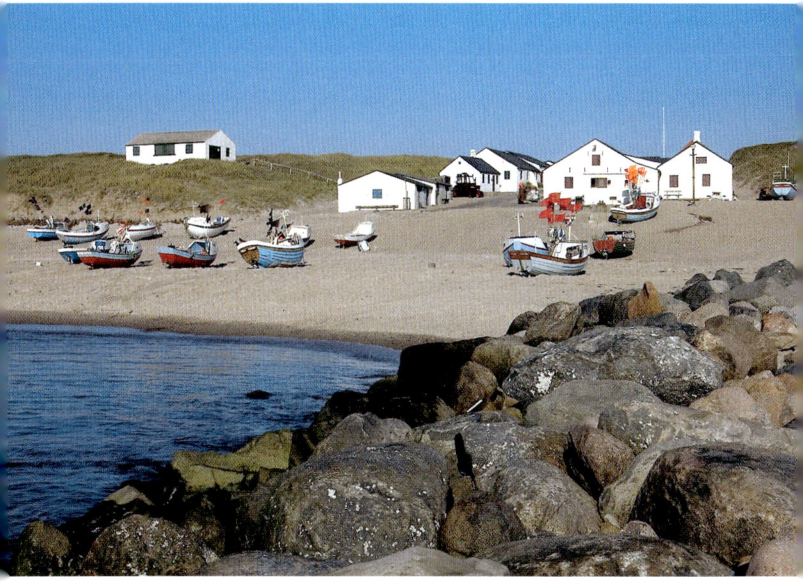

KLIMATABELLE JÜTLAND

	Jan	Febr	März	April	Mai	Juni	Juli	Aug	Sept	Okt	Nov	Dez	Ø
Ø Tagestiefsttemp. °C	−1	−1	1	4	8	12	14	14	11	7	3	1	6,1
Ø Tageshöchsttemp. °C	4	4	7	12	17	20	22	21	18	12,7	13	6	13,1
Sonnenstunden/Tag	1,2	2,2	3,8	5,4	7,9	8,2	7,7	6,7	5,2	2,8	1,1	0,6	4,4
Tage mit Regen	17	13	12	13	11	13	14	14	15	16	16	17	14

Anfahrt zu den Wanderungen

Die meisten Jütlandbesucher reisen mit dem eigenen Pkw an. Als Startpunkte für die Touren wurden deshalb überwiegend beschilderte Wanderparkplätze gewählt. Diese sind mit öffentlichen Verkehrsmitteln meist nur schwierig zu erreichen. Der Nah- und Regionalverkehr in Dänemark ist zwar bis fast in jeden Winkel des Landes ausgebaut, aber lange Fahrzeiten, große Zeitspannen zwischen den einzelnen Fahrten und die schlechte Anbindung der Ferienhausgebiete insbesondere außerhalb der Saison gestalten diese Art der Anreise relativ aufwendig. Soweit vorhanden wird aber auf Bus- oder Zugverbindungen zu den Ausgangspunkten hingewiesen, gegebenenfalls auch zu alternativen Startpunkten.
Über sämtliche Zug-, Bus- und Fährverbindungen Dänemarks kann man sich unter rejseplanen.dk auch in deutscher Sprache informieren.

Einkehr und Unterkunft

Restaurants (Kros) findet man ausgesprochen selten außerhalb von Ortschaften, sie sind auch auf den in diesem Wanderführer beschriebenen Touren eher die Ausnahme.
Dänemark ist das Land der Ferienhäuser, buchen kann man im Internet bei zahlreichen Anbietern, umfassende Angebote für Jütland findet man z. B. bei ferienhaus-juetland.de. Hotels und Privatunterkünfte dagegen sind v. a. auf dem Land nicht sehr zahlreich. Eine Alternative bieten Wanderherbergen, für die man einen Gästeausweis erwerben bzw. einen internationalen Jugendherbergsausweis besitzen muss (danhostel.dk).
Camping- und Caravaningplätze sind sehr zahlreich, egal ob am Meer oder im Binnenland (visitdenmark.com). Speziell für Wanderer und Radfahrer wurden einfache Übernachtungszeltplätze bei Bauernhöfen geschaffen, die äußerst preiswert sind und über einfache Grundeinrichtungen verfügen (friluftsraadet.dk). In einigen staatlichen Wäldern wurden ferner sogenannte »primitive« Lagerplätze, in der Regel ohne jegliche Einrichtungen, angelegt. Diese Plätze sind durch einen Markierungspfosten mit Zeltsymbol gekennzeichnet (Übersicht unter naturstyrelsen.dk).
Seit einigen Jahren vergibt VisitDenmark, die offizielle Tourismuszentrale von Dänemark (visitdenmark.com), ein Qualitätssiegel für Unterkünfte und Wandermöglichkeiten in den einzelnen Regionen. Wanderer sollten auf das braune Qualitätslogo mit den weißen Schuhabdrücken achten

(siehe rechts). Ist dieses Logo angebracht, ist die Unterkunft auf Wanderer eingestellt und bietet Serviceleistungen wie reichhaltiges Sportlerfrühstück, Lunchpaket, Trockenmöglichkeit für nasse Kleidung, Kartenmaterial, Tipps zur Region, Tourenvorschläge und vieles mehr.

Fernwanderwege

- Kystruten: Auf 150 km um die Insel Moers (kystruten.dk).
- Nordsøstien: Dänischer Teil des ca. 5000 km langen Nordsee-Wanderweges von Schweden nach Skagen im Norden Dänemarks und weiter nach Deutschland über Tønder im Süden (northseatrail.org).
- Vestkyststien: Westküstenweg von Agger nach Bulbjerg auf dem alten Rettungsweg, 80 km. Der Weg ist mit einem stilisierten Schiffsrumpf gekennzeichnet.
- Hærvej: Auch Ochsenweg und Heerweg genannt, in Dänemark von Viborg bis Padborg, 265 km. In Deutschland weiter bis Wedel (Hamburg).
- Lodsstien: Udbyhøj bis Randers, bei Mellerup mit der Fähre über den Randes Fjord, 31 km.
- Molsruten: Vom Hafen in Grenaa bis zum Riis Skov bei Århus (Teil des Europäischen Fernwanderwegs E1), ca. 80 km.
- Treidelweg: Entlang des Gundenå von Silkeborg bis Randers, 52 km.
- Gendarmstien: Gendarmenpfad von Padborg nach Sønderborg, 77 km entlang der Flensburger Förde.
- Naturweg Vesthimmerland: Von Nibe bis Hvalpsund auf einem stillgelegten Bahndamm, 55 km.

Der Nordsøstien an der Steilküste.

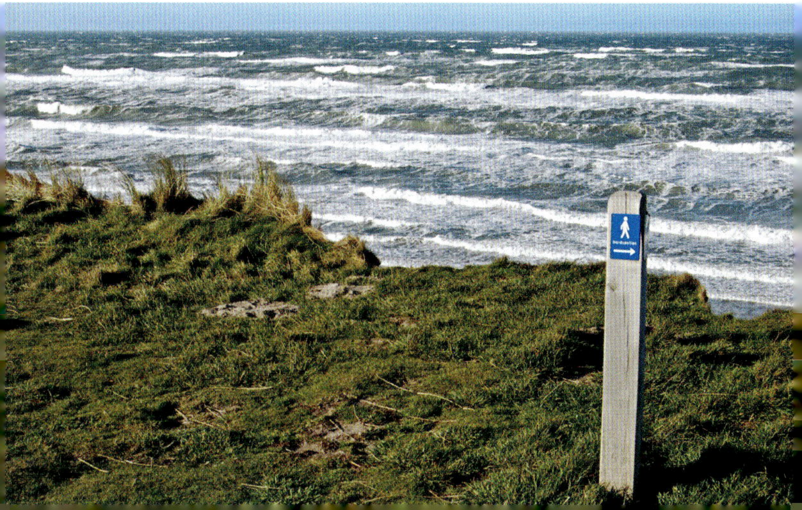

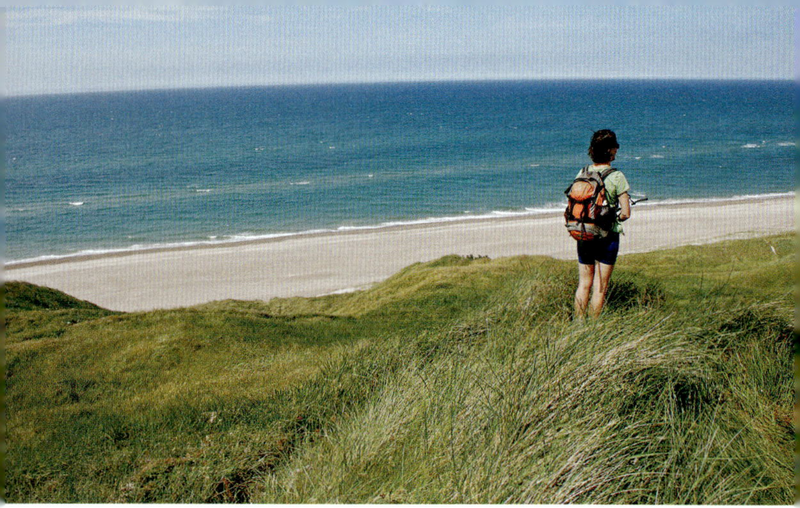

Bis zu 55 Meter hoch erhebt sich der Steilhang der Svinklovene über dem Strand (Tour 11).

Baden im Meer und in Seen

Die schönsten Sandstrände sind zweifellos an der Westküste Jütlands und hier besonders im Süden zu finden. Doch viele Seen, die Fjorde und natürlich auch die Ostsee haben ebenfalls sehr schöne Badestrände zu bieten. Bei vielen Wanderungen kommt man an das Meer oder an einen See, sodass auch gebadet werden kann. Hier ist Folgendes zu beachten: Das Meer ist für Schwimmer nicht ungefährlich, die Unterströmung ist vor allem an der Nordsee stellenweise so stark, dass selbst ein geübter Schwimmer ins offene Meer gezogen wird. Deshalb sollte man niemals alleine baden und Kinder am Strand nie unbeaufsichtigt lassen. Am Kap Skagen ist Baden lebensgefährlich und daher strikt verboten, da es hier durch das Zusammentreffen von Nordsee- und Ostseeströmungen keine landeinwärts gerichtete Ebbe gibt (Baderegeln siehe auch wasserwacht.de).
An Stränden, an denen die blaue Flagge weht, ist das Wasser nach Messungen der Umweltschutzbehörden besonders sauber, zudem werden Qualitätskriterien z. B. in puncto Umweltschutz und Sicherheit erfüllt (Infos und Übersicht unter blaaflag.dk). Die dänischen Gewässer zählen ohnehin zu den saubersten Europas.

Natur- und Umweltschutz

In Dänemark gilt prinzipiell, ähnlich wie in den anderen skandinavischen Ländern, das sogenannte Jedermannsrecht. Hiernach hat jeder Mensch das Recht, die Natur unmotorisiert, also zu Fuß, per Rad oder Ski zu genießen, unabhängig von den Eigentumsverhältnissen. Verbunden mit diesem

Recht ist jedoch die Pflicht, darauf zu achten, dass weder der Natur noch anderen Menschen irgendein Schaden zugefügt wird oder ein Nachteil entsteht. Besonders zu Wohnhäusern ist ein angemessener Abstand einzuhalten. Der Schutz der Natur liegt hier ganz besonders im Verantwortungsbereich eines jeden Einzelnen. Zusätzlich gelten folgende Regeln:

- Auf allen Wegen und Pfaden im Wald, an der Küste und in den Dünen darf man sich von 6 Uhr morgens bis Sonnenuntergang frei bewegen.
- Das Betreten von unbestellten und unbeweideten Freiflächen ist gestattet.
- Jeglicher Abfall muss wieder mitgenommen werden.
- Gezeltet werden darf in der freien Natur nur auf speziell dafür ausgewiesenen Plätzen, die sich vor allem in den staatlichen Wäldern finden.
- Schutz- und Sperrgebiete können zugangsbeschränkt sein, Schilder weisen dann darauf hin:
- Naturschutzgebiete sind besonders zur Vogelbrutzeit zugangsbeschränkt. In der Regel ist das die Zeit vom 1. April bis 15. Juli. Der Zugang zu den Kernbereichen vieler Naturschutzgebiete ist ganzjährig untersagt (Aufschrift: Adgang ikke tilladt = Zugang nicht gestattet).
- Auf militärischen Sperrgebieten werden große, rote Bälle an Masten gehisst, wenn gerade Übungen stattfinden und das Gelände nicht betreten werden darf (siehe auch Hinweisschilder).

Üppiges Grün im Langdalen und Fosdalen (Tour 10).

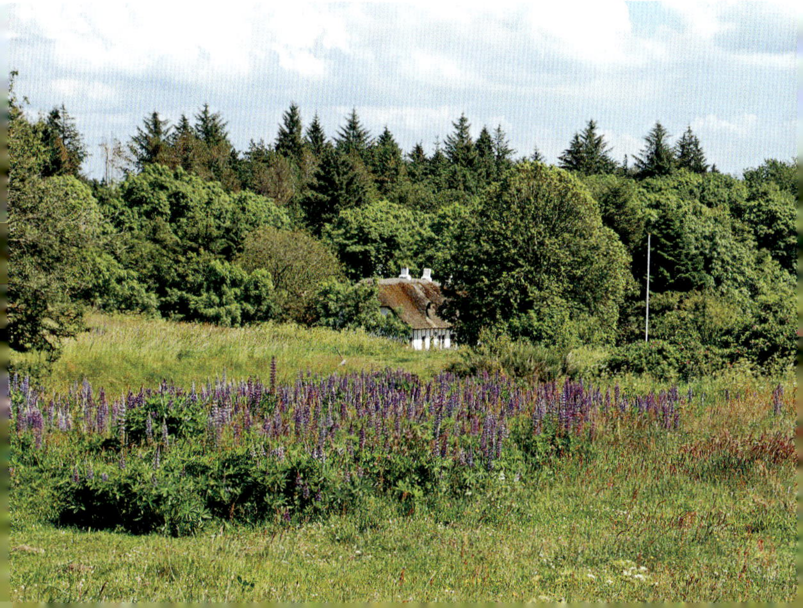

WISSENSWERTES VON A BIS Z

Angeln

Mit Ausnahme der »put and take«-Seen, bei denen man sich vor Ort eine Eintrittskarte kauft, brauchen Personen, die in Dänemark (auch im Meer) angeln wollen, einen gültigen Angelschein (Tages- bis Jahreskarten). Dieser ist nicht übertragbar und auch für Kuttertouren notwendig. Kaufen kann man ihn unter fisketegn.dk oder in Touristenbüros und Postämtern. In Süßwasser ist das Angeln ohne Zustimmung des Besitzers nicht erlaubt.

Atlantikwall

Der dänische Teil der Befestigungslinie gegen eine Invasion der Alliierten während des Zweiten Weltkriegs blieb von Kriegshandlungen weitgehend verschont. Besonders sehenswert: »Große Gruppenunterstand« in Esbjerg, »Batteri Hanstholm« (Tour 14). Wie stark das Meer an der Küste arbeitet, wird auch hier deutlich. Einst im Landesinneren errichtet, liegen heute einige Bunker am Strand oder schon im Meer (siehe Foto bei Tour 13, S. 75).

Autofahren

In Dänemark muss auch tagsüber mit Abblendlicht oder Tagfahrleuchten gefahren werden, ansonsten unterscheiden sich die Verkehrsregeln nicht wesentlich. Es gelten folgende Geschwindigkeitsbeschränkungen: Autobahn 130 km/h (z. T. 110 km/h), Landstraße 80 km/h, Ortsgebiet 50 km/h. Promillegrenze: 0,5. Bußgelder werden vor Ort kassiert. Wer nicht bezahlen kann, muss eine andere Form von Sicherheit leisten oder sein Auto stehenlassen. Touristenbonus gibt es keinen.

Botschaften

Botschaften der deutschsprachigen Länder in Dänemark:

- Deutschland: Göteborg Plads 1, DK-2150 København Nordhavn, Tel. +45 35459900, Fax +45 35267105, kopenhagen.diplo.de
- Österreich: Sølundsvej 1, DK-2100 København, Tel. +45 39294141, Fax +45 39292086, aussenministerium.at/kopenhagen
- Schweiz: Richelieus Allé 14, DK-2900 Hellerup, Tel. +45 33141796, Fax +45 33337551, eda.admin.ch/copenhagen

Feiertage und Feste

An Neujahr, Ostern, Buß- und Bettag, Christi Himmelfahrt, Pfingsten und Weihnachten wird nicht gearbeitet. Am Tag der Arbeit (1. Mai) und am Verfassungstag (5. Juni) ist nachmittags arbeitsfrei.

In Aalborg feiert man Mitte Mai Karneval. Von Mitte bis Ende Juni ruft Thor seine Anhänger zu prächtigen Wikingerspielen auf der Lindholm Høje zusammen. Überall in Dänemark wird am 23. Juni Sankt Hans, das Sommersonnenwendefest begangen. In den abends entzündeten Feuern werden

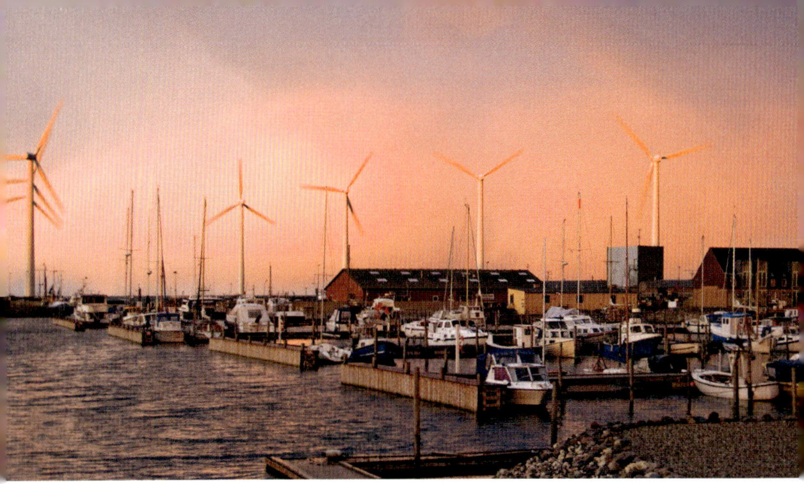

Abend im Hafen von Bønnerup (Djursland).

Hexenpuppen verbrannt und es wird kräftig in die Nacht hinein gefeiert. Am ersten Wochenende im Juli findet in Aabenraa das Ringreiterfest statt. Am dritten Dienstag im August lädt das Kloster Løgum zum Floh- und Pferdemarkt ein. Der historische Ort Horsens bildet Ende August den Rahmen für eines der größten Mittelalterfeste Europas. Schließlich darf in dieser Aufzählung das Drachenfest auf Rømø nicht fehlen, das Anfang September stattfindet.

Geld

Dänemark hat die Dänische Krone (DKK; 1 € ≈ 7,48 DKK, 10 DKK ≈ 1,34 €) als Landeswährung beibehalten. Auch wenn niemand dazu verpflichtet ist, wird der Euro besonders in den Urlaubsgebieten meist akzeptiert.

Information

Dänemarks Tourismuszentrale informiert rund um das Reisen in Dänemark, die Website bietet umfassende nützliche touristische Informationen sowie thematische und regionale Links: VisitDenmark, Glockengießerwall 2, D-20095 Hamburg, Tel. +49 1805 326463, Fax +49 40 65031930, visitdenmark.com.

Internetadressen

- Offizielle Website des Königreiches Dänemark: denmark.dk (auch deutsch)
- Dänische Botschaft: tyskland.um.dk (in Berlin), oestrig.um.dk (in Wien)
- Fahrpläne öffentlicher Verkehrsmittel: rejseplanen.dk (auch deutsch)
- Deutsches Internetforum zu Dänemark: dk-forum.de

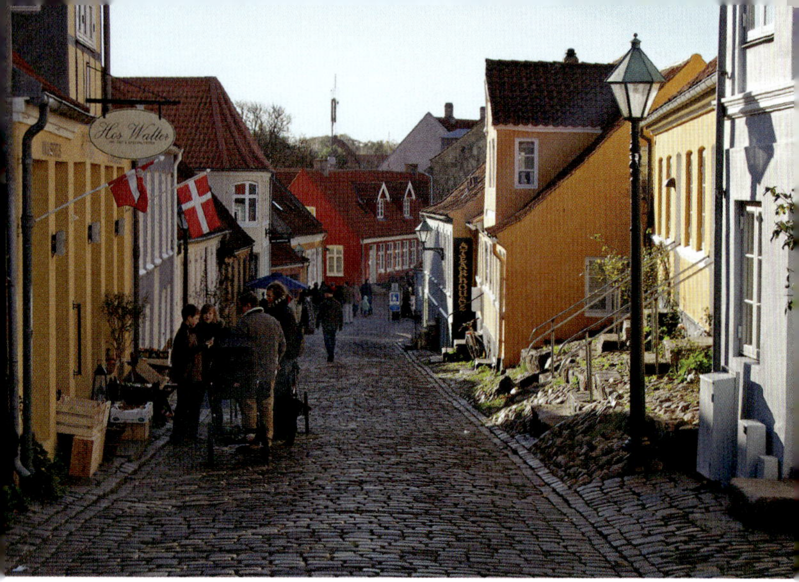

Bilderbuch-Gasse in Ebeltoft (Djursland).

- Natur und Umwelt: skovognatur.dk (auch englisch), spor.dk (nur dänisch)
- Landkarten von Dänemark: gst.dk (auch englisch)
- Jugendherbergen bzw. Wanderheime: danhostel.dk (auch englisch)
- Fernwanderwege, Wanderverein: dvl.dk (überwiegend dänisch)

Kinder

Dänemark ist sicherlich eines der kinderfreundlichsten Länder Europas. Die Kleinen sind überall mit dabei, die öffentlichen Einrichtungen sind mit Wickelräumen, Kinderstühlen usw. bestens vorbereitet. Bei Eintrittspreisen zahlen Kinder von 2 bis 12 Jahren die Hälfte, unter 2 Jahren nichts.

Kommunikation und Sprache

In den touristisch erschlossenen Gebieten kann man sich problemlos in Deutsch oder Englisch verständigen. Selbstverständlich ist es jedoch nicht, dass Deutsch gesprochen wird. So wie überall freuen sich auch die Dänen, wenn man sie als Ausländer in ihrer Muttersprache anspricht. Übrigens wird in Dänemark nur die Du-Form verwendet.

Die Struktur der geschriebenen Sprache ist dem Englischen nahe und schnell erkennbar. So kann der Sinn einfacher dänischer Texte oft recht gut erschlossen werden. Dänisch sprechen oder verstehen ist jedoch ohne Übung nicht möglich.

Margeritenroute

Ein braunes Schild mit der Abbildung einer Margerite markiert eine hauptsächlich auf Nebenstraßen verlaufende, landschaftlich reizvolle Strecke, die auf ca. 3000 km Länge an über 1000 Sehenswürdigkeiten im ganzen Land vorbeiführt. Wenn möglich, sollte man zum Startpunkt der Wanderungen über die Margeritenstraße fahren.

Notruf

- Euronotruf: Unter Tel. 112 erreicht man landesweit Polizei, Feuerwehr und den Notarzt. Beim eingeschalteten Mobiltelefon kann man auch ohne PIN 112 tippen (funktioniert auch ohne SIM-Karte).
- Abschleppdienst und Pannenhilfe: FALCK Organisation, Tel. +45 70102030, oder der Dansk Autohælp (DAH), Tel. +45 70108090.
- Bei Autounfällen: Die Polizei informieren und für ADAC-Mitglieder (auch deutschsprachig) Tel. +45 79424285.

Öffnungszeiten

Die Öffnungszeiten bestimmen in Dänemark die Geschäfte selbst. Meist sind sie abends bis 18 Uhr, oft auch bis 20 Uhr und am Samstag bis 14 Uhr geöffnet; Supermärkte und andere Geschäfte vor allem zur Hauptsaison auch sonntags.

Pilze

Pilze dürfen zum eigenen Bedarf gesammelt werden. Vor allem ab dem Spätsommer ist Dänemark reich an Stein-, Birken- und Butterpilzen sowie Wiesenchampignons. Es sei jedoch daran erinnert, dass es auch in Dänemark viele Giftpilze als Doppelgänger zu Speisepilzen gibt.

Radfahren

Das über 3000 km lange Radwegenetz ist gut ausgebaut und beschildert. Spezielle Fahrradkarten gibt es bei den lokalen Touristeninformationen, im Buchhandel sowie beim Dänischen Fahrradklub (cyklistforbundet.dk).

Reiten

Reiten ist in Dänemark sehr beliebt. In den Feriengebieten bieten zahlreiche Reithöfe auch geführte Ausritte an (Informationen u. a. bei visitdenmark.de, Stichw. »Aktivurlaub«).

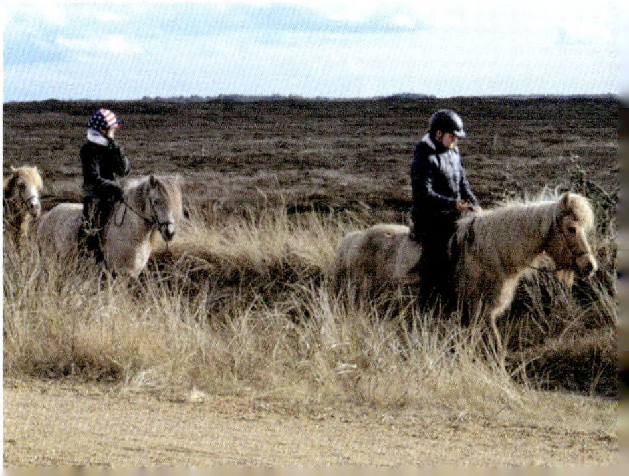

Ausritt entlang der Lyngbos Hede bei Henne Strand (Tour 31).

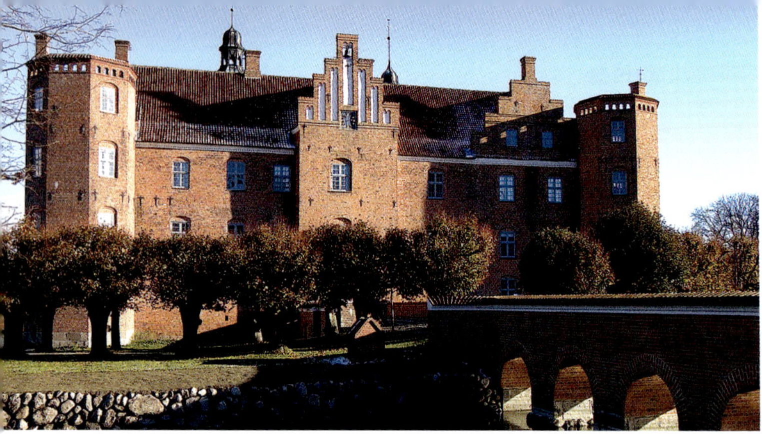

Ehemaliger Herrensitz: Schloss Gammel Estrup (Tour 45).

Schlösser und Herrensitze

Einige der schönsten Schlossanlagen, Herrensitze, Burgen und Klöster Dänemarks sind in Jütland zu finden, liebevoll restauriert und von herrlichen Parkanlagen umgeben. Oft präsentieren sich die Prachtbauten vollständig möbliert und sind gegen Eintritt zu besichtigen (Infos unter slotte-herregaarde.dk).

Telefon

Die Vorwahl nach Deutschland ist 0049, nach Österreich 0043 und in die Schweiz 0041, danach die 0 der Ortsvorwahl weglassen. Die Landesvorwahl für Dänemark ist 0045, danach die achtstellige Telefonnummer des dänischen Teilnehmers. Stadtvorwahlnummern gibt es nicht.
Das Mobilfunknetz ist in Dänemark flächendeckend, Telefonieren mit dem Handy per Roaming problemlos möglich. Allerdings sollte man sich vorab bei seinem Mobilfunkanbieter über die Roaminggebühren informieren.

Wassersport

Da es in Jütland Gewässer verschiedenster Schwierigkeitsgrade gibt, findet sich für jeden Segler das richtige Revier. Für Boote unter 20 BRT benötigt man keine Fahrerlaubnis. Beim Chartern eines Bootes wird jedoch der Nachweis der seglerischen Erfahrung gefordert (Besitznachweis einer Jacht). Auf aktuelles Seekartenmaterial ist zu achten.
Brandungs- und Wellensurfen ist an der gesamten jütländischen West- und Ostküste möglich. Wer diese Techniken nicht beherrscht oder das Surfen erlernen möchte, ist besser auf den Fjorden und Binnengewässern aufgehoben. Hier finden sich auch gute Reviere für Kanu, Kajak und für das immer beliebtere Stand Up Paddling (SUP).

FREIZEIT IN JÜTLAND

Besonders Sehenswertes

Jelling: Harald Blauzahns und König Gorms Runensteine sowie die königlichen Grabhügel.

Ebeltoft: Fregatten Jylland, restaurierter Dreimaster, weltweit größtes Holzschiff seiner Art (71 m lang). Mønsted Kalkgruber, über 60 km unterirdische Minengänge der ehemals weltgrößten Kalkgrube.

Gråsten: Schloss der dänischen Königsfamilie, nur bei deren Abwesenheit zu besichtigen.

Ribe: Fünfschiffige Domkirche, das Wahrzeichen der Stadt.

Løkken: Børglum Kloster und Windmühle, Keller, Burghof und Kirche sind zu besichtigen.

Bade- und Freizeitparks

Blokhus: Fårup Aquapark & Sommerland bei Saltum, mit Achterbahnen, Wasserrutschen etc. für jedes Alter.

Nimtofte: Djurs Sommerland, neben Baden auch Safari und Fahrgeschäfte.

Aalborg: Tivoliland, Vergnügungspark.

Billund: Legoland®, Freizeitpark mit berühmten Sehenswürdigkeiten aus kleinen Steinen.

Zoologische Gärten

Aalborg Zoo: Am Rand der Stadt, mit ca. 1600 Tieren auf 8,5 ha.

Givskud Zoo: In Givskud, Zoo und Safaripark. Die Rundfahrt mit dem eigenen Auto ist für Kinder sehr schön.

Ebeltoft Zoo: 10 km vor Ebeltoft, viele Freilandgehege können betreten werden.

Kunstmuseen

Århus: ARoS Kunstmuseum, internationale und dänische Kunst der Klassik bis in die Moderne auf 17.800 m² Ausstellungsfläche.

Moesgård Museum: Kulturhistorisches Museum in alter Gutsanlage; Ruhestätte des »Grauballemannes«, einer über 2000 Jahre alten Moorleiche.

Skagen: Skagen Museum, Kunst aus Skagen zwischen 1830 und 1930.

Ebeltoft: Glasmuseet, Sammlung auch internationaler Kunst aus Glas.

Naturmuseen

Silkeborg: Aqua, größtes Süßwasseraquarium Nordeuropas mit Unterwasserpanoramafenstern.

Hirtshals: Nordsømuseet, einzigartig, nur Tauchen in der Nordsee ist näher an der Natur.

Esbjerg: Fiskeri- og Søfartsmuseet, Beeindruckendes über die Nordsee und das Wattenmeer.

Grenaa: Kattegatcenteret, im Glastunnel unter Haien.

Naturparks und Freilichtmuseen

Århus: Den Gamle By, einzigartiger, detailgetreuer Aufbau historischer Gebäude als Dorf.

Nykøbing Mors: Jesperhus Blomsterpark, großer Blumenpark.

Randers: Randers Regnskov, Besuch in den Tropen unter Glaskuppeln.

Vinderup: Hjerl Hede, in ungefähr 40 Gebäuden wird das Dorfleben aus der Zeit zwischen 1500 und 1900 nachgespielt.

Wikinger- und Steinzeitzentren

Aalborg: Lindholm Høje, großes Gräberfeld der Eisen- und Wikingerzeit.

Hobro: Vikingecenter Fyrkat, rekonstruierter Wikinger-Bauernhof und Wallanlagen eines Wikinger-Forts.

Ribe: Vikingecenter, Wikingerzentrum und -museum, rekonstruierte Schiffe und Gebäude sowie umfassende archäologische Ausstellung.

LAND UND LEUTE

Die Welt scheint ruhiger bei unseren Nachbarn im Norden, man merkt es schon kurz hinter der Grenze: Alle Hektik scheint in Deutschland zurückgeblieben zu sein. Das liegt sicherlich auch an der im Vergleich etwa zu Deutschland niedrigeren Bevölkerungsdichte. Von nur 5,6 Mio. Dänen leben außerdem noch ca. 1,4 Mio. im Großraum Kopenhagen, die restlichen 4,1 Mio. verteilen sich über die etwa 43.000 km² des Landes. Die Dänen gehen in besagter Ruhe miteinander um und halten sich unausgesprochen an das skandinavische Vertrauensprinzip. Unbeaufsichtigte Verkaufsstände für Kaminholz, Obst und Gemüse an den Straßen sind hierfür ein schönes Beispiel.

Geschichte

Die ältesten menschlichen Spuren in Dänemark stammen aus einer Warmperiode vor ca. 70.000 Jahren. Zu Beginn der jüngeren Steinzeit um 4000 v. Chr. entstand eine Bauerngesellschaft mit festen Siedlungen und Ackerbau. Von dieser Zeit zeugt heute noch die Vielzahl von Hünengräbern im ganzen Land, die neben den Grabhügeln aus der späteren Bronzezeit (1700–500 v. Chr.) vielerorts das Landschaftsbild prägen. In der Eisenzeit wurden Kultur und Handwerk perfektioniert. Die Wikinger waren schließlich bis Ende des ersten Jahrtausends nach Christus als begnadete Schiffbauer und Seefahrer ein bedeutender Machtfaktor nicht nur im Nord- und Ostseeraum. Dänemark als Staat geht bis in diese Zeit zurück, König Harald I. Blauzahn (950–985) hat sein Volk 980 geeint und christianisiert. In

Die ursprünglich romanische Hjortdal Kirke (Tour 11).

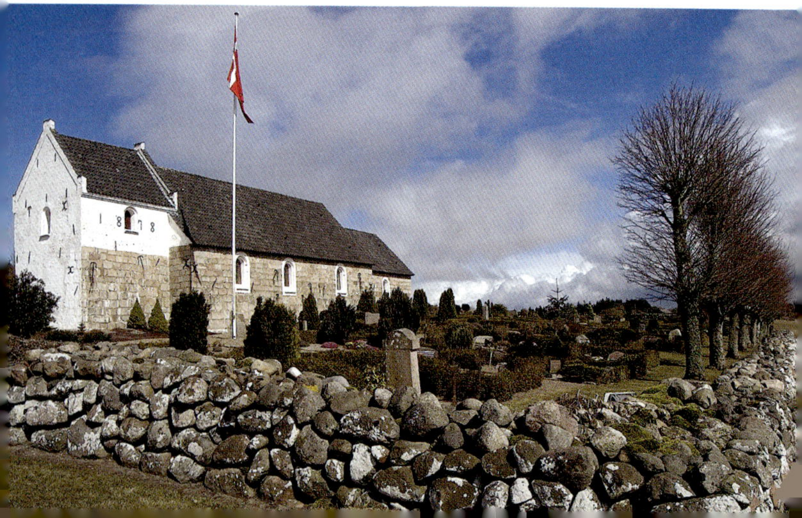

Jelling steht Haralds Runenstein, der »Taufstein Dänemarks«; er zählt zum UNESCO-Weltkulturerbe. Dänemark ist das älteste in dieser Form bestehende Königreich Europas und es ist bis zum heutigen Tag eine Monarchie, seit 1849 eine konstitutionelle. Schon seit dem Jahr 1972 repräsentiert die beliebte Königin Margrethe II. den Staat Dänemark.

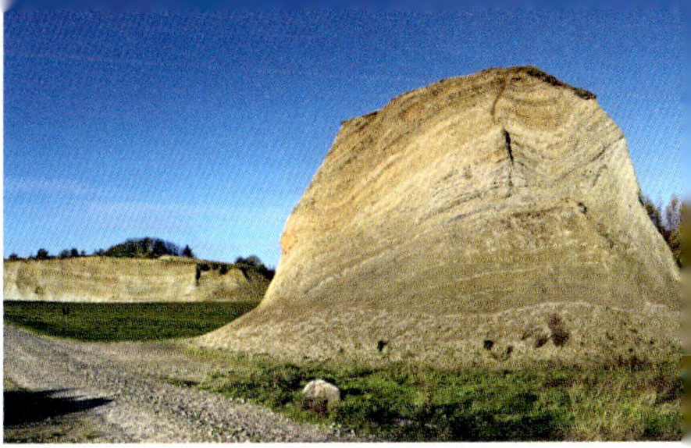

Aus Molergestein gefaltete »Bischofsmütze« auf der Insel Fur (Tour 21).

Die Landschaften und ihre Entstehung

Dänemark besteht aus der Halbinsel Jütland, die mehr als die Hälfte der Landfläche Dänemarks ausmacht, und etwa 500 größeren und kleineren Inseln (zum Staat Dänemark gehören auch die Färöer-Inseln und Grönland). Die Gestalt und Oberflächenform Dänemarks sind ein Resultat der letzten Eiszeiten und stehen in engem Zusammenhang mit der Entstehung der Ostsee, die mit dem Rückzug der Gletscher der Weichseleiszeit vor ca. 12.000 Jahren begann. Während der Hauptvereisungsphase der Weichseleiszeit (diese begann vor ca. 30.000 Jahren) waren auch große Teile des heutigen Jütland von den gewaltigen Eismassen, die damals ganz Skandinavien einnahmen, bedeckt. Die Stillstandslinie dieser Eismassen verläuft mitten durch Jütland, etwa entlang des Limfjordes von Bovbjerg an der Westküste nach Westen bis Viborg in der Mitte der Halbinsel und von dort entlang des jütischen Höhenrückens nach Süden.

Die Stillstandslinie teilt Jütland in drei geologisch und landschaftlich unterschiedliche Bereiche: den Norden, den Westen und den Osten. Östlich des jütischen Höhenrückens befindet sich das Jungmoränenland, eine von runden Kuppen geprägte Grundmoränenlandschaft mit fruchtbaren, lehmigen Böden (z. B. Tour 50). Westlich des jütischen Höhenrückens liegt das Altmoränenland, das flacher ist und kargere, zum Teil sehr sandige Böden aufweist. Auf besonders unfruchtbaren und trockenen Böden finden sich häufig ausgedehnte Heidegebiete (z. B. Touren 39 und 45).

Nordjütland und die Inseln des Limfjordes wurden durch eine großräumige Anhebung stark verändert: Als die riesigen Eismassen im Norden schmolzen, hob sich das darunter liegende Land stark an, inklusive des Nordens von Jütland. Man sieht das sehr schön an ehemaligen Inseln, die heute als Höhenrücken auf dem inzwischen trockengefallenen Meeresboden liegen (z. B. Touren 11, 13 und 14). Auf der Insel Fur im Limfjord findet man wegen dieser Anhebung an der Oberfläche jahrmillionenalte Ablagerungen aus der Zeit, als dieses Gebiet noch vom Moler-Meer bedeckt war (Tour 21).

Jütlands Küsten grenzen an die Nordsee und die Ostsee, und so unterschiedlich wie diese beiden Meere sind auch die jeweiligen Küsten. Die

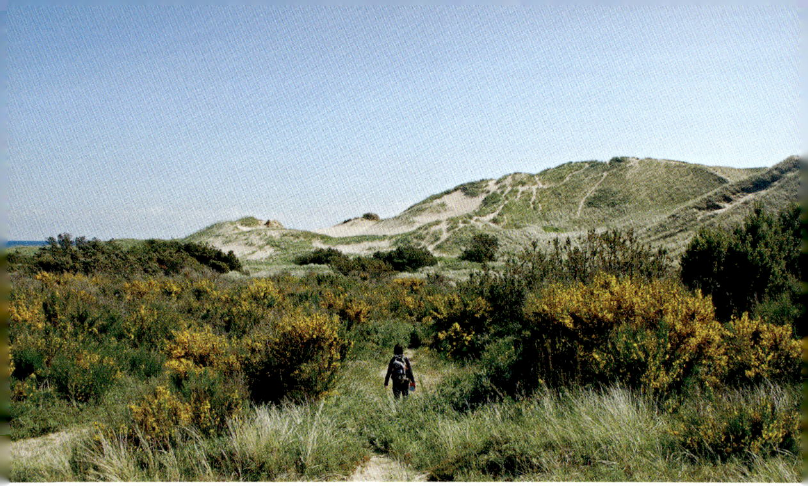

Auf dem Weg zur Wanderdüne Stokmile am Kattegat (Tour 2).

Westküste ist geprägt durch die raue Nordsee mit ihren deutlichen Gezeiten, einer starken Strömung und den oft kräftigen Westwinden. Das Ergebnis sind breite Sandstrände, Dünen, im Süden das Watt mit den vorgelagerten Inseln und im Norden die Ausgleichsküste mit durch schmale Landzungen verschlossenen ehemaligen Buchten und streckenweise Steilküste.

An der Ostseeküste ist der Tidenhub (Gezeitenunterschied) viel geringer, die oft steinigen Strände sind entsprechend schmaler; es gibt kaum Sandtransport durch den Wind und dementsprechend nahezu keine Dünen. Wald und Wiesen reichen oft bis fast an das Wasser. Abgesehen von einigen Steilküstenabschnitten (Touren 49 und 51) hinterlässt die Ostseeküste einen eher lieblichen Eindruck.

Das Wattenmeer erstreckt sich an Jütlands Westküste von der deutschen Grenze bis Skallingen bei Esbjerg, kurz bevor bei Blåvands Huk der westlichste Punkt Jütlands erreicht ist. Die Wattküste nimmt damit etwa ein Sechstel der Westküste ein. Hier liegen auch die dänischen Nordseeinseln: Rømø (Tour 38), Mandø (37) und Fanø (36). Das Wattenmeer ist sehr flach und gekennzeichnet durch große Bereiche, die bei Flut überschwemmt sind, bei Ebbe aber trocken fallen – das eigentliche Watt. Dieses beherbergt wegen seiner speziellen Umweltbedingungen eine ganz eigene Fauna und Flora und ist ein wichtiges Rastgebiet für durchziehende Zugvögel. An der Wattenmeerküste kann man die Marschlandentstehung, die gelegentlich auch noch vom Menschen gefördert wird, miterleben. Das bei Flut angeschwemmte und abgelagerte Material und Flugsandablagerungen lassen Flächen auf ein wenig über Meeresniveau anwachsen. Dann kann

der Boden aussalzen und die an sehr hohen Salzgehalt adaptierten Pflanzen verlieren an Dominanz. Aus den Salzwiesen bildet sich mit der Zeit landwirtschaftlich nutzbares Marschland.
Nach Norden hin schließen sich bis zum Kap Skagen die Sand- und Kiesstrände mit ihren charakteristischen Dünen und einige Steilküstenabschnitte an. Hier ist der Gezeiteneinfluss nicht mehr so groß wie im Süden. Die Küstenform wird durch die nach Norden gerichtete Meeresströmung bestimmt. Das Meerwasser nimmt Sandmassen auf, transportiert sie nach Norden und lagert sie wieder ab. So entstehen die Sandstrände mit den sich daran anschließenden Dünenreihen und Landzungen (Odde), wie etwa die Skagen Odde, die den nördlichsten Zipfel Jütlands bildet (Touren 1 und 2).
Andere Landzungen schneiden ganze Buchten vom Meer ab, z. B. die schmalen Küstenstreifen am Ringkøbing Fjord und am Nissum Fjord. Die Durchfahrten bei Hvide Sande und Thyboron müssen künstlich vom Sand freigehalten werden, sonst würden die Fjorde ganz vom Meer abgetrennt. Da durch diese Landzungen die Küstenlinie begradigt und Buchten ausgeglichen werden, spricht man von einer Ausgleichsküste (Touren 28 und 30). In einigen Bereichen der Küste wird mehr Material vom Meer abgetragen als abgelagert. Auf diese Weise entstehen spektakuläre Steilküstenabschnitte (Touren 7 und 24).
Charakteristisch für die Ostseeküste sind die Förden, im Dänischen Fjorde genannt, schmale, weit ins Land hineinreichende Buchten. Die größte und wohl bekannteste Förde ist der Limfjord, der Jütland zweiteilt. Er ist auch gleichzeitig ein Sonderfall, weil 1825 bei einer Sturmflut die Nordsee den weit nach Westen reichenden Limfjord durchbrach und dieser seitdem Nord- und Ostsee verbindet (Touren im und am Limfjord: 19, 20, 21 und 25).

Die grüne Halbinsel Morsø im Limfjord ist von Norden her nur mit der Fähre zu erreichen (Tour 19).

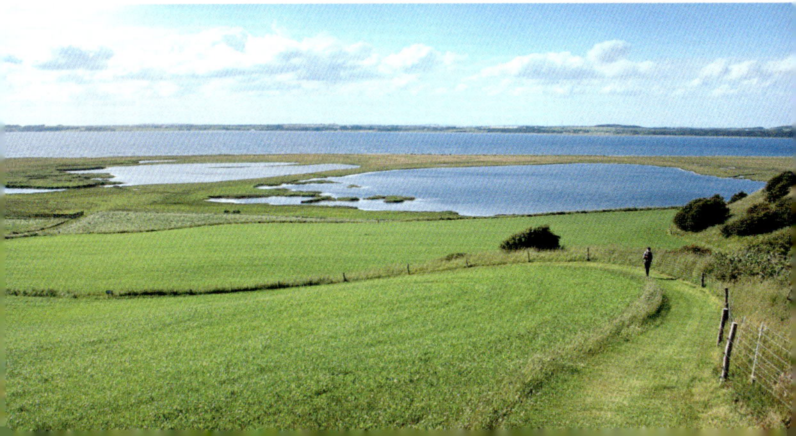

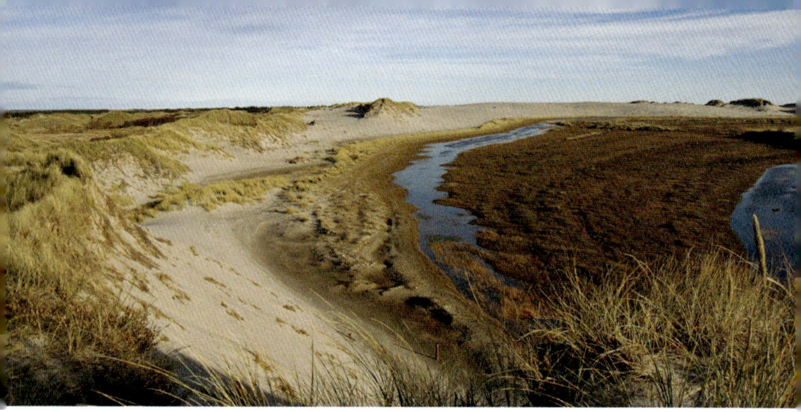

Råbjerg Mile: Seen in ehemaligen Ausblasungsflächen der Wanderdüne (Tour 3).

Kleine Dünenlehre

Die Nordsee spült unermüdlich Sand an die Westküste, der Wind und die Stürme türmen den Sand schließlich zu Dünen auf, die beeindruckende Ausmaße annehmen können. Sandkörner aus den trockenen Bereichen des Strandes werden vom Wind gepackt und lagern sich im Windschatten z. B. von Steinen, Tang oder Strandgut ab, erste kleine Dünen bilden sich.
Auf diesen niedrigen Vordünen siedeln sich die ersten Pflanzen an, vor allem der Strandhafer und die Strandquecke, die an die extremen Bedingungen auf dem trockenen, noch ganz beweglichen Sand gut angepasst sind und es ertragen, gelegentlich verschüttet zu werden. Auf die strandnahen Dünen, die nur teilweise bewachsen sind, sodass der helle Sand weiterhin zu sehen ist – deshalb auch der Name Weißdüne –, folgen die Graudünen, die fast vollständig von Pflanzen bedeckt sind. Aus abgestorbenem Pflanzenmaterial bildet sich mit der Zeit Humus, der den Sand grau färbt und den Dünen ihren Namen gibt. Die Pflanzendecke hält die Düne an ihrem Ort, nur wenn sie verletzt wird, kann der Wind wieder angreifen und Sand verblasen. Silbergras, Strandsegge und Kriechweiden sind typisch für dieses Stadium.
Im Lee, also an der windgeschützten Seite, siedeln sich gern Sanddorn und Bibernellrosen an, die ein dichtes und manchmal unpassierbares Gestrüpp bilden können. Die Hagebutten und die orangeroten Früchte des Sanddorns setzen erste Farbakzente im Grau und Grün der Dünen. In Senken bilden sich kleine Süßwassertümpel. Der Boden wird nun immer humusreicher und dunkler, die Braundünen entstehen. Sie werden besiedelt von Zwergsträuchern wie der Rausch- und der Krähenbeere und verschiedenen Heidearten. In der Dünenheide herrscht Zwergbuschvegetation vor; weiter landwärts schließen sich dann Küstenschutzwälder bzw. landwirtschaftlich genutzte Flächen an.

Ein Sonderfall der mobilen Primärdünen sind die Wanderdünen, wie z. B. die Råbjerg Mile (Tour 3). Das Zusammenspiel von sehr großen Sandmengen und starkem, stetigem Westwind hat eine riesige Düne entstehen lassen, die zu groß ist und sich zu schnell bewegt, als dass sie von Vegetation festgehalten werden könnte. So »wandert« die Råbjerg Mile unaufhaltsam über die Halbinsel Skagen Odde hinweg und hinterlässt auf ihrem Weg riesige, leergefegte Ausblasungsflächen.

Küstenschutzpflanzungen

Massives Sandtreiben hat in früheren Zeiten in Jütland an vielen Orten Acker- und Weideland vernichtet. Aus diesem Grund wurden an der Westküste Schutzwälder angepflanzt und dem Sandtreiben Einhalt geboten. Vielerorts trifft man deshalb landeinwärts hinter den Dünen auf solche Wälder, die größtenteils über 150 Jahre alt sind. Mittlerweile dienen die »Klitplantagen« (Klit = Düne) auch zur Holzgewinnung und als Erholungsgebiete.

Insgesamt gibt es in Dänemark knapp 500.000 ha Wald, somit sind 11,3 % der Landfläche mit Wald bedeckt. Die »Plantagen« und »Klitplantagen« beherbergen oft mehrere Dutzend Nadel- und Laubbaumarten. Die ungewöhnliche Artenvielfalt im Baumbestand ist Folge davon, dass alle infrage kommenden Baumarten aus den verschiedensten Regionen angepflanzt wurden, um herauszufinden, welche Arten unter den zum Teil extremen Bedingungen (z. B. Sandboden, Trockenheit, starker Wind) dauerhaft Fuß fassen konnten. So wachsen in diesen Wäldern u. a. österreichische Bergkiefern, Sitka-Fichten und Edeltannen, aber auch Birken, Buchen, Eichen und Bergahorn. Wenn man durch die inzwischen teilweise schon fast urwaldartigen, oft einsamen Waldgebiete streift, vergisst man leicht, dass fast alle diese Bäume von Menschen angepflanzt worden sind.

Im Wald der Husby Klitplantage sind die Kiefern noch Bäume, Richtung Meer nur noch Sträucher (Tour 29).

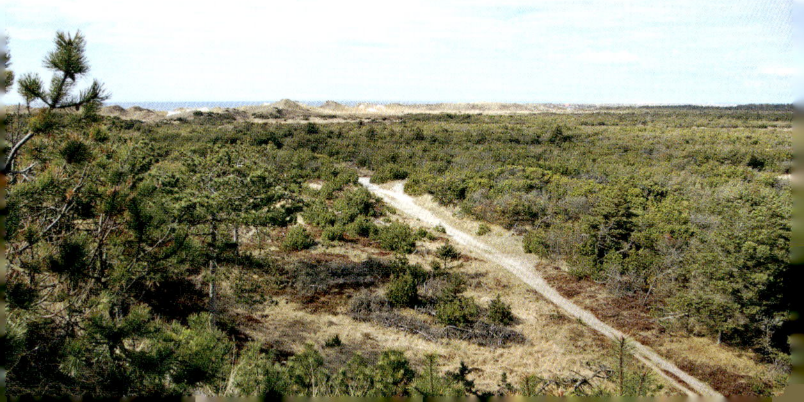

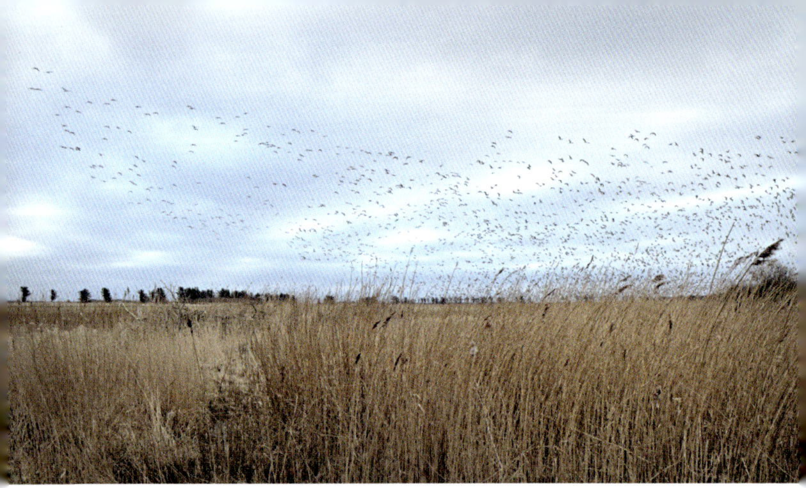

Zugvögel nutzen die großen Wasser- und Marschflächen am Vest-Stadil-Fjord zum Rasten (Tour 28).

Vögel

Ein Paradies für Vögel – das ist Jütland vor allem zweimal im Jahr, wenn Millionen von skandinavischen Zugvögeln hier Station machen und das reichhaltige Nahrungsangebot der seichten Gewässer, Fjorde und Seen nutzen, um sich für die Weiterreise zu stärken. Für einige Vogelarten ist die Reise aber auch schon in Dänemark zu Ende, sie haben hier ihre Brutgebiete erreicht. Ein Teil der hier vorgestellten Wanderungen führt zu solchen Vogelrast- und Rückzugsgebieten, bei denen die See- und Wattvögel in ihrer natürlichen Umgebung beobachtet werden können (vor allem Touren 12, 22, 28 und 29). Hierzu bieten die teilweise sehr aufwendig gestalteten Vogelbeobachtungsposten ideale Bedingungen, auf sie wird bei den jeweiligen Touren aufmerksam gemacht. Bestimmt hört man dann auch den Ruf des Rohrdommelmännchens aus dem Schilf der Fjorde, ein dunkles »fuuuuup«, vergleichbar mit dem Blaston auf einer leeren Flasche.

KREUZOTTERN

Die Kreuzotter ist Dänemarks einzige Giftschlange und steht unter Naturschutz. Sie kommt in den Küstenwäldern und auf Heideflächen vor. Ein Biss ist sehr unangenehm und mit Schwellungen und Rötungen verbunden, passiert aber sehr selten. Zur Vorbeugung sollte man festes Schuhwerk tragen. Wenn auch i. d. R. nicht lebensbedrohlich, sollte man im Falle eines Bisses die betroffene Extremität möglichst ruhig stellen und umgehend einen Arzt konsultieren.

Was man so am Strand findet

Wer an den Stränden Jütlands wandert, wird sich irgendwann bücken und etwas aufheben. Mit ein bisschen Glück ist das dann ein Stück Bernstein. Bernsteinstücke werden besonders nach schweren Herbststürmen an Land gespült und liegen dann im Spülsaum versteckt. Es ist zu Stein gewordenes Baumharz, hat eine geringe Dichte, ein Schlagempfinden wie Plastik und ist brennbar. Doch Bernstein ist recht selten, meistens findet man Gesteinsarten wie

- Feuerstein: schwarze Kieselsäuregebilde mit muscheligem Bruch und einer weißen äußeren Schicht.
- Gneis: Gestein des skandinavischen Grundgebirges, das dem Granit ähnelt, die Mineralkörner sind aber in parallelen Bändern angeordnet.
- Granit: ein Tiefengestein, zusammengesetzt aus Mineralkörnern in vielerlei Färbungen, die Körner sind regellos angeordnet.
- Hornfels: durch Hitze aus Tonstein gebildetes, ganz glattes Gestein.
- Porphyr: Eruptivgestein mit einzelnen dekorativen, oft rhombenförmigen Kristallen in einer einfarbigen, feinkörnigen Grundmasse.
- Sandstein: sedimentierter Sand, der mit einem Bindemittel zu Gestein verfestigt wurde.

Nicht zu übersehen sind auch Meerestiere: Seepocken und der Dreikantwurm, der seine Ablagerungen auf Muschelschalen, Steinen und Molen hinterlässt, spiralförmige Turmschnecken sowie Mies-, Herz- und Venusmuscheln gibt es in großen Mengen. Auch die Große Schwertmuschel und die Sandklaffmuschel sind häufig zu finden. Auffällig sind auch Sepiaschalen von Tintenfischen, Eikapseln von Rochen und von Katzenhaien, Seesterne und Seeigel sowie verschiedene Krabben und Krebse.

Am Strand der Insel Fur im Limfjord (Tour 21).

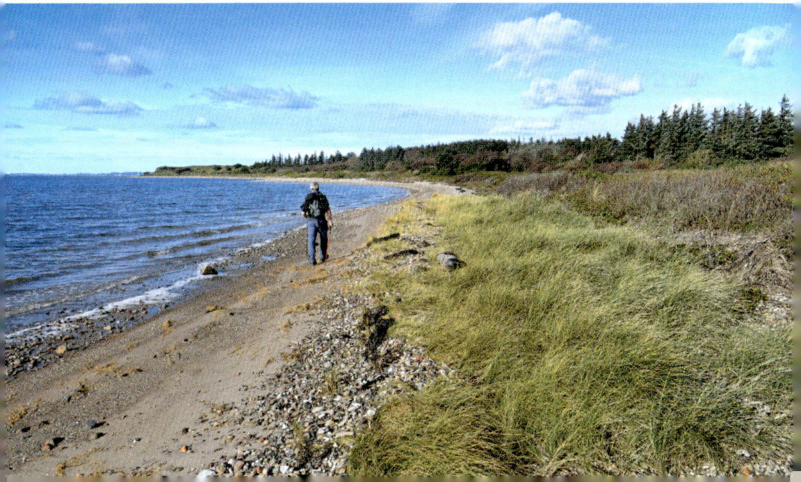

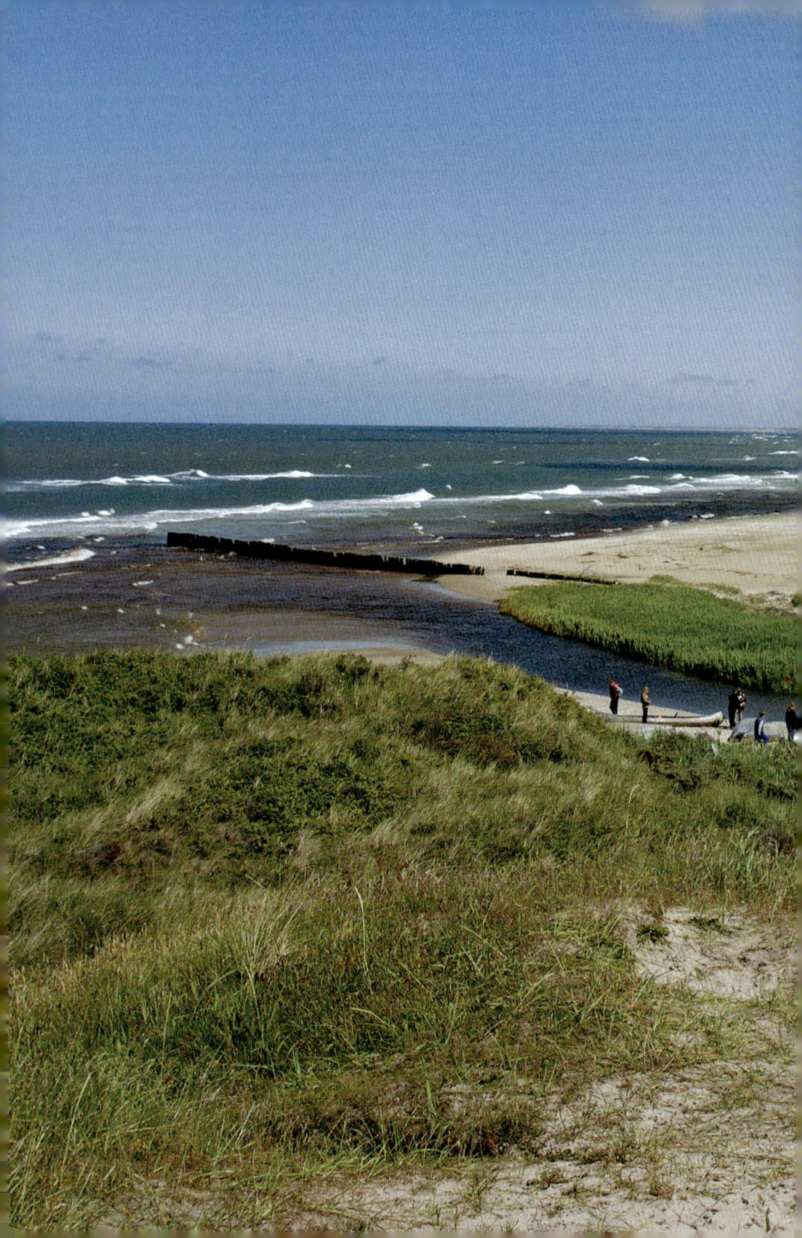

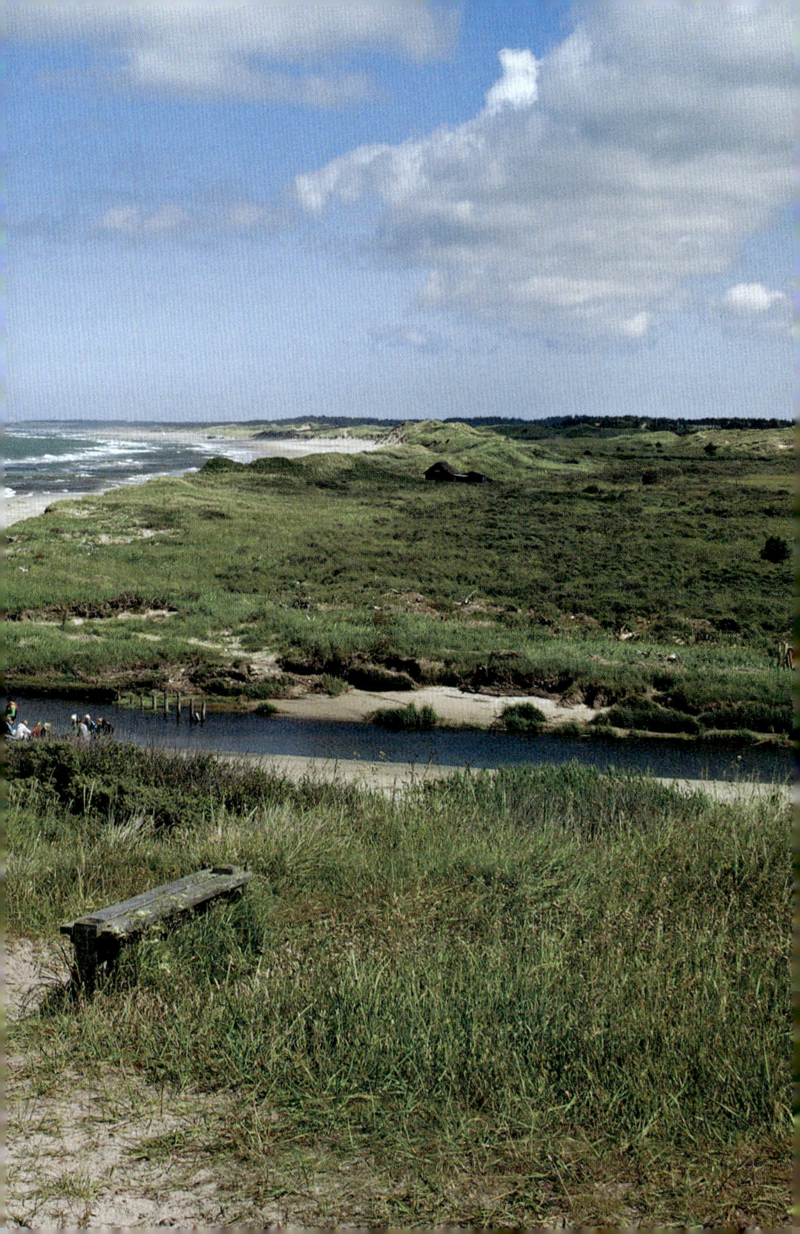

↗ 30 m | ↘ 30 m

1 Grenen – Treffpunkt von Nord- und Ostsee

1.45 h

Auf der Landzunge Skagen Odde zum nördlichsten Punkt Jütlands

»Zwischen zwei Meeren«, wo »die Wasser der Ostsee und der Nordsee sich über dem Sand von Skagen umarmen« (Hans Christian Andersen, 1860), blicken wir vom äußersten Punkt der Zipfelmütze Dänemarks landeinwärts auf die Dünenrücken, die von feuchten, mit Schilf bewachsenen Mulden durchzogen sind. Hier draußen zeigt uns die Vegetation durch ihren krüppelhaften Wuchs die harten Bedingungen des Lebens »am Ende der Welt«.

Ausgangspunkt: Parkplatz Nordstrand. Anfahrt: Straße 40 durch Skagen Richtung Grenen, am Bahnhof links dem Schild »Campingplads« folgen, am Ortsende beim Leuchtturm an der rechten Straßenseite links Richtung »Naturcenter« und dann rechts zum »Nordstrand 1 km«.
Anforderungen: Bequeme Wanderung auf guten Wegen, am Strand weglos.
Einkehr: Restaurant »De 2 Have« des Kunstmuseums Grenen.
Variante: Vom Parkplatz rechts dem Sandweg (»ufarbar vej«) folgen, später mit einem der beiden Wege links zur Nordsee abzweigen.
Tipp: Grenen Kunstmuseum mit (Wechsel-)Ausstellungen zeitgenössischer und moderner Kunst (Fyrvej 40; Mitte Juni bis Aug. tgl. 11 bis mindestens 16 Uhr, sonst variierende Öffnungszeiten).
Karte: 1318 I Skagen.

Vom **Parkplatz Nordstrand** ❶ aus folgen wir dem Strandweg E 320, vorbei an einer Abzweigung auf der rechten Seite (Schild »ufarbar vej« = unbefahrbarer Weg) bis zur Wasserlinie der Nordsee. Hier wenden wir uns nach rechts (Nordosten) und gehen den **Skagens Nordstrand** entlang, ein ca. 150 m breiter Sandstrand, der landeinwärts in die teils mit stacheligem Sanddorn überwucherten Strandwallebenen übergeht. Unser Weg nah am Wasser bringt uns nach etwa 1 km an den nördlichsten Punkt Jütlands, der aber noch ein ganzes Stück westlich der Landspitze Grenen liegt. Weiter am Wasser entlang stehen wir schließlich am »Nordkap Jütlands« an der Spitze **Grenens** ❷ und können die sich gegenseitig verschlingenden Wasser von Skagerrak und Kattegat beobachten. Während der Saison bringt ein Geländebus, der »Sandormen« (Sandwurm), die zahlreichen Besucher vom Parkplatz Grenen hierher.

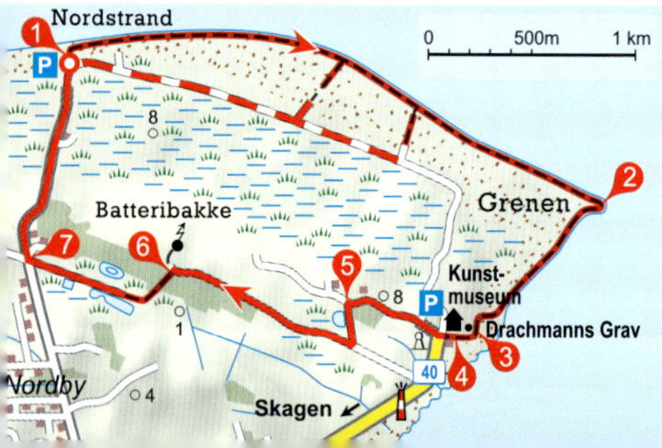

Wir gehen jedoch zu Fuß an der meist ruhigeren Ostsee nach Süden. Als Wegweiser dient der Leuchtturm »Grå Fyr« (Graues Feuer). Bald erreichen wir die nördlichsten

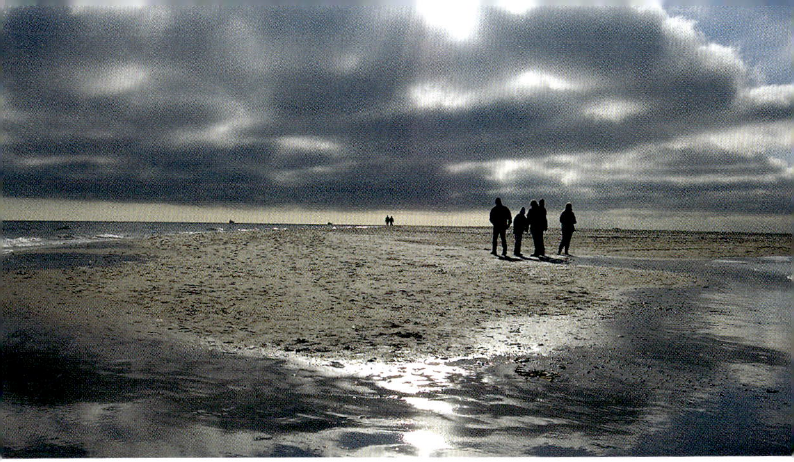

Vor uns Europa, hinter uns der Nordpol: am »Dänischen Nordkap«.

Dünenausläufer Dänemarks, die etwas rechts von uns liegen und besonders während des Frühlingszuges Raub- und Wasservögel beheimaten. Wir kommen am Strand zu einer Reihe von Bunkern. Hinter dem ersten **Bunker** steigen wir auf einem Natursandpfad an **Drachmanns Grav** ❸, der Grabstätte des Dichters Holger Drachmann, vorbei auf die aussichtsreiche Kuppe der **höchsten Düne** im Umkreis. Eine Kompassrose aus Metall verdeutlicht uns hier nochmals die geografische Besonderheit von Grenen.
Die Düne verlassen wir Richtung Parkplatz **Kunstmuseum** ❹, gehen nach rechts, überqueren den Straßenkreisel und gehen am Ende eines weiteren Parkplatzes auf einem Fahrweg weiter (Fahrverbotsschild). Wir folgen dem von Wacholder gesäumten Schotterweg kurvenreich durch ein Birkenwäldchen und knicken an einer **Weggabelung** ❺ scharf nach links ab. Der Weg nach rechts ist als Sackgasse gekennzeichnet. Bald treffen wir auf einen weiteren Fahrweg. Dort gehen wir vor einem Sperrgebiet im spitzen Winkel nach rechts durch einen lockeren Wechsel von Heide, Kiefern und Birken.
Noch bevor der Fahrweg nach einem Rechtsbogen bei einem **Sendemast** ❻ endet, treten wir geradeaus in ein dichtes **Kiefernwäldchen** ein. Der weiche Pfad schlängelt sich über Dünenhügel, bis wir kurz darauf den Wald wieder verlassen. Durch Schilf und über eine Holzbrücke erreichen wir einen idyllischen kleinen **See** mit Grill- und Rastplatz.
Der geradeaus weiterführende Grasweg ist ab hier wieder breiter und mündet an den weißen **Radarkugeln** ❼ in die Straße zum **Parkplatz Nordstrand** ❶.

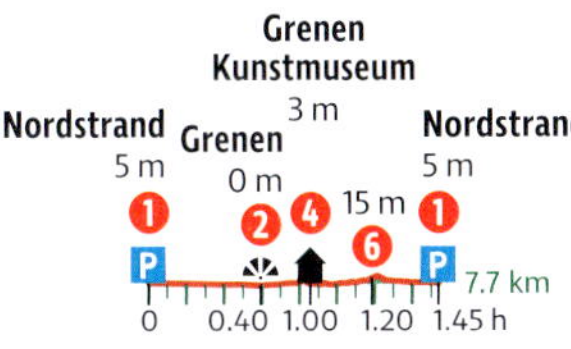

↗ 100 m | ↘ 100 m

2 Durch die Skagen Klitplantage

4.15 h

Von der Ostsee zur Nordsee quer über die Landzunge Skagen Odde

Nur hier, auf der schmalen Landzunge Skagen Odde, kann man morgens den Sonnenaufgang am Strand der Ostsee und abends ihren Untergang in die Nordsee erleben. Die Wanderdüne Stokmile ist bereits quer über die Halbinsel zur Ostsee gewandert und wird jetzt stetig in den Kattegat geblasen. Ein »Opfer« der Dünenwanderung sehen wir zu Beginn unserer Runde: die im Sand versunkene Laurentiuskirche, die »Tilsandede Kirke«, von der nur noch der Turm aus dem Sand herausragt.

Ausgangspunkt: Parkplatz »Den Tilsandede Kirke«. Anfahrt: Straße 40 Richtung Skagen, im Wald der Skagen Klitplantage rechts zur »Tilsandede Kirke« abbiegen (Hinweis).
Anforderungen: Teils sandige Wege in den Dünen, etwas anstrengend.

Einkehr: Keine.
Variante: Am Wegedreieck nach der Laurentiuskirche gleich rechts (Markierung rotes Dreieck) anstatt links und weiter wie beschrieben zur Ostsee (1,9 km kürzer).
Karte: 1318 I Skagen.

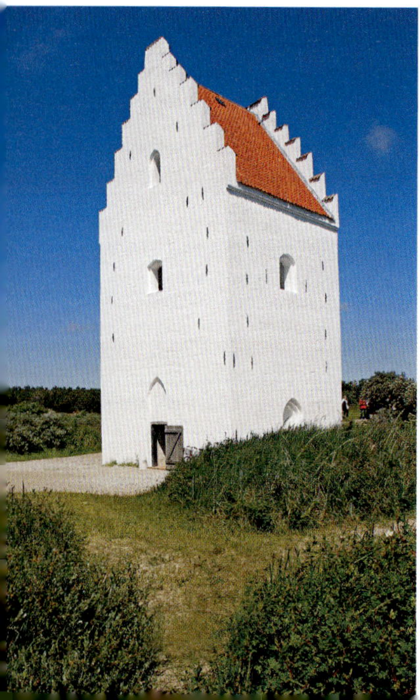

Vom **Parkplatz** ❶ aus weist uns das Schild »Tilsandede Kirke« den Weg, und bald sehen wir an einem Pfosten ein rotes Dreieck, die Markierung für unseren ersten Wegabschnitt. Nach einer Rechtskurve wird der Turm der im Sand versunkenen Kirche St. Laurentius sichtbar. An einer Weggabelung nehmen wir links den »Koresti« und machen wenig später einen Abstecher zur **Laurentiuskirche** ❷.
Zurück auf dem Koresti folgen wir diesem weiter nach rechts zu einem **Wegedreieck**. Hier leitet uns das rote Dreieck nach links (Variante) weiter, dann über eine Wegekreuzung nach links hinweg und weiter auf einem Pfad nach links aufwärts in den Kiefernwald zum Aussichtspunkt **Flagbakken** ❸. Den

Von der Laurentiuskirche ragt nur noch der Turm aus dem Sand.

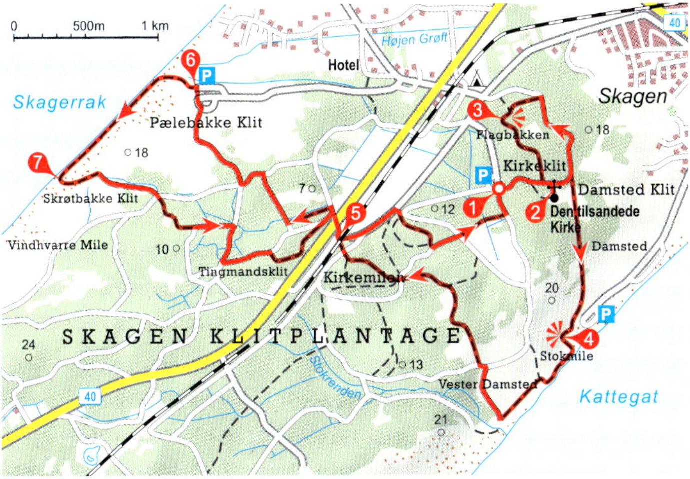

Aussichtspunkt verlassen wir auf der gegenüberliegenden Seite in einem Linksbogen (Markierung rotes Dreieck). Der Pfad führt geradeaus über eine Kreuzung hinweg auf einen **Dünenkamm**, dem wir weiter folgen. Die rote Route (Schild »Flagbakken«) bringt uns zum »Koresti« zurück. Wir gehen nach links und schließen so die kleine »rote Runde«.

Nach dem Abzweig zur Kirche erreichen wir erneut das **Wegedreieck**. Hier wandern wir nach rechts zunächst mit dem Nordsostien und dem Reitweg in einiger Entfernung links an der Kirche vorbei Richtung Ostseeküste. Auf diesem schmalen Reitweg folgen wir einer Schneise immer geradeaus Richtung Stokmile, der höchsten Dünenreihe. Wir gehen an einem Parkplatz zu unserer Linken vorbei und suchen uns einen Weg auf die **Stokmile** 4, überschreiten diese und steigen zur Ostsee ab. Am **Strand** geht es nach rechts, vorbei an der geschlossenen Sandfront des Dünengürtels. Nach ungefähr 400 m öffnet sich die erste Dünenreihe und wir sehen vom Strand aus einen Markierungspfosten.

Hier treffen wir am landseitigen Fuß der Dünen auf einen Naturpfad (»Randsti«), dem wir entgegen der Richtung des Markierungsdreiecks nach links folgen. Später biegen wir nach rechts in einen Fahrweg ein, der landeinwärts am Waldrand entlangführt und jetzt zusätzlich gelb markiert ist. Nach einer Weile kommen wir auf eine Schotterpiste, folgen ihr

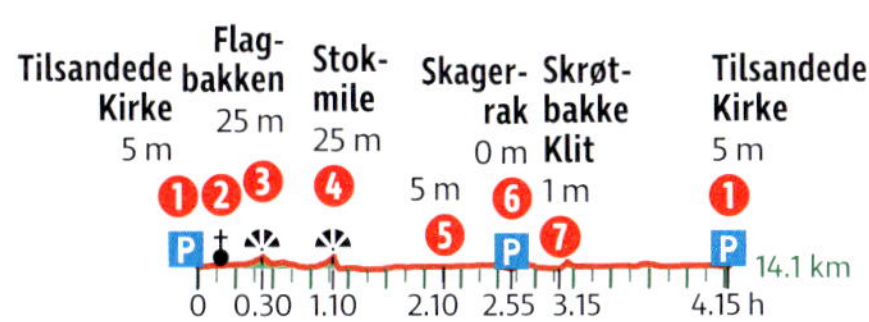

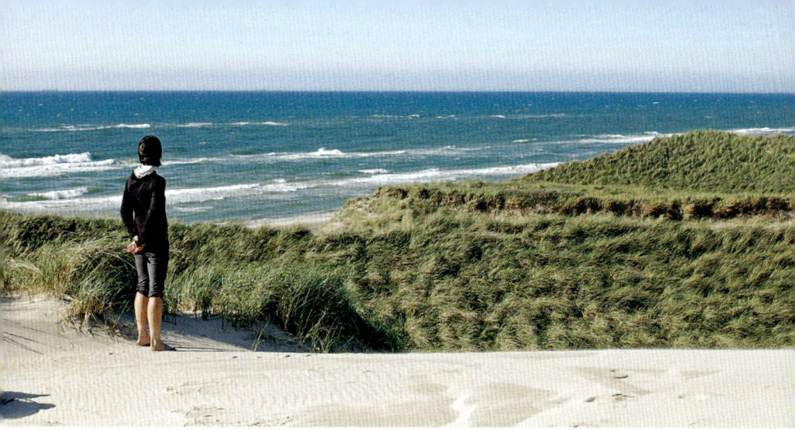

Nur Strandhafer hält das Sandtreiben auf und die Dünen am Kattegat fest.

kurz nach links und verlassen sie bereits nach wenigen Metern wieder nach rechts. Wir durchqueren ein bewaldetes Heidegebiet. Unser Weg stößt auf einen nach links in den Wald führenden Weg. An einer **Wegkreuzung** stoßen wir wieder auf den gelb markierten Weg, dem wir an den folgenden Abzweigen entgegen seiner Markierungsrichtung folgen. Nach Querung eines Kiesweges geht es leicht links versetzt weiter auf einem schmalen Pfad, der sich im Wald zu einem verwachsenen **Aussichtspunkt** emporschlängelt. Von dort gehen wir wieder abwärts, bis der Pfad auf einen Asphaltweg parallel zu den Bahngleisen stößt. Wir überqueren die **Bahntrasse** **5**, erreichen einen lang gezogenen **Parkplatz** und nach rechts die Straße Nr. 40. Auf deren anderer Seite gehen wir geradeaus in den Gyvelstien. Nach ca. 50 m zweigen wir links auf einen Pfad (Markierung grünes Dreieck) ab. Nach ca. 300 m verlassen wir an einer Kreuzung die Markierung und biegen nach rechts auf einen grasbewachsenen Pfad ab. Dieser trifft schließlich auf einen etwas breiteren Weg, dem wir ein Stück nach links folgen, um so an die **Kreuzung** mit dem Annemettesvej zu kommen. Hier gehen wir nach rechts weiter und gelangen bald zu den **Randdünen** der Nordsee. Kurz darauf endet der Weg an der Zufahrtsstraße eines **Strandparkplatzes** **6**. Wir folgen dieser nach links in einen Rechtsbogen und zweigen links in den Strandzugangsweg E310 ab. Am Strand wandern wir nach links etwa 1 km weiter und beobachten dabei immer die Dünen, da sie uns den einzigen Hinweis liefern, wo wir den Strand wieder verlassen müssen. In der Randdünenkette gibt es in recht regelmäßigen Abständen (etwa alle 30 m) Durchbrüche, die zurückblickend am besten zu sehen sind. Schließlich erreichen wir einen mindestens 100 m langen, gleichmäßig hohen **Randdünenkamm** **7** (Skrøtbakke Klit) ohne Durchbrüche. Hier drehen wir um und gehen zum letzten Durchbruch, an dem wir vorbeigegangen

sind, zurück und nach rechts über die Dünen landeinwärts. Oben auf dem Dünenkamm angekommen halten wir auf einem Sandpfad landeinwärts über eine Heidefläche genau auf den Wald zu. Am Fuß der Dünen treffen wir in der Heide auf einen Pfad, dem wir schräg nach links folgen, entlang dem Fuß der sich landeinwärts ziehenden Dünen. Dann vermittelt uns ein in der Heidefläche stehender Holzpflock wieder Sicherheit bezüglich des Weges.
Auf einem Fahrweg geht es landeinwärts in den Wald. An einer Kreuzung überqueren wir den Nordsøstien (Schotterpiste) und wandern mit dem Reitweg bald am linken Rand einer Lichtung weiter. An ihrem schmalen Ende biegen wir nach links auf einen leicht zu übersehenden **Sandpfad** ab. Der Pfad wird zum Fahrweg und endet an einem querenden Schotterweg. Hier geht es nach rechts weiter und wenig später zweigen wir nach links in den Grønnevej ab. Wenig später achten wir gut auf den mit einem grünen Dreieck markierten **Abzweig** nach rechts in einen schmalen Waldpfad. Die zuverlässig grün markierte Route schlängelt sich über einen Dünenkamm und führt uns schließlich auf den bereits bekannten **Parkplatz** an der Straße 40, die wir wieder queren. Hinter der Querung der **Bahntrasse** ❺ folgen wir dem Asphaltweg nach links und verlassen ihn auf einem abgesperrten Schotterweg nach rechts. Es folgt sogleich ein nach links abzweigender Weg. Wenige Schritte nach diesem Abzweig biegen wir nach rechts ab, bleiben am Waldrand und nehmen an einer **Kreuzung** den Weg nach links. Mit dem Meleansvej gehen wir geradeaus weiter, an der linken Seite einer Heidefläche entlang. Bald taucht vor uns wieder die Laurentiuskirche auf. Wir treffen auf einen Schotterweg und folgen ihm nach links zum Ausgangspunkt am **Parkplatz** ❶.

»Sandabfahrt« von der Stokmile.

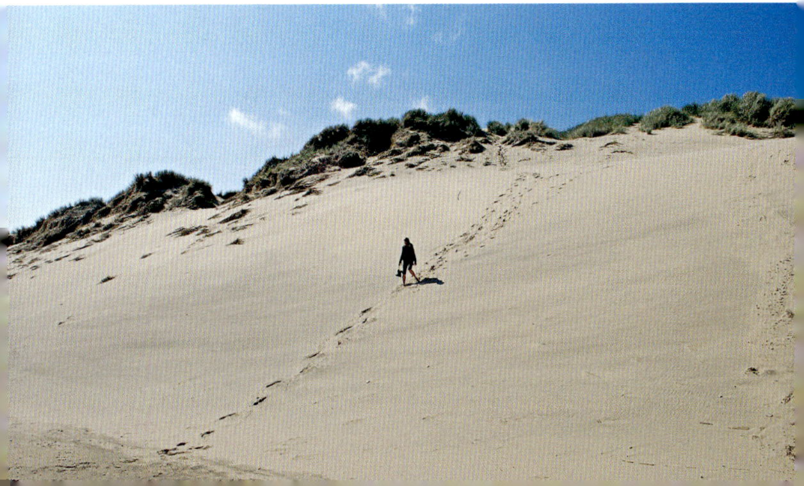

↗ 120 m | ↘ 120 m

3 Über die Wanderdüne Råbjerg Mile

3.45 h

Riesige Parabeldüne auf pausenloser Wanderung

Erst am höchsten Punkt erleben wir, wie groß diese einzigartige Wanderdüne wirklich ist, wenn wir Richtung Nordsee blicken. Von den beiden Dünenarmen umschlossen liegt jener Landstrich vor uns, über den sich die Düne bereits hinwegbewegt hat. Unaufhaltsam schiebt sich die bis zu 40 Meter hohe Sandfront mit 20 bis 30 Meter im Jahr gen Osten und wird bei Beibehaltung des derzeitigen Wandertempos in etwa 20 Jahren die ersten Häuser verschlingen. Für unsere heutige Wanderung bedeutet dies, dass sich die Pfade und Wege vor und auf der Wanderdüne nicht exakt beschreiben lassen und auch die GPS-Tracks zunehmend ihre Genauigkeit verlieren. So behält jede Tour immer einen gewissen Expeditionscharakter.

Ausgangspunkt: Waldparkplatz vor den Bahngleisen. Anfahrt: Straße 597 von Hirtshals Richtung Skagen, in Tuen links Richtung Skiveren, weiter nach rechts zur »Råbjerg Kirke«, an dieser vorbei bald links im Wald parken, in Sichtweite der Schilder eines Bahnübergangs. Aus Richtung Frederikshavn auf der Straße 40 Richtung Skagen. Im Kreisverkehr hinter Albæk auf der 40 bleiben, später links (Skiveren 10 km), nach dem Bahnübergang rechts parken. Lokalbahn 79 von Hirthals bzw. Frederikshavn nach Bunken.
Anforderungen: Das völlig weglose Terrain und die dauernde Veränderung der Wanderdüne erfordern sehr gutes Orientierungsvermögen, nur im Wald und teils in der Heide finden sich Markierungen.
Einkehr: Im Sommer geöffneter Kiosk am Parkplatz nördlich der Råbjerg Mile.
Karten: 1318 I Skagen, 1318 II Frederikshavn.

Die wandernde Sandfront verschlingt den Wald.

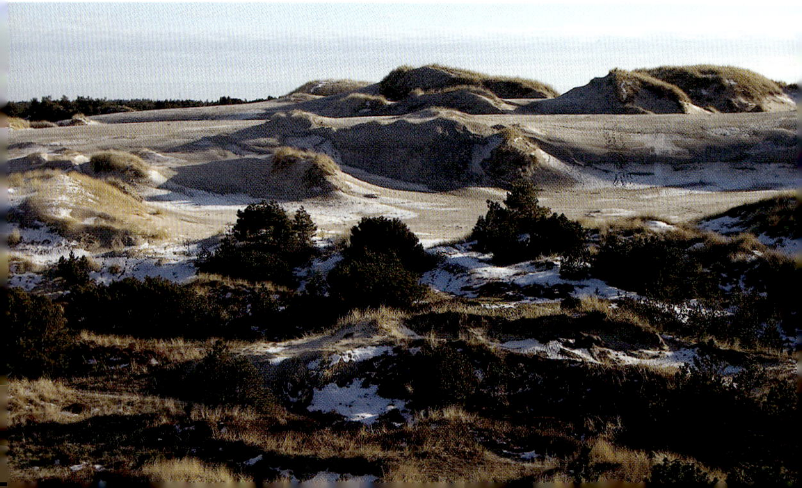

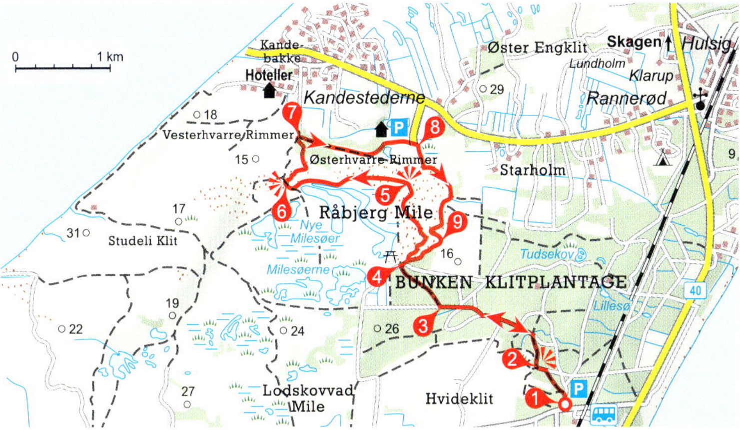

Vom **Waldparkplatz** ❶ aus geht es durch eine Schranke auf einem Asphaltweg in den Wald, dann sogleich nach links auf einen Pfad Richtung »Råbjerg Mile« (ab hier blaue Markierung bis zum Fuß der Wanderdüne). Wir folgen diesem Pfad geradeaus, halten uns wenig später mit dem roten Dreieck erst links und nach wenigen Schritten an einem Wegedreieck rechts. Unser Weg steigt an, wir ignorieren seitlich abzweigende Naturpfade und gelangen schließlich auf den ehemaligen Aussichtshügel **Flagbakken** ❷. Wieder unten, stoßen wir auf einen Asphaltweg und gehen nach links. An einem Wegedreieck folgen wir der Beschilderung »Torvevej, Råbjerg Mile« nach links auf eine zerfurchte Fahrtrasse und verlassen somit die blaue Wegemarkierung. Weiter geht es schnurgeradeaus, am **Abzweig** ❸ mit Hinweis »Råbjerg Mile« nach rechts vorbei, um etwas später vor dem Hochpunkt des Weges den schmalen unmarkierten Pfad sogleich über einen Steg nach rechts zu nehmen. Dieser quert einige Pfade und erreicht später in einem kleinen Sattel einen Abzweig. Wir steigen steil nach rechts hinunter und überqueren einen Schotterweg (Rostelvej) zu einem **Rastplatz** ❹ mit Picknick-Bänken. Von dort aus wandern wir mit dem Nordsøstien weiter und ersteigen kurz darauf nach links die Dünenwand. Nach dem steilen Anstieg halten wir uns in dem weitläufigen und

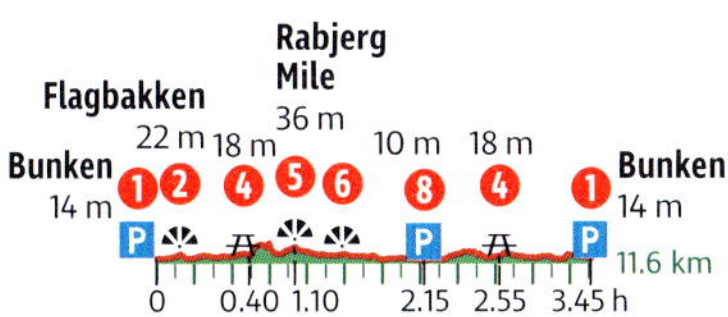

welligen Gelände zunächst vorzugsweise rechts und suchen uns einen Weg zum höchsten Bereich der Düne 5. Hier haben wir sowohl die Nord- als auch die Ostsee im Blick, unter uns liegen die Dünenseen, an deren rechten Rand wir uns später einen Weg Richtung Nordsee suchen. Dazu holen wir in einem weiten Bogen nach rechts aus, um zunächst steil, später links des Kamms des rechten Parabelarmes der Råbjerg Mile langsam an Höhe zu verlieren. Schließlich vereinigt sich der rechte, höhere Parabelarmkamm mit einer kaum zwei Meter hohen Dünenreihe genau rechts der Mileseen. Direkt vor uns erhebt sich eine große **Aussichtsdüne** 6, zu der Sandpfade hinauf führen. Ab hier ist unser Weiterweg auch wieder markiert und zwar mit dem blauen Zeichen des Nordsøstien. Mit diesem gelangen wir im Rechtsbogen um die Düne herum und schlängeln uns durch die mit Heide und Buschkiefer bestandene Dünenlandschaft. Plötzlich tauchen vor uns die ersten Häuser von Kandestederne auf. Wir gehen jedoch nicht in den

Rückblick auf den Weg der Wanderdüne und die Nye Milesoer.

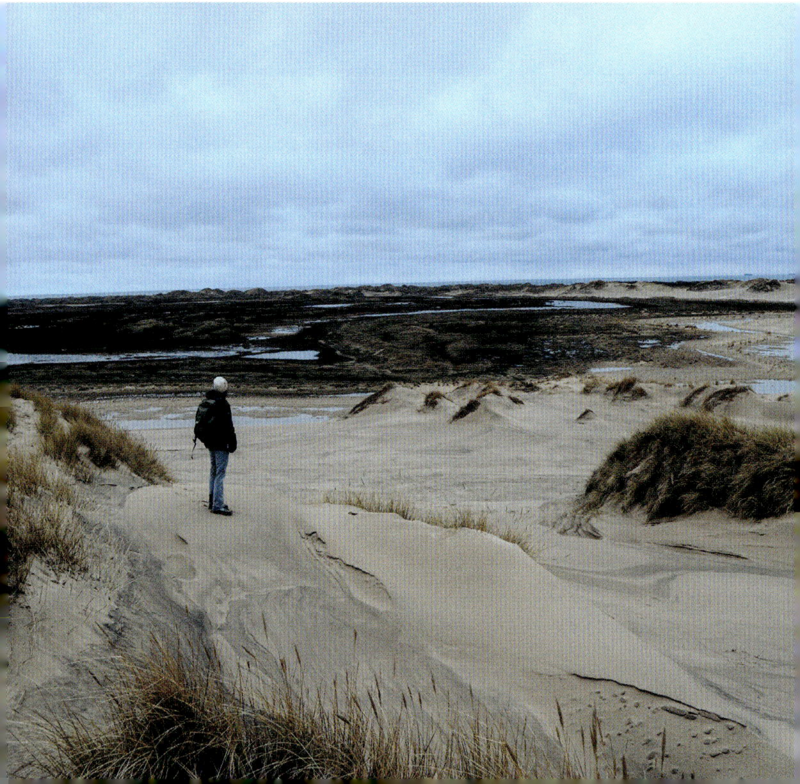

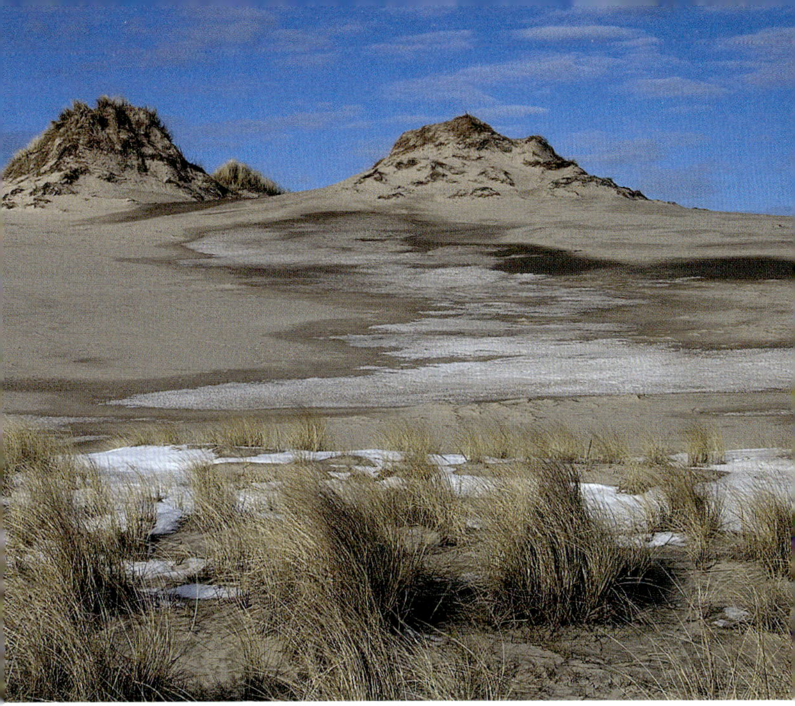

Ausläufer des Parabelarms der Råbjerg Mile.

Ort sondern biegen ca. 50 m vor einem Wegedreieck an einer Weide und einer Infotafel nach rechts auf einen Pfad ab. So bleiben wir rechts eines Zaunes gerade noch am **Dünenfuß** 7. Wir nähern uns der Wanderdüne und achten nun besonders darauf, nah am Zaun zu bleiben. Schließlich endet dieser zwischen zwei Dünenseen. In Gehrichtung erreichen wir wenig später den **Wendehammer** 8 am nördlichen Zugang zur Råbjerg Mile. Wir gehen rechts und wenig später an einer Kettenabsperrung auf einen Fußweg nach rechts um erneut die Sandwalze hochzusteigen. Oben angekommen wenden wir uns völlig pfadlos in Richtung Ostsee und gehen zur steil abfallenden Kante der Düne. Nun orientieren wir uns an dieser Dünenkante nach rechts möglichst ohne viel abzusteigen. So gelangen wir an die südlichste **Sandzunge** 9, die sich konstant landeinwärts frisst. Wenn wir konsequent im Sand bleiben, uns rechts halten und nicht zum Wald am Dünenfuß absteigen, kommen wir an den Aufstiegspunkt auf die Düne nahe des **Rastplatzes** 4 und zu diesem zurück. Von dort gehen wir auf dem Hinweg zum Startpunkt zurück.

↗ 50 m | ↘ 50 m

4 Durch die Tversted Klitplantage

3.40 h

Durch die älteste Dünenpflanzung und zur Stockmühle Østerklit

Die abwechslungsreiche Tour führt uns durch alte, wildromantische Bestände von hohen Edeltannen, Weißtannen und verschiedenen Föhrenarten über die »grünen Hügel« zu Heideflächen mit malerischen Gruppen österreichischer Waldkiefern. Auf einer Lichtung zwischen Wald und Dünen überrascht uns der alte Østerklit-Hof, eine sogenannte Stockmühle, aus dessen Scheunendach die Windmühlenflügel ragen.

Ausgangspunkt: Parkplatz an den Forsthäusern bei den Tversted-Seen. Anfahrt: Straße 597 von Hirtshals Richtung Skagen, 3 km nach Tversted im Wald links auf den Plantørvej bis zur Försterei.
Anforderungen: Im Bereich der Dünen auf nicht markierten Pfaden. Rückweg nach Skiveren abschnittweise nass, sonst auf guten Wegen.
Einkehr: Kro und Café in Skiveren.
Variante: Vom Strand nach der Mündung der Skiverrende rechts, am Kiosk vorbei bis zum Niels Skiverens Vej (ca. 2,5 km kürzer).
Tipp: Die restaurierte Mühle Østerklit Stokmølle ist für Besucher frei zugänglich und auch auf Deutsch ausführlich erklärt.
Karte: 1318 II NV Ålbæk.

Die einsam gelegene restaurierte Stockmühle Østerklit.

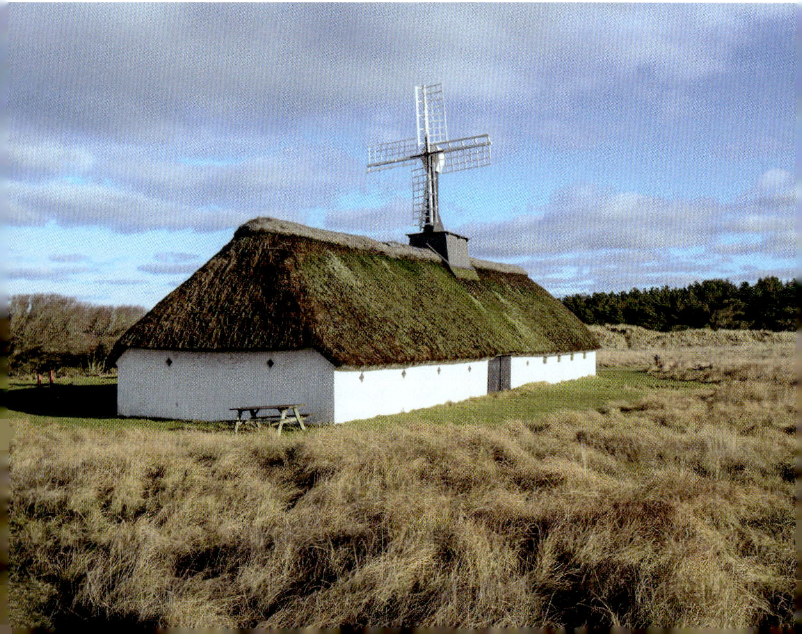

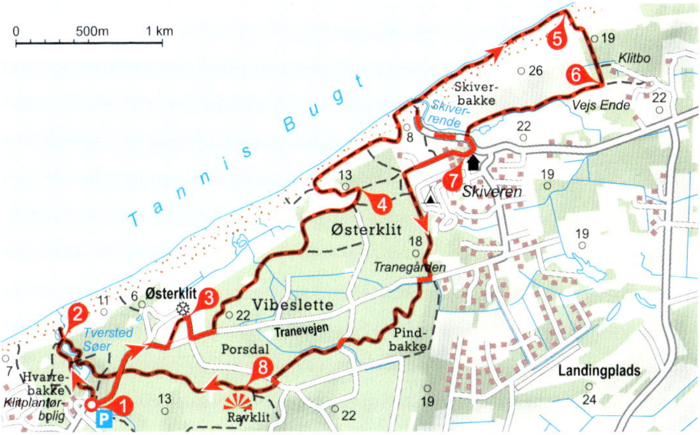

Unser mit einem blauen und roten Dreieck markierter Wanderweg beginnt am **Parkplatz** ❶ bei der **Infotafel** in Richtung der **Tversted-Seen**. Am ersten See angekommen, verlassen wir die Markierungen und folgen dem Weg am linken Ufer. Beim zweiten kleinen See bleiben wir auf dem linken Uferweg, der bald nach rechts über eine **Holzbrücke** ❷ abknickt; Abstecher zur Bachmündung nach links. Unser Weg führt weiter um die Seen herum, zurück in den Wald. Kurz bevor wir den ersten See vollständig umrundet hätten, zweigen wir nach links auf den rot markierten Pfad Richtung »Ravklit 1,2 km« ab. Wenig später biegen wir links in einen breiten Schotterweg (blaue Markierung) ein. An einem Abzweig zur »Østerklit, Dybe Rende« gehen wir vorbei, schließlich öffnet sich der Wald und wir erreichen über einen Pfad die links inmitten einer Wiese gelegene **Østerklit Stokmølle** ❸.

Nach dem Besuch der Mühle gehen wir über die Wiese Richtung Waldrand und folgen von dort an dem blauen Dreieck erst nach links auf den Schotterweg und gleich danach erneut nach links auf einen Pfad (Nordsøstien) erneut links auf einen schmalen Pfad. Wir wandern zunächst am **Aussichtsturm** (zugewachsen) vorbei, weiter über Holzstufen hinab, hier rechts und gleich wieder links auf einem breiten Fußweg. Unser gut markierter Weg

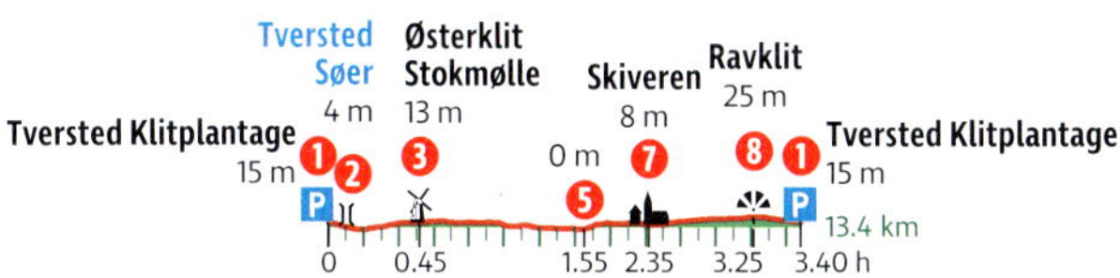

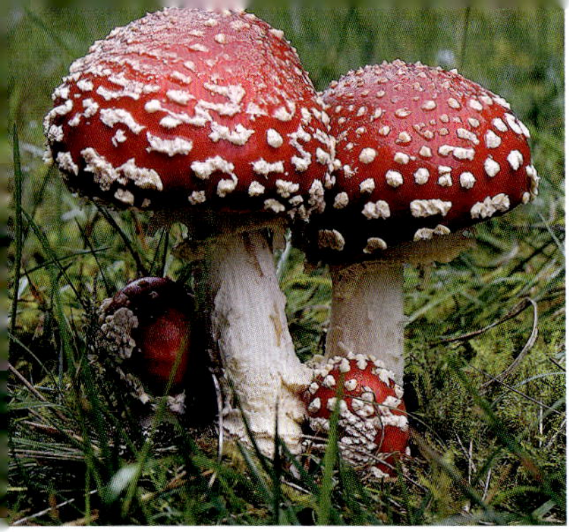

Fliegenpilze in der Tversted Klitplantage.

behält insgesamt mehr oder weniger seine Richtung bei. Nach einiger Zeit weist das blaue Dreieck an einer **Gabelung** schräg nach links. Knapp 100 m später – der Weg führt am Rand einer Heidefläche entlang auf niedrigen Kiefernwald zu – knickt der blaue Weg (Holzpfosten am linken Wegrand) schräg nach rechts ab, weg von der Heidefläche. Hier verlassen wir die blaue Markierung und biegen nach dem Pfosten links in einen aus unserer Richtung schlecht zu sehenden, unmarkierten Trampelpfad. So gelangen wir an die niedrige Abbruchkante der Randdünen, gehen rechts und etwas später mit dem **Strandzugangsweg E 299** ❹ nach links zum Strand. Wir folgen der Wasserlinie nach rechts und überqueren die **Skiverende** in ihrem Mündungsbereich (Abzweigung Variante).

Wir bleiben weiter an der Wasserlinie, doch nun heißt es aufgepasst! Etwa 1¼ km nach der Bachmündung müssen wir die Randdünen landeinwärts durchqueren. Wir erkennen die Stelle folgendermaßen: Vom Strand sind rechts hinter den Randdünen in einem **Sattel** in der sonst gleichmäßig hohen hinteren Dünenreihe die Wipfel einiger Nadelbäume zu sehen – die ersten, die man vom Strand aus erkennen kann. Am rechten Rand des Sattels führt eine steile Holztreppe aufwärts. Etwa in Falllinie der Treppe markiert ein **Pfosten** (Nordsøstien) am Fuß der Dünen den vom Strand aus schwer erkennbaren Einstieg in den Pfad, der durch die Randdünen zu der **Treppe** ❺ führt. Von hier an ist unser Weg zuverlässig mit den Zeichen des Nordsøstien markiert. Wenn man den Abzweig vom Strand verpasst hat, stößt man nach einem weiteren knappen Kilometer wieder auf eine Bachmündung; dann ist man zu weit gegangen und muss umkehren!

Oben angekommen folgen wir unserem Pfad durch den dichten Wald und lassen Abzweige unbeachtet. An einer Heidefläche treffen wir auf einen am Waldrand entlang verlaufenden **Pfad** ❻, in den wir nach rechts einbiegen. Wir halten immer auf die Häuser von Skiveren zu und bleiben stets strikt am rechten Rand der Feuchtgebiete am Fuß der Dünen. Schließlich stoßen wir auf einen Weg, der rechts zum Strand führt, uns aber links über eine Holzbrücke zur Straße und auf dieser wieder links nach **Skiveren** ❼ bringt. Dort führt unser weiterer Weg nach rechts auf den **Niels Skiverens Vej**. Wir lassen die Häuser und den Campingplatz links liegen, unser anfangs noch asphaltierter, später geschotterter Weg kreuzt ein Stück hinter einer Schranke eine Straße und führt weiter geradeaus Richtung Wald. Der Schotterweg biegt dann nach rechts ab, wir aber gehen geradeaus am

Zaun entlang weiter. Am Waldrand treffen wir wieder auf die mit dem blauen Dreieck markierte Route und folgen ihr für den Rest der Wanderung, zunächst nach links bis zur **Kreuzung** mit dem Tranevej. Kurz gehen wir hier nach rechts und sodann mit unserer Markierung nach links. Für etwa 1½ km schlängelt sich der schmale Fußweg nun durch lichten Nadelwald, trifft auf den Østerklitvej, dem wir kurz nach links folgen und den wir dann wieder nach rechts beim Schild »Ravklit« verlassen. Wenig später erreichen wir am Aussichtsturm **Ravklit** ❽ eine Vielzahl von Wanderwegen. Wir bleiben der blauen Route treu und wandern einen Dünenkamm entlang.

Nach einer Weile queren wir einen Schotterweg und treffen danach am Knotenpunkt der blauen Route auf einen weiteren Waldfahrweg. Wir gehen jetzt nach links und gelangen bald zurück zu unserem Ausgangspunkt am **Parkplatz** ❶.

Die Tversted-Seen, nahe der Tannis-Bucht an der Nordsee.

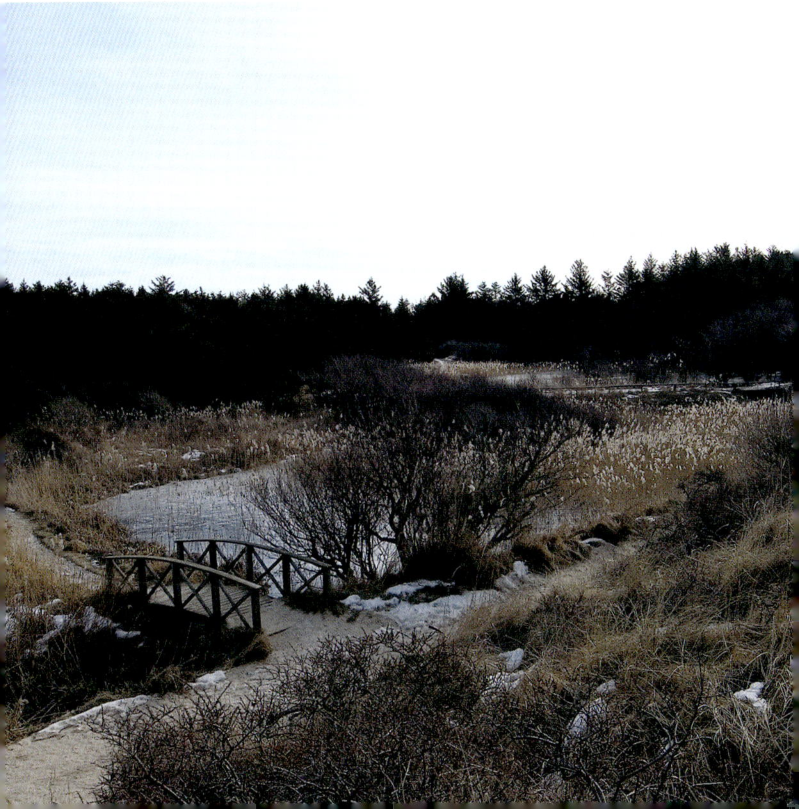

5 Mündung des Uggerby Å

2.45 h

Von der gebändigten Mündung das Bachtal hinauf

Das Mündungsgebiet des Uggerby Å in die Nordsee ist ein kleinräumiges und interessantes Biotop mit ganz eigener Vegetation. Auch ist es immer ein Naturschauspiel besonderer Art, wenn sich Süß- und Salzwasser mischen. An der Ostseite der Mündung ist eine Palisadenreihe aus Holzdalben eingelassen, die ein Mitreißen großer Sand- und Kiesmengen durch die Meeresströmung verhindert und der Ostwärtswanderung der Flussmündung Einhalt gebietet. Den Bach hinauf wandern wir durch ausgedehnte Schilfröhrichte, in denen sich Otter wohlfühlen – wer Glück hat, kann einen sehen.

Ausgangspunkt: Nørre Tversted. Anfahrt: Straße 597 durch Uggerby Richtung Tversted, am Hinweis »Uggerby Å 2 km« links, erneut bei »Uggerby Å« links, an einem scharfen Rechtsbogen parken.
Anforderungen: Leichte Wanderung auf deutlichen Wegen und teils steilen Pfaden.

Einkehr: Keine.
Variante: An der Dünenkante zur Nordsee und am Strand nach rechts zum Uggerby Å zurück.
Tipp: Angelkarten für den Uggerby Å kann man im Bindslev Hotel kaufen (Nørrebro 15, Bindslev,Tel. +45 98938025).
Karte: 1318 III Hjørring.

Vom Parkplatz in **Nørre Tversted** ❶ aus betreten wir durch hölzerne Durchfahrsperren auf dem Radweg R 1 das EU-Naturschutzgebiet des Uggerby Å. Der Schotterweg schlängelt sich sanft durch Gras und Heide und lässt links bereits das hinter den mit Strandhafer und Büschen bewachsenen Dünen versteckte Flüsschen **Uggerby Å** erahnen. Bald sehen wir vor den Randdünen eine graue **Fußgängerbrücke** ❷, die wir schließlich überqueren. Wir steigen über Holztreppen rechts auf eine **Aussichtsdüne** mit beeindruckendem Blick auf das Flüsschen, seine Mündung und bei gutem Wetter über das Meer bis Hirtshals. Den Aussichtspunkt verlassen wir rechts

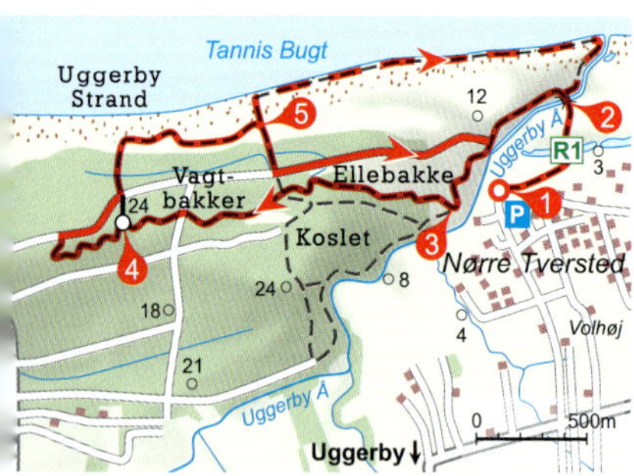

und steigen zum Uggerby Å hinab, der auf seinen letzten Metern in großen Bögen durch die Dünen mäandert. Ein schmaler Sandpfad am Schilfgürtel des Flüsschens bringt uns am grünen Dünendurchgangsschild E 286 vorbei zur **Mündung des Uggerby Å** in die Nordsee und nach rechts zum Weg R 1 zurück.
Diesem Schotterweg folgen wir landeinwärts. Nach einer Weile knickt der Radweg R 1 nach rechts ab, wir verlassen ihn und wandern

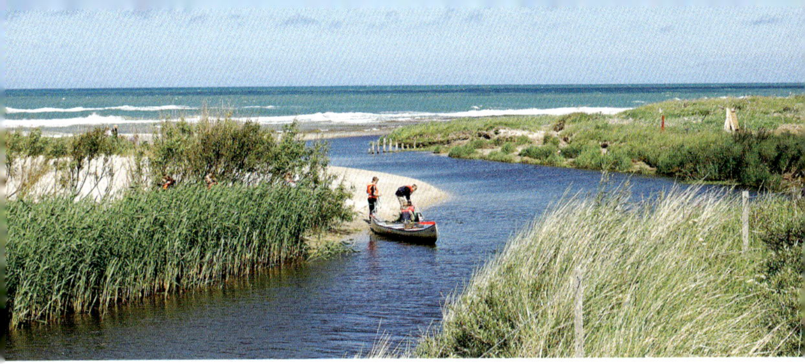

Kanuten an der Mündung des Uggerby Å in die Nordsee.

auf einem markierten schmalen Pfad geradeaus weiter (Symbol weißer Wanderer, Nr. 4). Am nächsten Markierungspfosten erkennen wir, dass wir uns auf der roten Route befinden, allerdings entgegen ihrer markierten Richtung. Dieser folgen wir für eine ganze Weile (an Abzweigen bedenken: Die Spitze des roten Dreiecks weist in die vorgesehene Gehrichtung, wir müssen umdenken). Einen der nächsten Pfosten machen wir vor uns auf dem Gipfel einer hohen **Düne** 3 aus. Darüber hinweg schlängelt sich der Pfad idyllisch am Rand der Dünenlandschaft auf und ab. Bald sind wir fast unmerklich in den Wald der **Uggerby Klitplantage** eingetaucht und queren einen Forstweg. Im hügeligen Wald mündet von links ein Reitweg ein, den wir wenig später an einem Markierungspfosten (rotes Dreieck) nach links verlassen. Über einen breiten Weg hinweg zweigen wir kurz darauf nach links ab und folgen dem schmalen Pfad durch den Dünenwald auf und ab, bis wir rechts einen **Aussichtsturm** 4 ausmachen. Zu diesem hinauf führen uns die roten Dreiecke.
Auf der anderen Seite geht es wieder hinunter, abermals durch Dünenwald auf und ab, bis wir auf den breiten Radweg R 1 treffen. Hier wenden wir uns nach rechts und verlassen den Radweg kurz darauf am Rechtsabzweig zum Aussichtsturm (»Udsigtstårn«) nach links auf einen unbefestigten Weg Richtung Meer. In den Dünen halten wir uns auf Trampelpfaden rechts und gehen bald genau an der Kante, die nach links zum Strand abbricht, entlang. An einem Strandzugangsweg rechts und am nächsten Pfad wieder links wandern wir weiter durch die Dünen parallel zur Wasserlinie. Ein weiterer **Strandzugangsweg** 5 zwingt uns nach rechts bis zum Radweg R 1, auf dem wir nach links durch die Dünen zur **Brücke** 2 über den **Uggerby Å** nach **Nørre Tversted** 1 zurückkehren.

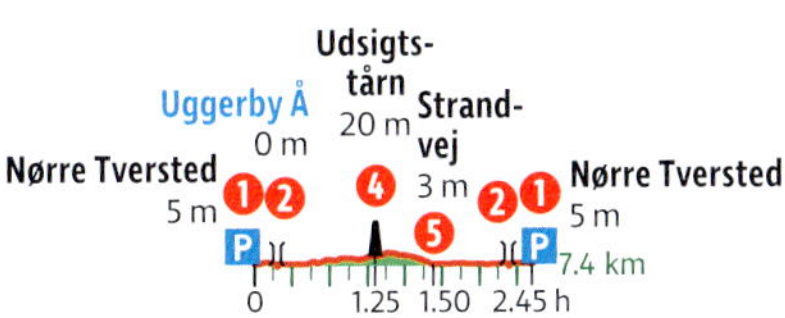

↗ 150 m | ↘ 150 m

6 Durch die Tornby Klitplantage

3.30 h

Rundwanderung durch die von Bächen zerklüftete Tornby Klitplantage

Das schilfbewachsene Mündungsgebiet des Liver Å bildet einen interessanten Gegensatz zu der sich landeinwärts anschließenden hügeligen Küstenwaldlandschaft mit ihren tiefen Bachschluchten. Immer wieder klettern wir über Holztreppen und Stege in tiefe Einschnitte hinunter und winden uns auf engen Pfaden durch den Wald. Der Wechsel von Wald und Stranddünen gestaltet die Tour abwechslungsreich und kurzweilig.

Ausgangspunkt: Kærsgård Strand. Anfahrt: Straße Nr. 55 von Hjørring Richtung Hirtshals, bei Vidstrup links Richtung Kærsgård Strand bis zum Wegende.
Anforderungen: Teils steile, teils lange sandige Wege erfordern etwas Kondition.
Einkehr: Keine.

Variante: Etwa am Knotenpunkt des 8-förmigen Wegverlaufes liegt ein Wanderparkplatz (erreichbar von Tornby über den Rævskærvej). Man kann von hier entweder die markierte nördliche Runde oder die unmarkierte südliche Runde über den Kærsgård Strand wählen.
Karte: 1318 III Hjørring.

Vom **Parkplatz Kærsgård Strand** ❶ aus folgen wir der Markierung weißer Wanderer auf einen Pfad durch die Dünen. Schon bald wandern wir oberhalb der Mäander des Flüsschens **Liver Å** entlang, überqueren das Flüsschen auf einer **Holzbrücke** ❷ und kommen mit der Markierung zum Strand. An der Wasserlinie gehen wir nach rechts bis zu der Mündung eines Baches (Zeichen weißer Wanderer), folgen dem Bachlauf landeinwärts auf einem Sandweg und gelangen schließlich am Strandweg E 256 zu einem **Parkplatz** ❸.
Von dort leitet uns die Markierung gelbes Dreieck geradeaus auf den Havvejen. An einer Verzweigung geht es rechts und auf einem schmalen Pfad bald oberhalb eines kleinen Baches zum Waldsee **Horsedammen** ❹. Weiter auf dem gelb markierten Weg gehen wir am linken Seeufer entlang und überqueren dessen Zulauf nach rechts über einen Steg. Jetzt verlassen wir die gelbe Markierung nach links auf einen Pfad direkt am Bach entlang. Bald darauf queren wir den Bach nochmals auf einem Steg nach links. Auf einem

Vor der Mündung des Liver Å in die Nordsee.

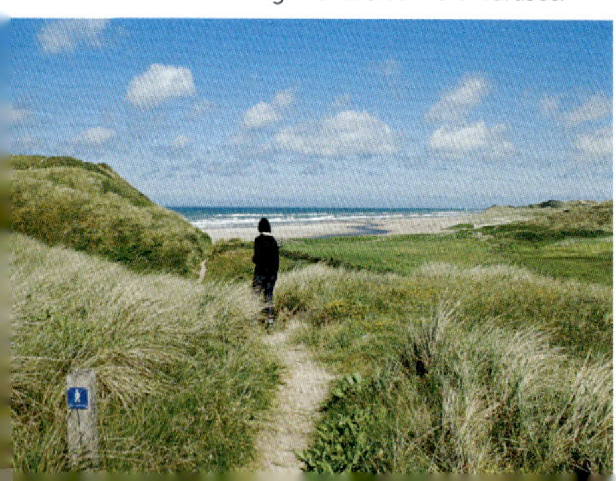

schmalen Pfad begleiten wir kurz ein Rinnsal, überqueren es nach links und erklimmen die steile Uferböschung. Unser Pfad mündet in einen weiteren Waldpfad, dem wir nach rechts folgen, bis er auf einen breiteren Waldweg stößt.

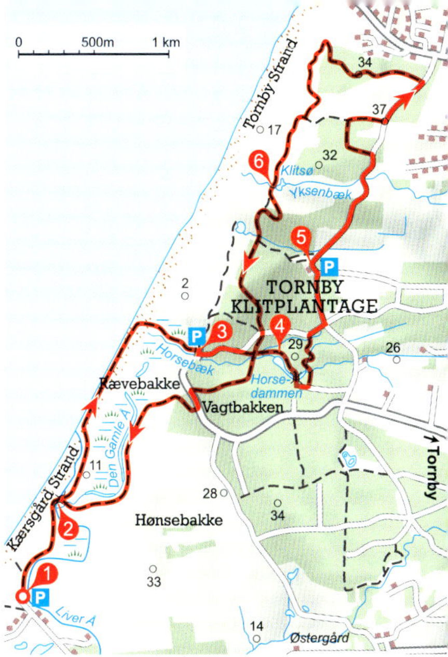

Hier wenden wir uns wieder nach rechts und folgen nunmehr dem grünen Dreieck an einem Schotterweg nach links. Wir nehmen die Verzweigung nach rechts und erreichen einen **Parkplatz**. Von dort geht es nach links entlang einer Weide und gleich darauf wieder rechts in den **Yksenbækvej** 5. An einer Abzweigung weist uns das grüne Dreieck nach links auf einen zweispurigen Waldweg und anschließend nach rechts. Bald verlassen wir den Wald und haben eine Fläche mit niedrigen Dünen erreicht. Jetzt wenden wir uns, abweichend von der Markierung, nach rechts auf einen Pfad am Waldrand. An der nächsten Kreuzung biegen wir links in einen Schotterweg (markierter Radweg) ein. Ein gutes Stück vor der Straße biegen wir mit dem blauen Dreieck (Spitze in Gehrichtung) von dem Radweg nach links ab und folgen der blauen Route am Waldrand nach links. Die Markierung führt uns weiter durch eine lang gezogene **Senke** zwischen der Randdünenkette zur Rechten und der Tornby Klitplantage zur Linken. Dann biegen wir mit der Markierung links ab – die Nordsee im Rücken – und gehen durch die Dünen Richtung Wald.

An einem Holzpflock verlassen wir die weiter landeinwärts führende blaue Markierung und nehmen einen Dünenpfad nach rechts. Wir laufen wieder parallel zu den Randdünen zu unserer Rechten und nehmen nun den Weg mit der grünen Markierung. Das grüne Dreieck weist in unsere Laufrichtung. Ab hier bleiben wir auf der grün markierten Route, die sich weitgehend parallel zum Strand durch die Dünen windet. Dann geht es vorbei an den Schilfröhrichten des **Klitsø** 6 und durch Wald, schließlich in wildem Auf und Ab über Holztreppen und schmale

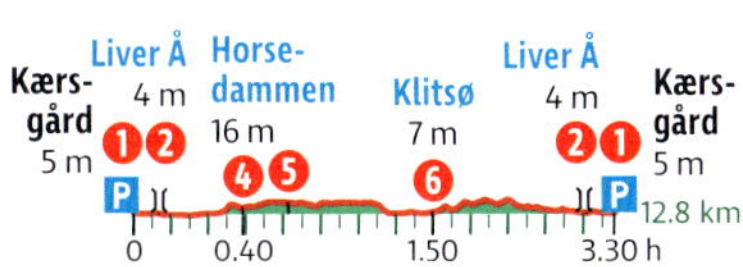

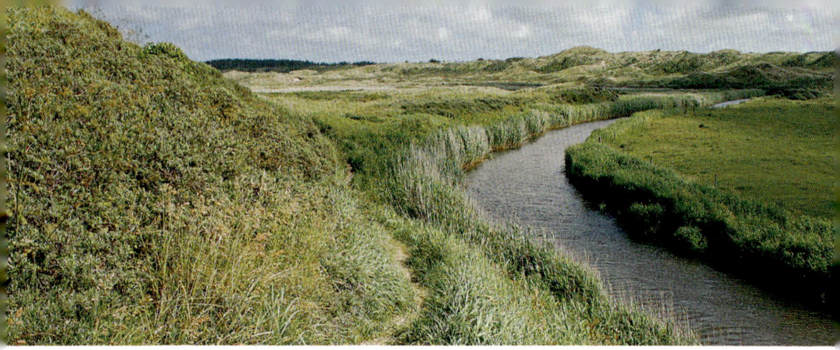

Die Mäander des Liver Å.

Stege durch die steilen Hügel und kleinen Schluchten der **Tornby Klitplantage**. Nach diesem anstrengenden Wegabschnitt durchqueren wir eine mit Birken bestandene Ebene.
Weiter der grünen Markierung folgend gelangen wir auf einem Grasweg zu einer **Kreuzung** mit einem Schotterweg. Hier verlassen wir die nach links weisende grüne Markierung und gehen geradeaus weiter. Nach ca. 50 m führt der Hauptweg in einem Linksbogen bergab, wir folgen dem Pfad rechts und überqueren wenig später bei der Markierung weißer Wanderer einen gelb markierten Weg. Bei der nächsten Weißer-Wanderer-Markierung wenden wir uns wenige Meter nach links und gehen dann wieder in unserer bisherigen Laufrichtung weiter, bis wir erneut auf die gelb markierte Route stoßen. Kurz entgegen der Gehrichtung wandern wir nach rechts bis zu einer schmalen Straße, der wir nach links folgen. Bereits nach ca. 50 m biegen wir rechts in einen Grasweg ein, der im spitzen Winkel zurückführt. Dieser Weg stößt nach wenigen Metern auf einen schmalen Schotterpfad, in den wir nach rechts einbiegen. Wir erreichen den Waldrand und wählen an der Verzweigung dort den Pfad links, weiter am Waldrand entlang.
Bald sehen wir die Wasserflächen des **Gamle Å** im Schilf und gehen so weit darauf zu, bis wir kurz davor stehen. Unseren Pfad queren hier mehrere Naturpfade. Wir biegen links in einen Naturpfad ein, der zwischen den hohen Dünen zur Linken und nah an der Grenze des Schilfröhrichts zur Rechten verläuft. Durch ein **Gatter** (etwas schwer zu finden!) gelangen wir auf eine Wiese, auf Planken und Holzstegen passieren wir sumpfige Bereiche trockenen Fußes (bei viel Wasser am Dünenrand bleiben!). Dann führt der Pfad direkt am Fuß der Dünen entlang. Über eine große Weidefläche auf einer schwer auszumachenden Pfadspur verlassen wir Schilf und Dünen. Dort wenden wir uns nach rechts und sehen in Richtung der Randdünen zum Strand zwischen zwei Buschgruppen hindurch ein Überstiegsgatter im Zaun, das wir übersteigen. Dahinter wenden wir uns nach links und gehen auf der **Holzbrücke** ❷ über den **Liver Å** auf dem bekannten Weg zum **Ausgangspunkt** ❶ zurück.

↗ 220 m | ↘ 220 m

3.45 h

TOP

Von der Rubjerg Knude nach Lønstrup

7

Vom Leuchtturm im Sand zum Künstlerort Lønstrup

Rastlos arbeitet die Natur – und wir erleben es hautnah mit. Wie eine riesige Sandwalze schiebt sich die Düne Rubjerg Knude landeinwärts und verschlang vor Jahren bereits, welche Ironie, das Treibsandmuseum und bis auf halbe Höhe den Leuchtturm. Auf unserer Wanderung entlang der Abbruchkante am Steilufer können wir dem Meer bei seiner Erosionsarbeit zusehen: Die Mårup-Kirche war einst noch Hunderte von Metern von der Küste entfernt, jetzt stehen nur noch die Grundmauern, die wohl bald ins Meer stürzen werden.

Ausgangspunkt: 500 m nach dem Infozentrum Jens Thomsens Gård. Anfahrt: Straße 55 Løkken Richtung Hjørring, in Gølstrup links Richtung Lønstrup, nach dem Infozentrum auf der linken Straßenseite am Wald parken. Bus 740 (Hjørring Busterminal) Hjørring – Lønstrup, an der Mårup Kirke starten.
Anforderungen: Nur wenige ausgebaute Wege, aber immer eindeutig.
Einkehr: Cafés und Kros in Lønstrup.
Tipp: Informationszentrum Jens Thomsens Gård (2 km südlich des Leuchtturms, rubjergknude.dk; nur im Juli und Aug. tgl. außer Mo. und Sa. geöffnet).
Hinweis: Bei Wind wird die Haut auf der Rubjerg Knude »sandgestrahlt«; eine Skibrille schützt die Augen vor Flugsand.
Karte: 1318 III Hjørring.
Variante: Am Strandabgang E209 links am Meer bleiben und oberhalb des kleinen Fischerbootshafen auf die Randdüne hochsteigen. Nach etwa 1,5 km scharf rechts auf einen Fahrweg und nach einer Linkskurve auf einem Pfad zum landseitigen Dünenfuß. Der Pfad geht bald in einen Fahrweg über der an einem großen Parkplatz endet. Links diagonal über diesen hinweg und in Gehrichtung durch den Ort zur Gallerie Uggerby.

In der Galleri Uggerby in Lønstrup.

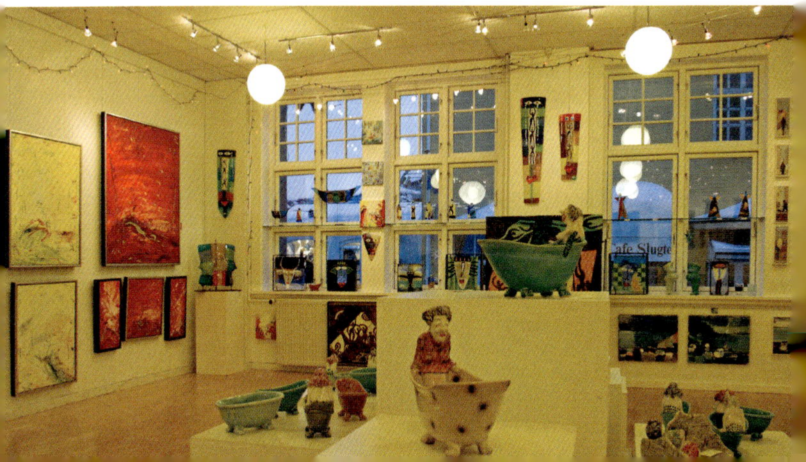

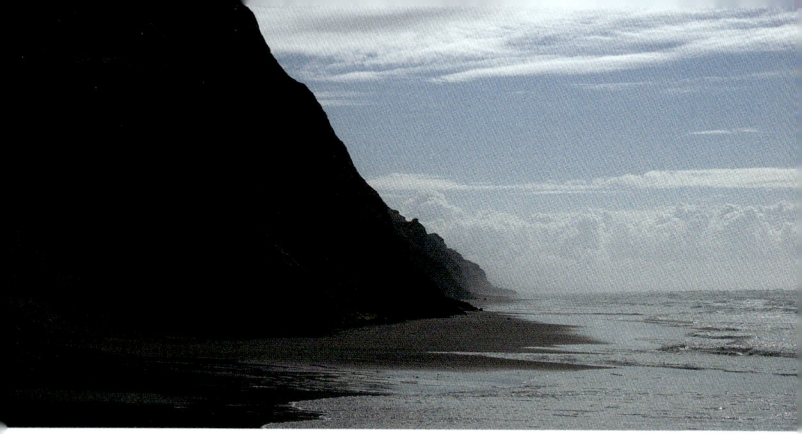

Am Fuß der Steilküste unterhalb der Rubjerg Knude.

Auf dem ersten Abschnitt der Wanderung folgen wir dem Nordsøstien, dem dänischen Teil des Nordsee-Weges (Markierung weißer Wanderer). Vom **Parkplatz** ❶ aus weist uns das Zeichen den Weg in den Wald. Bald gehen wir nach rechts und weiter geradeaus auf dem Hauptweg. An einer Gabelung halten wir uns rechts, gehen sofort links und an einem Zeltplatz rechter Hand vorbei. Nach einem Links-Rechts-Wechsel gehen wir bald am Fuß der mächtigen, 80–90 m hohen Wanderdünen entlang. Der Weg windet sich deutlich markiert durch Gestrüpp und Gras und stößt auf den Hauptzugangsweg zur **Rubjerg Knude**. Dieser führt uns links hinauf zum **Leuchtturm** ❷.
Es gibt natürlich keine Wege und Markierungen auf der sich ständig verändernden Düne. Somit suchen wir uns einen Weg Richtung Norden. Dort sehen wir auch bereits unser nächstes Ziel, die Häuser von Lønstrup und noch davor die verbliebenen Grundmauern der rückgebauten Mårup Kirke. Am Fuß der Düne angekommen, orientieren wir uns weiter an den Pfosten des **Nordsøstien** Richtung Lønstrup. Wir wandern so auf einem Pfad entlang der sich stetig verändernden Abbruchkante zum Meer, passieren zwei Gatter und erreichen den Parkplatz am Standort der alten **Mårup Kirke**, von der nur noch der **Friedhof** ❸ übrig ist.
An der ehemaligen Kirche links vorbei halten wir uns genau oben an der Kante der Steilküste, bis wir über steile Holztreppen zum Strand links von uns hinuntersteigen können. Bis zu diesem Abstieg queren wir einige Male Zufahrtswege zu Ferienhäusern, die die Nordsee bereits von der Küste gerissen hat. Die **Treppe** ❹ verbirgt sich hinter den ersten Dünen, die nach links die Sicht zum Meer versperren. Unten am Strand wenden wir uns nach rechts und gehen weiter bis zum Strandabgang E 209. Hier rechts geht es noch vor den ersten Häusern gleich wieder rechts auf einen Pfad durch die Dünenschlucht »Bækslugten«.

Bei der **Galleri Uggerby** erreichen wir dann den Ortskern von **Lønstrup** ❺ und setzen unseren Weg auf der Straße nach rechts fort. Beim Rechtsabzweig »Mårup Kirkevej« steigen wir rechts über eine Holztreppe zu der Ferienhaussiedlung hinauf zu einem Fahrweg und gehen am Ende des Weges »Højlandet« rechts und sofort wieder links mit dem Nordsøstien (weißer Wanderer) bis zur Abbruchkante zum Meer. Dort geht es links wieder zum alten Standort der **Mårup Kirke** ❸ und für den Rückweg zum Leuchtturm weiter auf dem Nordsøstien.

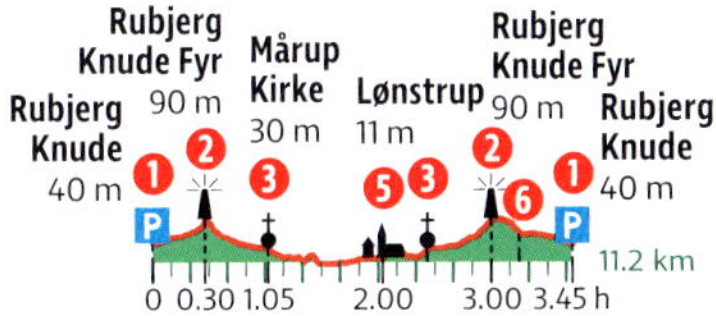

Wir steigen zum **Rubjerg Knude Fyr** ❷ auf der Wanderdüne hinauf und an diesem vorbei auf dem Dünenkamm weiter Richtung Süden. Hier gibt es keine Markierungen mehr. Nach einer Weile sehen wir in einer mit Strandhafer bewachsenen Geländesenke einen deutlich erkennbaren, aus dem Wald kommenden Weg. Zu diesem gelangen wir, indem wir einen zum Meer hin abbrechenden Dünenkamm links umgehen. In dieser **Senke** ❻ können wir nach rechts einen Abstecher hinab zum Strand unternehmen. Dieser Einschnitt ist hier der einzige Zugang zum Meer.

Wir folgen dem bald geschotterten Weg nach links in den Wald, einen nach rechts abzweigenden Weg mit weißem Wanderer ignorieren wir. Bald sehen wir vor uns in einiger Entfernung eine Schranke und die Straße. Wir biegen hier nach rechts in einen Graspfad ein und passieren einen Weiher und einige Gebäude. Hier wenden wir uns nach rechts und sogleich wieder nach links. Dann trifft unser Weg abermals auf einen anderen Weg. Hier biegen wir nach links ab und kommen nach 100 m zum **Parkplatz** ❶ zurück.

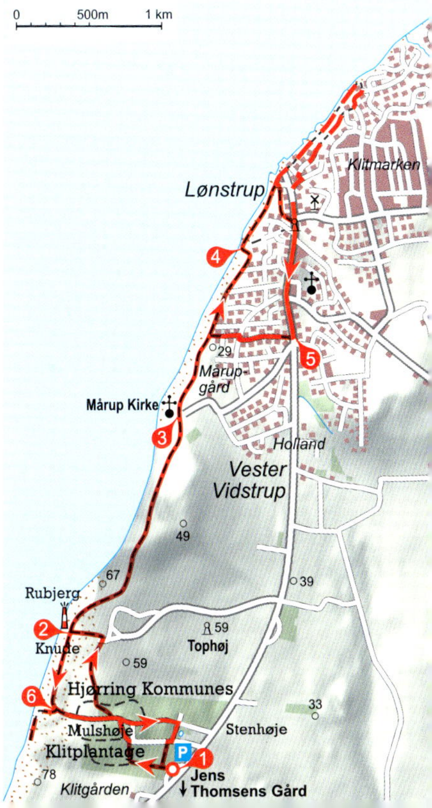

↗ 40 m | ↘ 40 m

8 Durch die Blokhus Klitplantage

3.45 h

Entspannende Wanderung durch einen ruhigen Wald zur Nordsee

Seit mehr als 100 Jahren wird dieses Gebiet bereits bereist, etwa 50 Jahre älter sind die ältesten Bäume dieser Schutzpflanzung. Etwas ehrfurchtsvoll betrachtet man die verschiedenen Arten, alle von Menschenhand gepflanzt. Ohne sie wäre das Land öde und leer, wie zu den Zeiten, als das Sandtreiben immer wieder die Weide- und Ackerflächen bedrohte und vernichtete.

Ausgangspunkt: Blokhus, Campingplatz. Anfahrt: Straße 559 nach Blokhus, nach Hune links beim Campingplatz parken. Bus 200 ab Aalborg bis Blokhus.
Anforderungen: Einfache Rundtour auf ausschließlich ebenen Wald-, Sand- und Reitwegen.
Einkehr: Am Ausgangspunkt in Blokhus, unterwegs keine.
Tipp: Fårup Aquapark & Sommerland bei Saltum (faarupsommerland.dk).
Karten: 1217 I Løkken, 1217 II Brovst.

Vom **Parkplatz ❶** kommen wir über eine Wiese durch zwei Absperrketten zu einem Pfad mit Pflock und Hinweis auf eine Mountainbike-Runde (»Gateway Blokhus«) nach rechts. Diesem folgen wir nach rechts an einem **Campingplatz** entlang und mit rotem Dreieck in Gehrichtung weiter auf dem Jacobsvej. Schließlich endet unser Weg an einem breiten **Schotterweg ❷**, in den wir nach links einbiegen. Immer weiter geht es bis zum Chr. Rasmussens Vej. Hier biegen wir mit dem Radweg 1 nach rechts ab. Nach etwa 100 m folgen wir nach links der blau markierten Route und stoßen nach einer Weile auf einen Weg, den wir mit der blauen Route nach rechts einschlagen und durch niedrige Kiefern wandern. An einem Grasweg führen der Radweg und die blaue Route nach rechts, wir gehen hier nach links entlang der Grenze der Kiefernpflanzung. An der nächsten **T-Kreuzung ❸** führt uns der Weg abermals nach links, schnurgerade in den Wald (Abstecher zum Meer nach rechts). An einer Kreuzung mit dem Radweg 1 gibt sich unser Weg als Vandrehjemsvej zu erkennen und wir bleiben in Gehrichtung weiter durch den Wald. Am Waldrand nach links wandern wir an einem Rechtsabzweig vorbei und nehmen den nächsten Weg nach rechts (Reitweg). Von hier an folgen wir nun dem immer direkt am Waldrand verlaufenden Reitweg. Dieser führt um den Waldrand herum und schlängelt sich bald entlang einer Ackerfläche zu unserer Rechten. Kurz nach einem kleinen Haus erreichen wir einen als **Radweg ❹** markierten Schotterweg, auf dem wir in Gehrichtung weiterwandern (ein Pfad mit Reitwegmarkierung zweigt rechts ab). In sanften Bögen durch den Wald gelangen wir zu einer **Schotterwegkreuzung.**

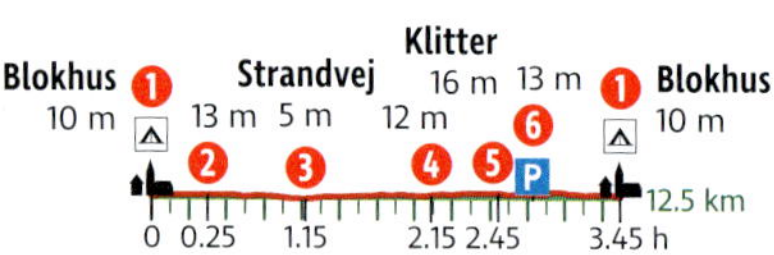

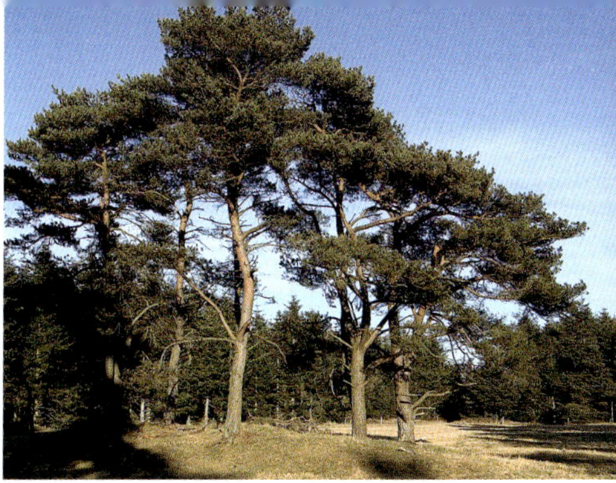

Typischer Baumbestand der Blokhus Klitplantage.

Hier gehen wir mit dem Radweg nach rechts und an einer offenen mit einzelnen Kiefern bestandenen Weide entlang. Am Ende der Weide rechts von uns zweigen wir nach links auf einen Pfad ab. Bald kommen wir an ein Feld und umrunden dieses fast zur Hälfte. Auf der gegenüberliegenden Seite führt an einem Pfosten ein Weg links in den Wald. Kurz gehen wir am Waldrand an einer kleinen **Dünenlandschaft** ❺ zunächst links, dann rechts entlang. An einem Wegabzweig mit rotem Pflock am rechten Wegrand nehmen wir den Weg nach links, vorbei an einer eingezäunten Lichtung. Am nächsten Markierungspfosten biegen wir nach rechts in den Wald. Bald stoßen wir auf einen Weg und gehen nach links, am nächsten Querweg nach rechts. Wenig später folgen wir einem Schotterweg nach rechts und queren bald die Straße. Am **Parkplatz** nehmen wir rechts der **Infotafel** ❻ den Pfad in den Wald hinein (entgegen unserer Gehrichtung mit gelben Dreiecken markiert). An einem geschotterten Weg biegen wir mit der Markierung links ab und kommen durch einen Eichenwald schließlich zu einer **Heidefläche**. Wir wandern an der Grenze zwischen Wald und Heide entlang und erreichen nach einem Rechtsbogen einen nach rechts abzweigenden, unscheinbaren schmalen Pfad.

Hier verlassen wir den gelb markierten Weg und biegen nach rechts auf den schmalen, in die Heide führenden **Pfad** ❼ ab (Schild Waldbrandgefahr). Wir erreichen die ersten Ferienhäuser und gehen am nächsten Abzweig links weiter durch die Siedlung. Schließlich nochmal links abzweigend kommen wir zurück zum **Parkplatz** ❶.

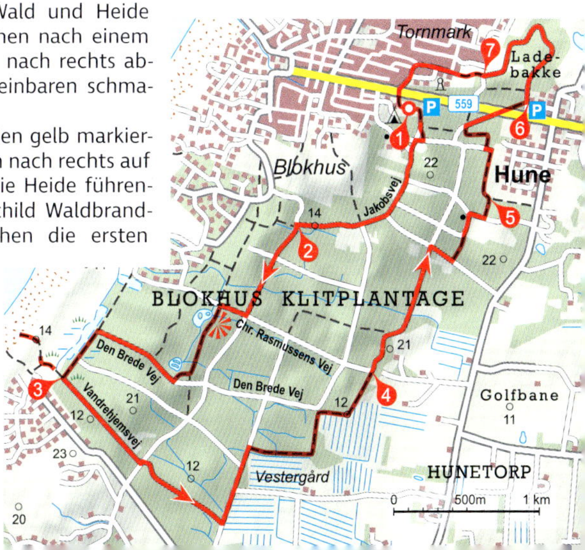

↗ 250 m | ↘ 250 m

9 In den Wäldern des Hammer Bakker

3.45 h

Abwechslungsreiche Moränenlandschaft mit steilen Tälern

Nördlich von Aalborg liegt der fast unbewohnte, isolierte Höhenzug der Hammer Bakker mit bewaldeten Hängen und engen Tälern. Die Eiszeit hat hier ein Wandergebiet gestaltet, das wohl das schönste Inland-Heidegebiet nördlich des Limfjordes ist und zu einem Viertel seiner Fläche unter Naturschutz steht. Kleine Waldseen, einige Hügelgräber und das Felsmonument Mindesten auf der Kishøj machen unsere Tour zu einem vielseitigen Erlebnis.

Ausgangspunkt: Vodskov. Anfahrt: Autobahn E 45 Aalborg Richtung Frederikshavn, Ausfahrt Nr. 19 nach Vodskov, dort links in den Vodskov Kirkevej (Hinweis »Hammer Bakker«) und geradeaus in die Straße »Gennem Bakkerne«, rechts in den Storemosevej und links in den Pitsvej. Parkmöglichkeit rechts hinter einer Hecke. Bybus 1 (Grindstedhallen) von Aalborg zur Haltestelle Tingvej/Vodskov Kirke.
Anforderungen: Gute Wege in Wald und Heide; teilweise markiert.
Einkehr: In Vodskov, unterwegs keine.
Karte: 1317 III Aalborg.

In **Vodskov** ❶ folgen wir vom schmalen Ende des Parkplatzes rechts dem gelb markierten, breiten Weg in einem Linksbogen leicht ansteigend in den Wald. Ein Stück vor einem Ziegelturm biegen wir im spitzen Winkel zurück nach rechts in einen leicht abwärts führenden Waldweg ein und verlassen diesen wenig später mit der gelben Markierung nach links. Dann kommen wir an den Waldrand und nehmen den ansteigenden Weg links. Bei Gebäuden an einem **Gedenkstein** treffen wir auf eine Straße, die uns nach rechts über einen Sattel hinweg zu den Gebäuden eines **Internats** (»Efterskolen«) bringt. Vor den Häusern rechts nehmen wir nach den Hofgebäuden den linken Feldweg (nicht rechts in den Storemosevej).

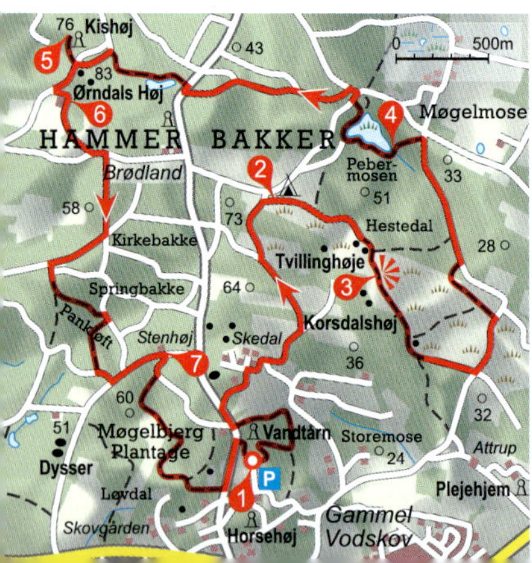

In einem weiten Linksbogen wandern wir am Rand der Felder entlang, ignorieren einen Abzweig nach rechts, durchqueren einen Waldstreifen und bleiben immer auf dem Hauptweg, stets rechts haltend. Nachdem wir eine kleine **Kuppe** überschritten haben, geht es wieder leicht abwärts. Auch hier halten wir uns an einem Abzweig rechts und erreichen einen hübschen **Grill- und Übernachtungsplatz** ❷. Von hier an ist unser weiterer Weg mit einem roten Punkt gekennzeichnet. Er führt nach rechts, vorbei an

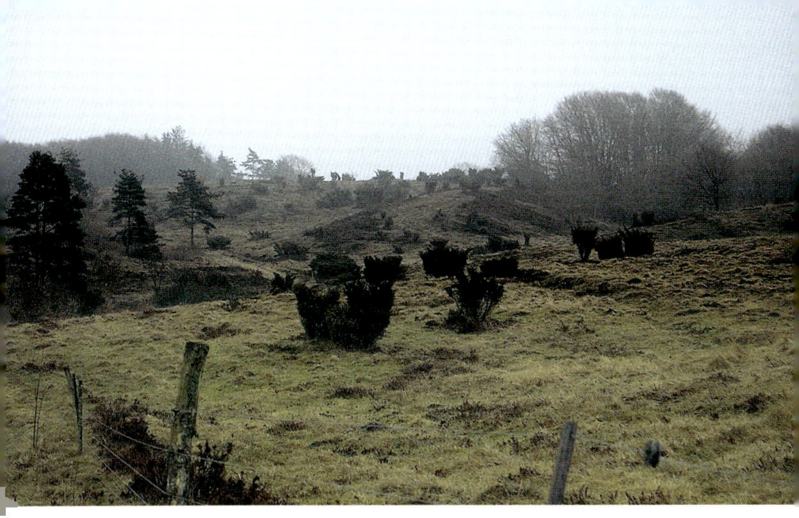

Mystische Heide bei den Tvillinghøjen.

Hügelgräbern (Tvillinghøje) durch ein Gatter auf einen ersten **Aussichtshügel** ❸. Nach einem weiteren Gatter wandern wir schließlich am Rand der Heide abwärts zu einer Wegkreuzung. Nach links erreichen wir wieder die Heide, gehen durch ein breites Holzgatter und durchqueren diagonal nach rechts die Heideebene. Kurz vor dem Waldrand geht es rechts erneut durch ein Gatter und über einen Wall zu einer Kreuzung. Die rote Markierung weist uns schräg nach links in den Wald.

Nach einiger Zeit haben wir den Waldrand fast erreicht. Vor den letzten Baumreihen, wenige Meter vor einer Schotterwegekreuzung, gehen wir mit der roten Markierung nach links. Wenig später sehen wir links unter uns einen idyllischen kleinen **Waldsee** ❹. Direkt vor einer Bank zweigt links ein Fußpfad ab. Wir wandern, nunmehr der Markierung blauer Punkt folgend, links um den See herum. An dessen Ende mündet unser Pfad in einen Waldweg und wir kommen rechts zu einem **Rastplatz**. An dieser Stelle verlassen wir den Uferweg nach links mit der roten und der blauen Markierung. Kurz darauf geht es rechts leicht ansteigend weiter und an der folgenden Kreuzung mit den Markierungen spitzwinklig nach links bergab. Wir bleiben so lange auf dem Hauptweg, bis wir auf eine breite, geschotterte Forststraße treffen. Hier verlassen wir die roten Markierungen nach rechts und wenige Schritte später an einer Tafel auch die blaue Markie-

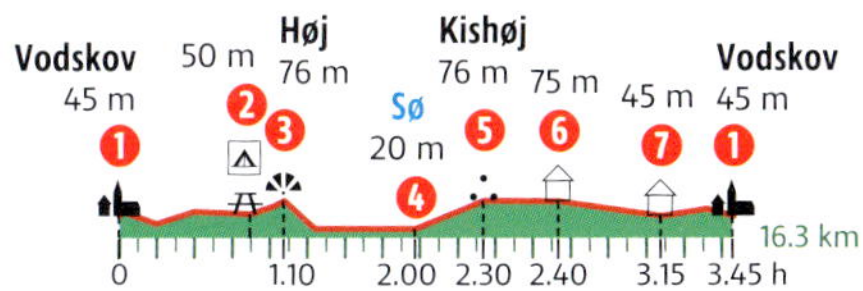

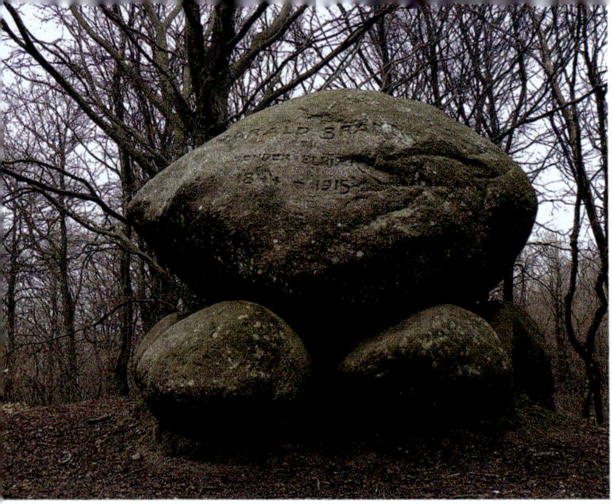

Gedenksteine Mindesten auf der Kishøj.

rung nach links auf einen Pfad. An einer kleinen Heidelichtung halten wir uns links, gehen dann oberhalb eines **Teiches** entlang und an dessen Ende rechts hinauf. Schließlich treffen wir in einer Kurve auf einen Schotterweg und folgen ihm nach links. Kurz darauf zweigt ein Pfad rechts ab zu einem Denkmal aus Steinen, dem **Mindesten** auf der **Kishøj** ❺. Wer will, kann einen kleinen Abstecher dorthin machen.

Ansonsten geht es geradeaus weiter, bis wir vor einigen Gebäuden auf einen Schotterweg treffen. Wir gehen links an einem **weißen Gebäude** ❻ vorbei und in einem Rechtsbogen weiter. Nach einiger Zeit mündet unser Weg in einen weiteren Schotterweg, dem wir nach links folgen. Wir verlassen ihn wenig später nach rechts auf einem Pfad direkt am Waldrand entlang. Bald gelangen wir in den Wald, wo wir an einer Kreuzung der Radwegmarkierung nach rechts folgen. Einige hundert Meter weiter nehmen wir an einem großen Wegedreieck den linken Schotterweg, halten uns kurz darauf wieder links. Am Ende einer **Wendeschleife** folgen wir dem deutlichen Fahrweg, der rechts eine Anhöhe hinaufführt (nicht den verwachsenen Grasweg ganz rechts). Oben angekommen, wählen wir den Weg geradeaus, rechts neben einem Graben. Leicht bergab folgen kurz hintereinander zwei Verzweigungen, an der ersten rechts und an der zweiten links wandern wir hinauf zu einer **Kuppe**. Immer wieder treffen Pfade und Schneisen auf unseren Weg. Wir verlieren an Höhe und stoßen, immer geradeaus bleibend, schließlich auf einen Schotterweg. Dort gehen wir nach links und kommen nach einigen Minuten zu einem **Reiterhof** ❼ mitten im Wald. Gegenüber der Hofzufahrt gehen wir im spitzen Winkel nach rechts auf einen mit einem gelben Dreieck markierten Weg.

Diese Markierung weist uns nun den Rückweg. An einer Gabelung wandern wir uns leicht links haltend geradeaus, es geht kurz bergan, dann bergab. Dem gelben Dreieck folgen wir durch eine Wiesensenke und wieder hinauf auf eine Hügelkette. Hier halten wir uns rechts und kommen ca. 300 m später nach einigen gut markierten Links- und Rechtskurven unseres Weges auf die Straße. Dort gehen wir nach links und haben bald die letzten Gebäude auf der rechten Seite erreicht. Auf einer schmalen Straße zwischen diesen Gebäuden hindurch gelangen wir zu unserem Ausgangspunkt in **Vodskov** ❶.

↗ 230 m | ↘ 230 m

5.00 h

Langdalen und Fosdalen

10

Durch den Lien – den schönsten Littorinahang Dänemarks

Langdalen und Fosdalen bezeichnen zwei der steil eingekerbten Quell- und Regenwassertäler, die vom Landesinneren zum Meer hin die einstige Steiluferkante des steinzeitlichen Littorinameeres durchschneiden. Dieses bis zu 66 Meter hohe und ca. 7 Kilometer lange Steinzeitufer ragt nun von Slettestrand bis Tranum als steile Mauer über die Littorinaflächen, dem ehemaligen Meeresboden auf. Der Name »Littorina« leitet sich von der in der Steinzeit hier lebenden Meeresschnecke Littorina littorea ab. Vielleicht ist es die Enge der Täler, die neben anderthalb Meter hohen Farnen und Orchideen eine interessante und artenreiche Flora entstehen ließ. Das Naturzentrum Fosdalen im restaurierten Großhof Fosdalgaard bereitet uns übrigens gründlich auf die Abenteuer am Hang des Lien vor.

Ausgangspunkt: Parkplatz Tranum. Anfahrt: Von Aabybro kurz auf der Straße 11, dann mit dem Tranumvej nach Tranum, am Kreisverkehr in Tranum die zweite Ausfahrt und rechts in den Strandvejen (Hinweis »Tranum Strand 5 km«). Kurz vor dem Ortsende liegt links der Parkplatz.

Anforderungen: Einfache Runde in den Tälern überwiegend auf Pfaden und Holzstegen, teils steile Passagen.
Einkehr: Keine.
Tipp: Naturcenter Fosdalen mit Ausstellung zur regionalen Geografie (Fosdalvej 69, Brovst, Tel. +45 72578550).
Karte: 1217 III Fjerritslev und 1217 II Brovst.

Entlang der bis zu 66 Meter hohen aussichtsreichen Erhebung des Lien.

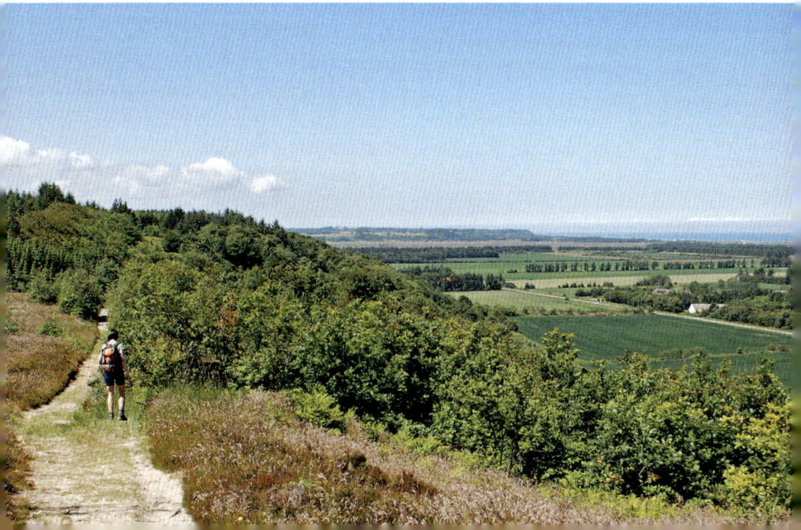

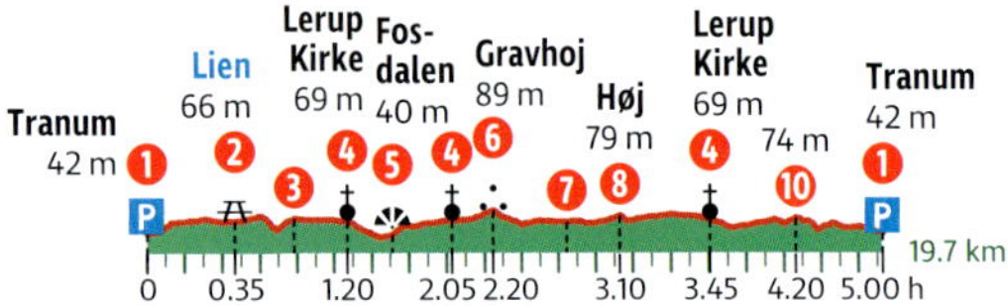

Vom Parkplatz am Ortsende von **Tranum** ❶ aus folgen wir über den Waldspielplatz hinweg der rot und gelb markierten Route nach rechts und biegen links in einen Waldweg ein. Für knapp 4 km bleiben wir der gelben Route treu und durchqueren dabei **Langdalen** an seinem nördlichen Rand. Dazu geht es nach einem Wasserwerksgebäude mit dem Sandvejen kurz rechts weiter. An der nächsten **Kreuzung** weist uns zusätzlich das Zeichen des Nordsøstien nach links. Hier können wir einen Abstecher zu einem Aussichtsturm machen, der ob der hohen Bäume allerdings nur wenig Aussicht bietet.

Die Markierung leitet uns sicher weiter zur aussichtsreichen Kante des Lien. Kurz nach einer Rastbank bleiben wir in der Nähe der Geländekante. An den folgenden Abzweigemöglichkeiten halten wir uns immer auf dem ganz rechten Weg. Über einen kurzen Abstecher nach rechts können wir eine weitere **Rastbank** am **Lien** ❷ erreichen. Der Weg verzieht sich nach links in den Wald vom Lien weg und trifft auf einen Schotterweg. Immer auf der gelben Route bleiben. An einer letzten Rastbank geht der gelbe Pfad nach links weiter und über Treppen ziemlich steil abwärts. Unten lassen wir uns vom Verlauf der Schlucht nach rechts leiten. Die Schlucht teilt sich, wir

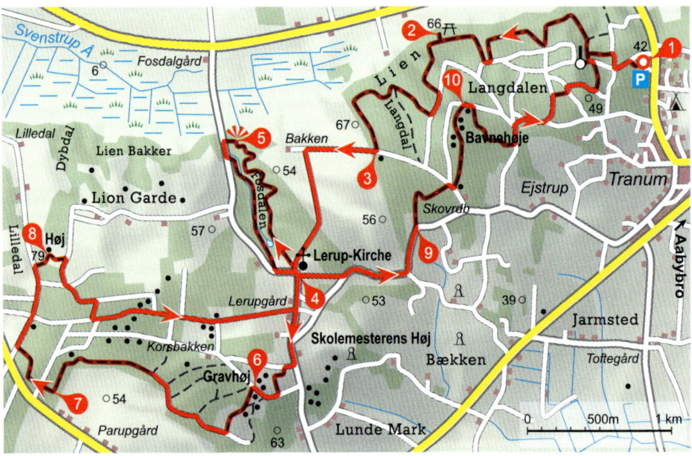

halten uns rechts ansteigend. An einer Kreuzung im Anstieg gehen wir links und treffen auf einen **Fahrweg** ❸. Hier verlassen wir die gelbe Route nach rechts. Direkt vor Hofgebäuden knickt der Nordsøstien nach links ab und wir erreichen nach einem Waldstreifen die **Lerup-Kirche** ❹. Auf der Straße geht es nach rechts und vor Gebäuden abermals rechts mit einem Schotterweg weiter. Der Weg durch **Fosdalen** ist nun sicher rot markiert und schlängelt sich teils auf Holzstegen durch die urwaldartige Schlucht. Wir folgen dabei dem Bachlauf. Etwa 50 m vor einem Parkplatzschild zweigt der rote Weg mittels Steg über den Bach und ansteigenden Treppen rechts ab. Nach den Stufen erreichen wir einen **Aussichtspunkt** ❺. Mit dem rot markierten Weg, der sich einmal verzweigt und dann wieder vereint, gelangen wir problemlos zu Rastbänken am Waldrand und zur **Lerup-Kirche** ❹ zurück. Dort wandern wir mit einem Asphaltweg nach rechts in Südrichtung am Linksabzweig Richtung Tranum vorbei. Kurz darauf, gegenüber einer Gebäudeeinfahrt, gehen wir rechts durch ein Gatter und weglos diagonal nach links über eine Wiese hoch zu einem Schotterweg und dort rechts. Auf der Höhe von **Hügelgräbern** ❻ verlassen wir den Schotterweg nach links auf einen gelb markierten Pfad und verschwenken vor einer waldbestandenen Senke nach rechts. Wir folgen dem Hauptweg bis zu einem Rechtsbogen. Hier verlassen wir ihn auf den linken der beiden abzweigenden Wege. Sich an Abzweigen immer nah am Waldrand haltend kommen wir nach links an eine **Waldecke**. An einem Pfosten links des Weges verlassen wir den geradeaus weiterführenden Pfad auf eine **Schneise** ❼ nach rechts und gehen an einer Straße durch die Absperrung nach rechts. Linkerhand liegt ein Tümpel, wir halten uns im Weiteren links. Fast bevor wir wieder die Straße erreicht haben, gehen wir mit einem Schotterweg nach rechts. Nachdem wir den Hjortdalvej gequert haben, tauchen auf der rechten Seite hohe Hügel auf. Hier biegen

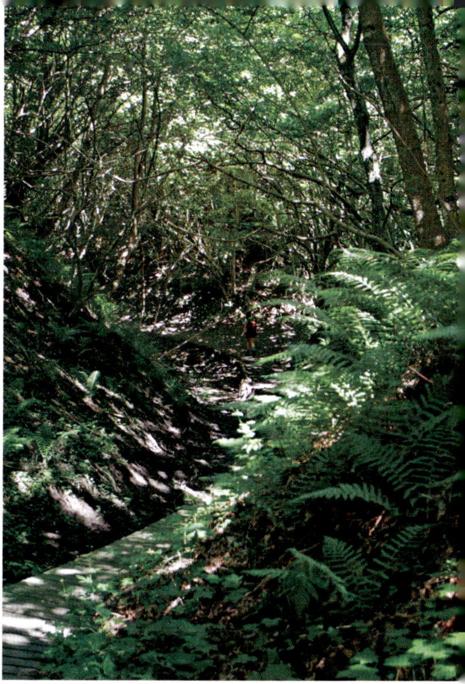

Holzbohlen leiten durch das tief eingeschnittene Fosdalen.

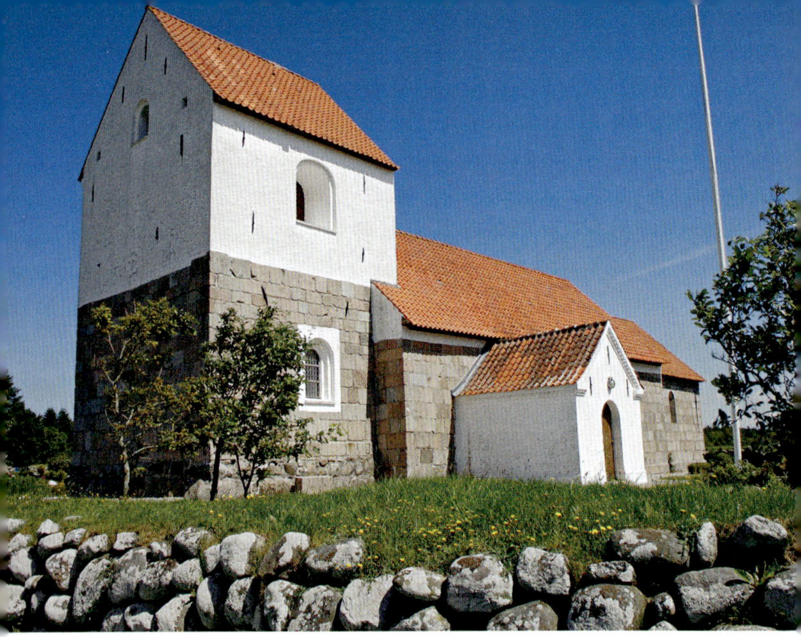

Die Kirche von Lerup.

wir am Waldrand nach rechts ab und besteigen die Hügel auf Pfaden nach links. Wir überschreiten den höchsten Hügel, die **Høj** 8, und treffen weiter nördlich wieder auf den Schotterweg. Hier drehen wir um und zweigen kurz darauf nach links ab. Der Hauptweg führt kurvig durch den Wald und trifft auf einen Schotterweg, der uns links zur **Lerup-Kirche** 4 zurückbringt. Vor dieser rechts weiter halten wir uns an den nächsten beiden Fahrwegabzweigen links. Gleich nach einer **Rechtskurve** 9 zweigen wir links in den Wald hinein ab und treffen an einem Bogen auf die gelbe Route, der wir rechts bis zum Startpunkt folgen. Nach etlichen Verzweigungen vereint sich der Weg mit der roten Route. Die Markierungen weisen uns nach rechts auf einen **Schotterfahrweg** 10, den wir aber kurz darauf bei einem **Grabhügel** im Wald nach rechts auf einen Pfad verlassen. Dieser führt auf einen breiten bewaldeten Dünenkamm leicht abwärts. Waldreich treffen wir, uns rechts haltend, auf einen Schotterweg, in den wir links einbiegen. An den folgenden Kreuzungen und Abzweigen zeigen uns die gelben und roten Markierungen sicher den Wegverlauf. Unweit des ersten Aussichtsturmes, den wir gleich zu Beginn unserer Wanderung aufgesucht haben, achten wir schließlich darauf, rechts abzuzweigen. So gelangen wir nach dem Waldspielplatz zurück zum **Ausgangspunkt** 1.

↗ 150 m | ↘ 150 m

4.30 h

Durch die Svinkløv Klitplantage

TOP **11**

Durch die Schlucht des Slette Å zur Steilküste Svinklovene

Dieser Bach mit seiner tiefen Schlucht ist wahrlich nichts Alltägliches in Dänemark. Einen schönen Kontrast zur Enge des Bachtals bietet die weite Aussicht von der Steilküste. Wir wandern teilweise schwindelerregend nah an der steil abfallenden Küste, von der sich ein traumhaftes Panorama über die Heide, die Dünen und die glitzernde Nordsee bietet. Wir bewegen uns hier auf den Spuren von König Frederik VI., der diese Gegend 1824 besuchte und sagte: »Dieser einsame Ort ist der schönste Fleck in meinem Reich.«

Ausgangspunkt: Slettestrand. Anfahrt: Von Fjerritslev Richtung »Tranum Strand, Slettestrand«, in Hjortdal links bis Slettestrand, links auf einem Schotterweg bis zum letzten beschilderten Parkplatz in den Dünen. Bus 560 (Fjerritslev Busterminal) bis Slettestrand.
Anforderungen: Zunächst unmarkierte, ansonsten gut markierte Wege; an den Steilhängen anstrengend, vor allem bei Nässe ziemlich rutschig.
Einkehr: Svinkløv Badehotel.
Variante: Vom Svinkløv Badehotel kann man auch nur die ca. 4,5 km lange Runde auf Pfaden an den Hängen der Svinklovene wählen.
Tipps: Romanische Hjortdal Kirke. Svinkløv. Badehotel, 1925 ganz aus Holz errichtet.
Karte: 1217 III Fjerritslev.

Vom **Parkplatz Slettestrand** ❶ gehen wir zunächst den Zufahrtsweg (auch Nordsostien) wieder ein Stückchen zurück und biegen vor der Straße rechts auf einen schmalen Trampelpfad ein. Diesem folgen wir durch Gestrüpp, bald auch durch Heide und Kiefern zu einem niedrigen Wald. Unsere Richtung beibehaltend überqueren wir im zweiten Linksknick einen kleinen **Wassergraben**. Vor einem hochwüchsigen Nadelwald biegen wir rechts in einen zweispurigen Heideweg ein, der bald an einer schmalen Straße endet. Auf der gegenüberliegenden Seite gehen wir nach rechts auf einem parallel

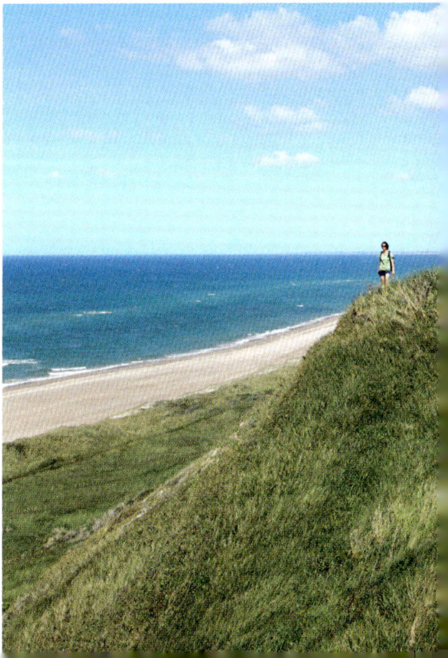

Kurz vor dem äußersten Zipfel der Steilküste der Svinklovene.

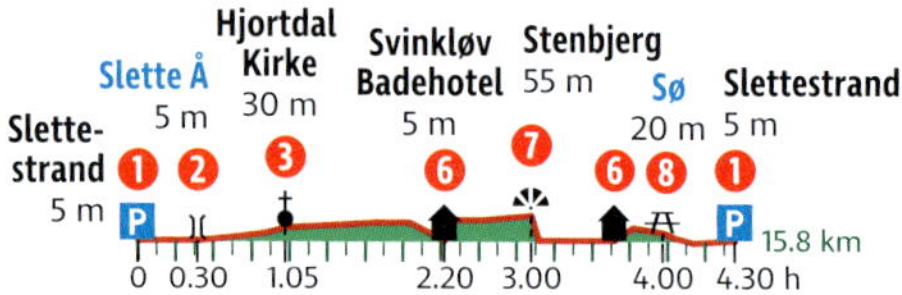

zum Sträßchen verlaufenden Pfad (Mountainbike-Route) weiter, dann bald wieder auf die Straße zurück und über den Bach **Slette Å** 2. Kurz darauf biegen wir links in einen Schotterweg ein, der auf einen **Parkplatz** führt. Dort wählen wir den Schotterweg links, markiert mit einem roten Dreieck.

Diese Markierung wird uns nun eine ganze Weile den Weg weisen. Zunächst begleitet sie einen mäandrierenden Bach, führt durch den Wald und direkt am Waldrand nach rechts zu einer kleinen Kirche, der **Hjortdal Kirke** 3. An ihr vorbei folgen wir dem markierten Schotterweg nach rechts zurück in den Wald. Nach einer Schranke biegen wir nach links in einen Pfad ab, der sich schließlich mit einem von rechts kommenden Schotterweg vereint. An der nächsten Kreuzung folgen wir dem roten Dreieck nach rechts, ebenso an der nächsten Abzweigung. Die Markierung führt uns auf einem Waldweg nun zuerst nach links, dann wieder nach rechts und an einem kleinen **See** 4 vorbei. Schließlich wenden wir uns auf einen Schotterfahrweg nach links. Wir wandern ein gutes Stück auf diesem Kirkevej durch den Wald, am Abzweig des Slangehusvej geradeaus vorbei.

Dann verlassen wir die rot markierte Route, die nach rechts abbiegt. Wir folgen dem Schotterweg nach links und halten uns für die nächste Zeit auf dem gelb markierten Weg entgegen der Pfeilrichtung. Bald geht es nach rechts in den **Mariesvej** und nach einer ganzen Weile wieder rechts in den **Ministervej**. Jetzt müssen wir aufpassen, denn einige Meter nach der folgenden kurzen Lichtung (kurz vor einer Asphaltstraße) zweigen wir auf die gelb markierte Route (Markierung in entgegengesetzter Gehrichtung)

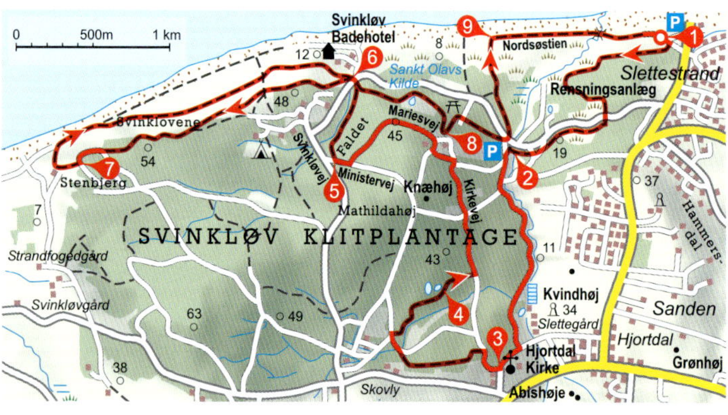

auf einen schmalen **Moospfad** ❺ nach rechts in den Wald ab. So gelangen wir zuletzt in einer kleinen Schlucht mit einem Bachlauf zur Zufahrtsstraße des **Svinkløv Badehotels** ❻. Hier gehen wir einige Meter auf der Straße nach links und sehen rechts ein Schild »Svinklovene« sowie die Markierung rotes Dreieck, der wir von jetzt an folgen.

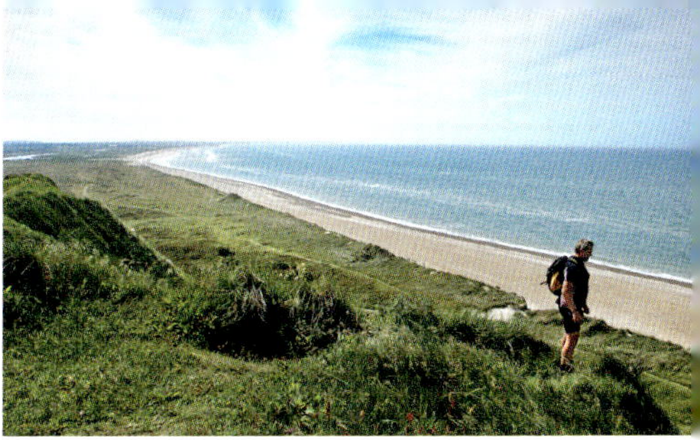

Auf der Svinklovene: aussichtsreich, aber dem Wind schutzlos ausgesetzt.

Der Sandpfad führt steil den Abhang hinauf und folgt oben luftig der Abbruchkante. An einem Abzweig »Til stranden« und an einem Campingplatz vorbei erreichen wir nach einiger Zeit über ein kurzes, als Fahrweg befestigtes Wegstück das Ende des Steilhanges (Stenbjerg). Kurz vor dem äußersten Zipfel der **Steilküste** ❼ steigen wir über einige Stufen nach links hinunter in die Heide. Dort weist uns das rote Dreieck nach rechts um die Ecke des Steilhanges herum und zurück zum Svinkløv Badehotel. Wir folgen hier dem **Svinkløvvej** kurz nach rechts und gehen beim **Svinkløv Badehotel** ❻ wieder zwischen den weißen Betonpfosten hindurch, bei denen wir zuvor auf die Straße gestoßen sind.

Ab hier folgen wir den gelben Dreiecken in entgegengesetzter Richtung bis zum Waldparkplatz, von dem aus wir auf dem Hinweg der roten Markierung gefolgt sind: Zunächst schräg nach links zweigt der Weg über Holzstufen nach rechts ab und führt den Hang hinauf. Wir achten hierbei auf die rückwärtig gut zu erkennenden Markierungen. Ansteigend wieder im Wald queren wir einen Reitweg, halten uns an einer Verzweigung links und schon eröffnet sich uns an einem freien Hangstück der Blick weit über das Meer. Am Hinweis »Til Kilden« vorbei erreichen wir einen kleinen **See** ❽. Hier gehen wir nach links, kommen am Waldrand an einem einzelnen Hofgebäude vorbei und steigen links zu einem Grillplatz hinunter, den wir auf einem Pfad rechts einer Infotafel wieder verlassen. Ein Stück vor dem Fahrweg vom Svinkløv Badehotel nach Slettestrand knickt unser Wanderweg nach rechts ab und wir erreichen den **Waldparkplatz**.

Hier verlassen wir die gelbe Markierung und gehen über den Zufahrtsweg auf die Straße. Zwischen den beiden Parkplatzzufahrten beginnt auf der anderen Straßenseite ein Heideweg mit Reitwegmarkierungen, der uns in Richtung Meer führt. Zunächst durch Wald, später durch Heide und Dünen wandern wir bis zur letzten großen **Randdüne** ❾ vor der Nordsee und vor dieser nach rechts auf einen Pfad, der mit roten Holzpflöcken und dem wellenförmig geschwungenen N des Nordsøstien markiert ist, zu unserem Ausgangspunkt am **Parkplatz Slettestrand** ❶.

TOP

↗ 180 m | ↘ 180 m

12 Bulbjerg

5.15 h

Zu Dänemarks einzigartigem Vogelbrutfelsen

Fast 50 Meter über das Meer hinaus erhebt sich der einsame Fels Bulbjerg und ragt als Vorposten Jütlands in die Nordsee hinein. Tausende von Dreizehenmöwen nisten in diesen bizarren Erosionsformen aus weißem Kalk und schwarzem Feuerstein. Vom Gipfel überblickt man die gesamte Jammerbucht. Anschließend bringt uns die Tour zu einer Thingstätte, einem mit sogenannten Bautasteinen umgrenzten Versammlungsort aus der jüngeren Steinzeit, und zu den Thingstenen, schweren Gesteinsblöcken, mit denen sich der Sage nach kräftige Trolle beworfen haben. Vielleicht begegnet uns ja einer.

Ausgangspunkt: Vester Torup Klitplantage. Anfahrt: Straße 569 von Fjerritslev Richtung Thisted, in Vester Torup rechts in den Torup Strandvej, im Wald links in den Bulbjergvej, nach 2,5 km an der Kreuzung des Hjortevej parken.
Anforderungen: An der ungesicherten Kante des Bulbjerg Absturzgefahr, gegen Ende der Tour noch einmal steil entlang eines Hangs; fast durchgehend markiert.
Einkehr: Keine.

Varianten: 1) Eine ca. 7 km lange Variante beginnt direkt am Parkplatz Bulbjerg. Man folgt der beschriebenen Runde und geht am Schotterweg nach der Tinghøj rechts und dann weiter wie bei der Hauptrunde zum Bulbjerg zurück.
2) Nach dem Skydebanevej auf dem Bulbjergvej bleiben (2,5 km kürzer).
Tipp: Vogelfelsen und Bunkeranlage Bulbjerg, mit kleiner Ausstellung zur Geologie und Vogelwelt des Bulbjerg.
Karte: 1217 III Fjeritslev.

Auf dem Kalkfelsen des Bulbjerg.

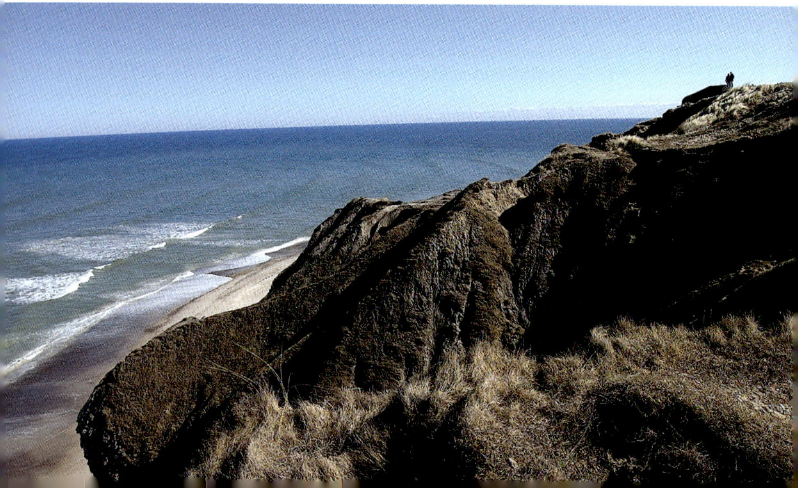

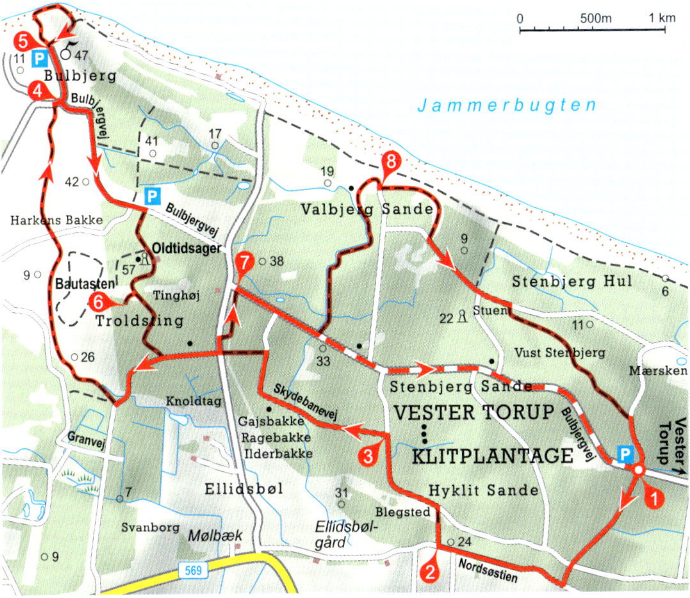

Vom **Parkplatz** ❶ aus gehen wir zum Bulbjergvej, überqueren ihn und folgen dem Hjortevej weiter landeinwärts. Über einen Schotterweg hinweg treffen wir schließlich auf den **Nordsøstien**, der hier mit einem wellenförmigen N auf blauem Grund gekennzeichnet ist. Wir gehen rechts, zunächst noch knapp vor dem Waldrand, später genau an der Waldgrenze entlang und folgen von hier an diesem Zeichen. Schließlich taucht links ein Stück entfernt ein Bauernhof auf. Wenig später verlassen wir den Weg nach rechts in einen mit einer Kette abgesperrten **Waldweg** ❷.
Dieser Weg führt uns bald am Rand einer Heidewiese durch einen knorrigen, lichten Laubbaumbestand und wenig später zu einem Schotterweg. Hier weist uns der **Nordsøstien** nach links. Nach einem Rechtsbogen zweigt die markierte Route am Ende einer kleinen Lichtung links auf einen Schot-

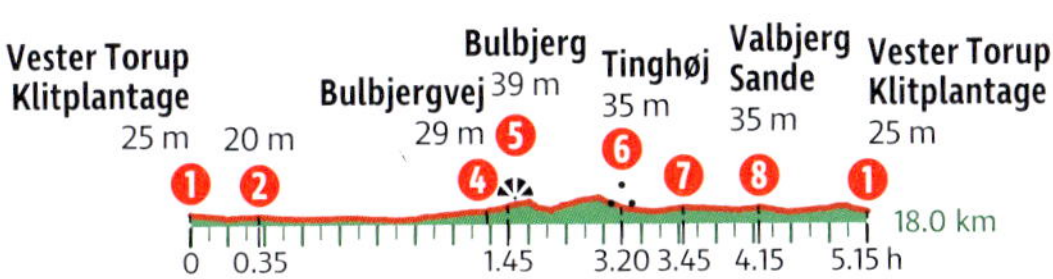

terweg ab. Dieser Forstweg führt uns durch junge Nadelwaldpflanzungen, bevor er nach einer Weile nach rechts abknickt. Wir bleiben zunächst auf unserem deutlich breiteren Schotterweg und folgen seiner Rechtskurve. Knapp 300 m später müssen wir auf eine Nordsøstien-Markierung am rechten Wegrand achten, die uns in einen schmalen **Waldpfad** ❸ nach links weist. Der Pfad führt uns über eine Schneise hinweg und endet kurz darauf an einer schmalen Straße. Ihr folgen wir wenige Schritte nach links und biegen dann rechts in den **Granvej** ein. Wenig später verlässt uns der Nordsøstien an einem **Wegedreieck** nach rechts.

Wir folgen von nun an nur noch dem weißen Dreieck, das uns seit der Straße begleitet hat und fast bis zum Bulbjerg bringen wird. Nach einer Links- und einer Rechtskurve verlassen wir den Schotterweg in einer weiteren Linkskurve nach rechts auf einen Waldweg, biegen erneut rechts ab und wandern bald durch die Heide auf die Dünen zu. Am nächsten Abzweig halten wir uns wieder rechts und erreichen den Fuß einer Dünenkette. Der Weg führt nun links an den Dünen vorbei in Richtung Nordsee. Nach einem letzten, steilen Wegabschnitt stoßen wir auf die Zufahrtsstraße zum Parkplatz am Bulbjerg.

Hier gehen wir nach rechts. Wenige Schritte später zweigt der **Bulbjergvej** ❹ mit dem weißen Dreieck nach rechts ab. Bevor wir hier der Markierung folgen, machen wir einen Abstecher zum Höhepunkt dieser Wanderung, dem **Bulbjerg** ❺. Von diesem knapp 50 m hohen Kalkfelsen hat man eine fantastische Aussicht auf die Vigsø Bugt zur Linken und Jammerbugten zur Rechten. Links des Felsens führt eine »Trappe til Stranden«, also eine **Treppe** zum Strand hinunter. Der Bulbjerg ist zu jeder Jahreszeit ein unvergessliches Erlebnis, besonders aber zur Brutzeit der Dreizehenmöwen im Frühjahr. Meist steht das Wasser niedrig genug, um am Strand um den Felsen herumzugehen.

Auf der anderen Seite gibt es ebenfalls eine Treppe, über die wir nach oben gelangen und dann nach links auf der Zufahrtsstraße zurück zum Abzweig des Bulbjergvej. Hier biegen wir mit dem weißen Dreieck nach links in den **Bulbjergvej** ❹ ein. Auf einem Hügelrücken erreichen wir bald ein Waldgebiet und später einen **Aussichtsrastplatz** am Radweg R 1. Wir folgen der weißen Markierung und dem Hinweisschild »Tinghøj« und können einen Aussichtshügel besteigen. Wir wandern weiter und an einem Abzweig mit Markierung nach rechts (der Radweg R 1 verläuft geradeaus weiter). Kurz darauf können wir an einem **Abzweig** ❻ nach

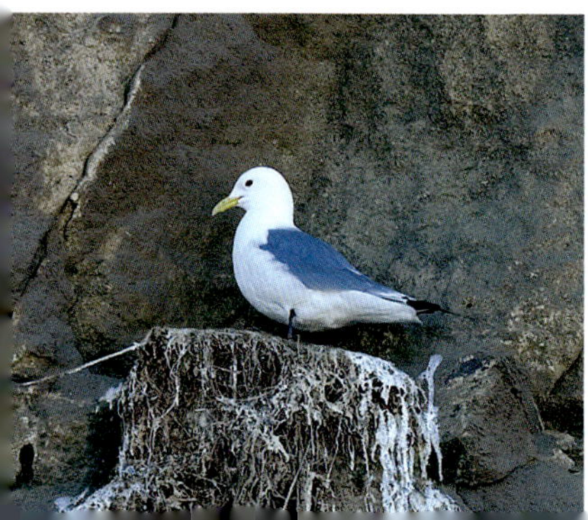

Dreizehenmöwe am Bulbjerg.

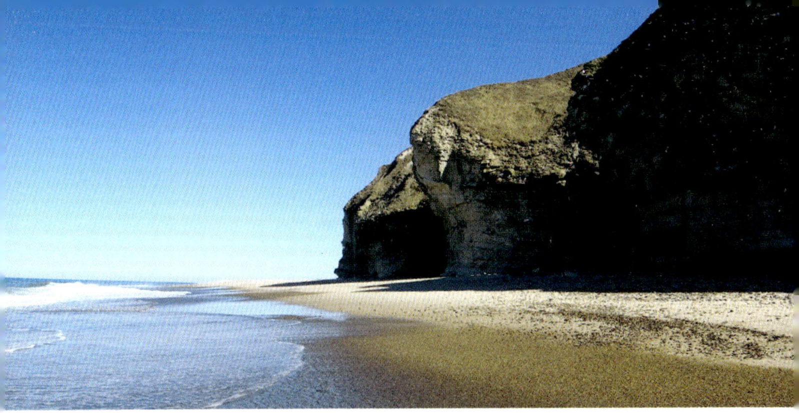

Am Strand unterhalb des Bulbjerg.

rechts (Hinweis »Tinghøjen«) einen Abstecher zur **Thingstätte** machen. Wieder zurück gehen wir mit der Markierung nach rechts weiter und stoßen schließlich auf einen weiß markierten Schotterweg, in den wir links einbiegen (bei der Variante 1 hier rechts). Wenig später treffen wir auf eine Straße und folgen ihr kurz nach links. Ungefähr nach 50 m zweigen wir nach rechts ab und folgen dann einer Schneise nach links; diese endet an einer **Schotterwegkreuzung** ❼. Wir gehen scharf rechts auf einem Schotterweg weiter und verlassen damit die weiße Markierung. Bald kommt von rechts der Skydebanevej hinzu und ca. 300 m später zweigt an einem Markierungspfosten links ein Graspfad ab (Abkürzung). Von hier an orientieren wir uns an diesen Pfosten; die gelben Dreiecke sind entgegen unserer Gehrichtung angebracht. Der Weg führt uns durch niedriger werdenden Kiefernwald und schließlich durch Strandhafer- und Heidewiesen. Vor dem Dünenabhang knickt er nach rechts ab zu einer **Bank**. Von hier führt uns ein breiter Grasweg landeinwärts. Nach ca. 70 m – rechts und links des Weges stehen Markierungspfosten – biegen wir am **Valbjerg Sande** ❽ nach links in einen schmalen Dünenpfad ein. Auf diesem aussichtsreichen Pfad erreichen wir nach einigen Minuten das Ende der Dünenkette.
Der Pfad führt uns hier automatisch nach rechts. Wir treffen auf einen Schotterweg und gehen nach links weiter. Dann biegt ein Fahrweg mit der gelben Markierung nach rechts ab, wir jedoch gehen geradeaus weiter. Jetzt müssen wir auf einen **Markierungspfosten** mit einem blauen Dreieck auf der linken Seite unseres Schotterweges achten (nach ca. 250 m). Das Dreieck weist auf einen steilen Pfad, der uns rechts den Hang hinaufführt. Dann halten wir uns links und genießen die herrliche Aussicht. Dabei bleiben wir stets möglichst nahe an der Kante des Abhangs. Schließlich fällt der Pfad langsam ab und wir treffen schräg auf einen Fahrweg. Diesem folgen wir mit der blauen Markierung nach rechts zu unserem **Parkplatz** ❶.

13 Vom Hesseldal Bjerg zur Vigsø Bugt

4.30 h

An der Steilküste zwischen Vigsø und Hanstholm

Hanstholmen ist der am weitesten nordwestlich gelegene Höhenrücken Jütlands, er erstreckt sich von Hanstholm im Westen bis Vigsø im Osten. Der Höhenrücken war während der Eiszeit eine Insel. Da sich nach der Eiszeit der Meeresboden gehoben hat, ist die ehemalige Inselküste heute eine etwas vom Meer zurückversetzte Steilküste. Wir erwandern die Osthälfte der ehemaligen Insel um den gemütlichen Ort Vigsø und den Hesseldal Bjerg. Unsere Tour führt uns teils oben an der aussichtsreichen Steilküste, teils auf dem nun trockenen Grund des Meeres am Fuß der steilen Küste entlang.

Ausgangspunkt: Vigsø. Anfahrt: Straße 29 von Hanstholm Richtung Østerild, 2 km nach Ræhr links nach Vigsø. Dort im Kreuzungsbereich Hamborgvej/ Vigsøvej parken. Bus 151 (Hanstholm centret) nach Vigsø.
Anforderungen: Die Wege und Pfade auf dieser langen Wanderung sind durchweg gut zu gehen.

Einkehr: Keine.
Variante: Vom Strand bei Vigsø der Hauptroute folgend Richtung Hanstholm. Von diesem Weg kann man mehrmals nach links auf Pfaden auf die Anhöhe kommen und oben nach links Richtung Vigsø zurückgehen. So kann man ca. 2,6 oder 8 km abkürzen.
Karte: 1117 II Hanstholm.

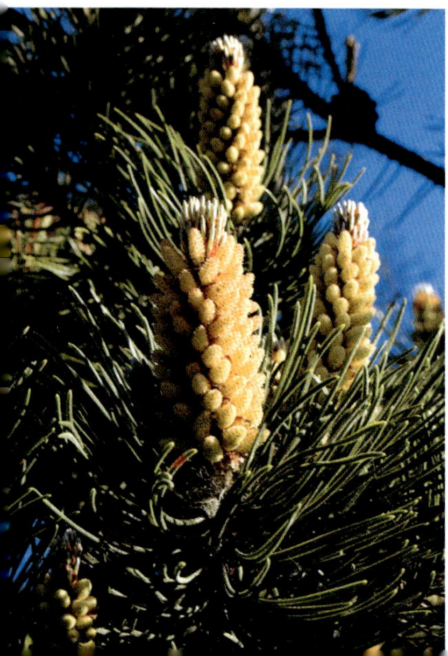

Von der Kreuzung in **Vigsø** ❶ gehen wir kurz in den Krægpøtvej und biegen nach rechts in einen gepflasterten Weg (gelbe Markierung) ein. Unser Weiterweg verzweigt nach links. Direkt vor den ersten Häusern einer Ferienhaussiedlung geht es nach links weiter und wir erreichen über einen Parkplatz einen Spielplatz zur Rechten. An seinem Ende wandern wir entlang des Zaunes nach rechts am Waldrand entlang (wieder gelb markiert). Der **Abenteuerspielplatz** ❷ endet, wir bleiben auf dem Schotterweg geradeaus. Kurz darauf zweigen wir nach links durch eine Schranke in den Wald ab. Knapp 300 m später folgen wir dem gelben Dreieck erst

Kiefernblüte am Hanstholmen.

nach rechts bis zum Waldrand und darüber hinaus noch ein Stückchen weiter. Vor einem Bauernhof schwenkt der markierte Weg leicht nach links und führt durch ein schmales Waldgebiet. Gerade wieder im freien Gelände

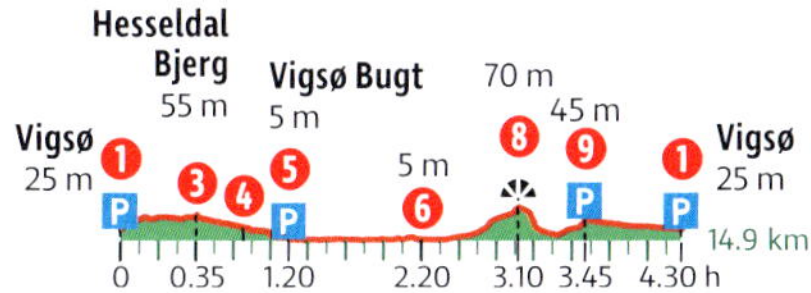

zweigen wir nach links in einen die Höhe haltenden Fußweg ab. Bevor er eine **Steilhangkante** ❸ erreicht, wendet sich der Weg scharf nach links und führt an der Kante des Hanges entlang. Vorbei an einer Informationstafel, nach einem Linksbogen, verzweigt sich die gelbe Route. Wir folgen der Markierung nach rechts. Kurz nach einer **Informationstafel** ❹ verzweigt sich nach einem Linksbogen die gelbe Route. Wir folgen der gelben Markierung nach rechts, halten uns dann aber abwärts, genau an der Kante des Steilhanges entlang. So treffen wir auf den Krægpøtvej; in diesen biegen wir nach links ein. Kurz darauf wählen wir den nächsten Schotterweg

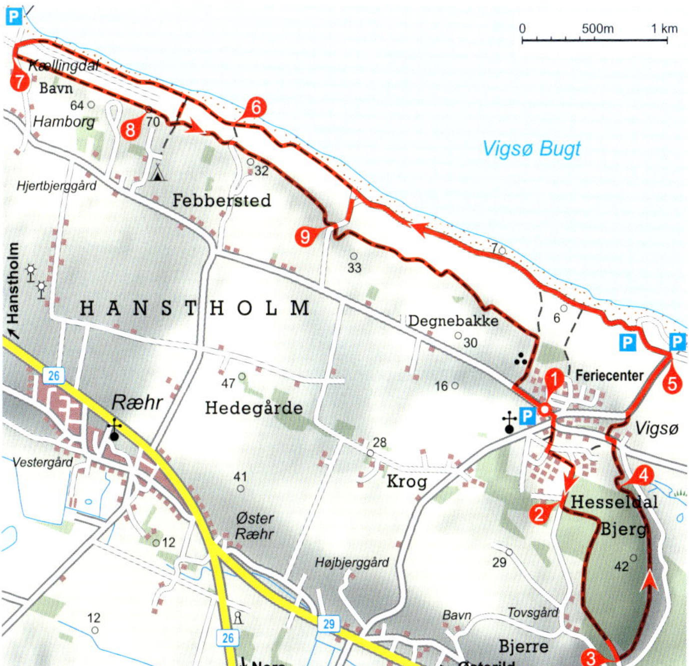

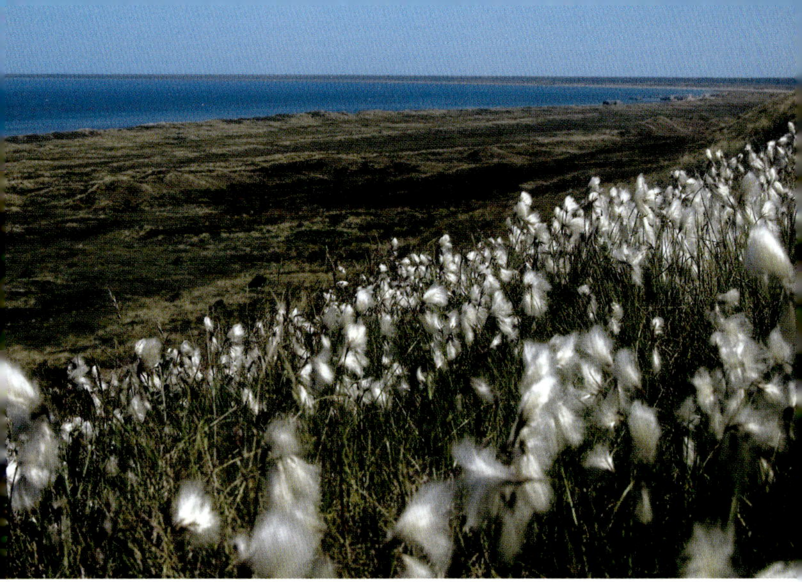

Wollgras am Steilhang oberhalb der Vigsø Bugt.

nach rechts, halten uns an seinem Ende abermals rechts und stoßen nach den letzten Häusern auf eine Straße, die uns zu einem **Parkplatz** 5 am Nordsee-Strand der **Vigsø Bugt** bringt. Dort zweigt ein Schotterweg mit dem gelben Dreieck und dem stilisierten Schiffsrumpf des **Vestkyststien**, des »Westküstenweges«, links von der Straße ab und bringt uns zu einem weiteren Parkplatz. Von dort folgen wir weiter den roten Holzpflöcken mit dem Vestkyststien-Zeichen durch die Heide- bzw. Dünenlandschaft zwischen dem Steilhang zu unserer Linken und dem Strand.

Etwa 3,5 km nach den Parkplätzen am Strand passieren wir einen Einschnitt in der Steilküste und queren einen zum Strand führenden **Weg** 6. Wir folgen hier geradeaus der Vestkyststien-Markierung. Nach weiteren knapp 2 km kommen wir auf einen Parkplatz und sehen von dort ein weißes Gebäude am Strand und eine kleine Buhne (zur Strömungsberuhigung aufgeschichtete Steinreihe) im Meer. Den Zufahrtsweg zum **Parkplatz** gehen wir nach links und stoßen bald auf den **gelb markierten Weg** 7, dem wir links zurück folgen.

Vom Fuß des Steilhanges geht es links den Hang hinauf und dann an seiner Abbruchkante entlang leicht ansteigend durch einige Wiesen. Wir erreichen mit 70 m über dem Meeresspiegel den **höchsten Punkt** 8 der Steilküste und wandern an einem Campingplatz vorbei. Einen Taleinschnitt umgehen wir auf der Höhe nach rechts. Entlang von eingezäunten Feldern kommen wir bald zu einem weiteren Taleinschnitt, in dessen Grund wir einen Schotterweg queren. Durch ein Metallgatter geht es wieder hinauf und auf einem Graspfad entlang der Steilküste durch mehrere Gatter. Wir überqueren einen **Parkplatz** 9 und folgen weiter dem Höhenweg. Einen weiteren Taleinschnitt umgehen wir auf der Höhe und nähern uns einem Wald. Im Meer vor uns ragen einige Bunker auffällig aus dem Wasser.

Auf Höhe des Waldes führt unser Pfad durch niedrige Dünen und wir verlieren kurzzeitig die Sicht auf die Nordsee. An einem Gatter treffen wir neben einer Informationstafel senkrecht auf den Waldrand. Hier verlassen wir den geradeaus weiterführenden, gelb markierten Kammweg und biegen nach rechts ab, ebenfalls gelb markiert. An einer Baumreihe entlang führt uns der breite Wiesenweg an drei Grabhügeln und am Rand der Ferienhaussiedlung vorbei hinunter zur Straße, auf der wir nach links zum Ausgangspunkt in **Vigsø** 1 zurückgehen.

Am Strand von Vigsø versinken die Bunker im Wasser.

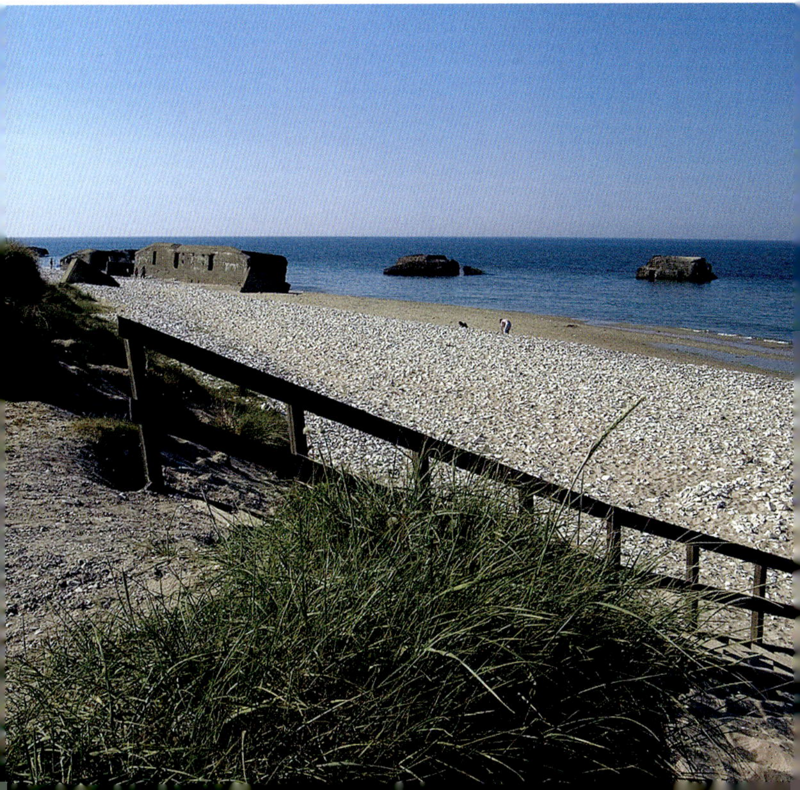

↗ 190 m | ↘ 190 m

14 Hanstholm – Bunkermuseum und Nordseeküste

3.15 h

Über den Höhenrücken Hanstholmen zur Batterie Hanstholm

Vom Naturreservat Hanstholm aus, der Heimat vieler Vogelarten und großer Rotwildbestände, erwandern wir das eiszeitliche Inselplateau mit den Wohngebieten der Stadt und der weitläufigen Verteidigungsanlage des Westwalls aus dem Zweiten Weltkrieg nebst Bunkermuseum: der Batterie Hanstholm. Was für ein Kontrast: Erst beobachten wir vom Panoramaweg des Hochplateaus aus das geschäftige Treiben im modernen Hanstholmer Hafen, dann treten wir in ehemaliges Militärgelände ein: Nordeuropas größtes Verteidigungsareal des Westwalls mit seinen überwiegend frei zugänglichen Bunkern und den vier beeindruckenden Geschützständen, die mit Kanonen des Kalibers 38 cm bestückt waren. Die hier beschriebene Strecke durch das Museumsgelände ist ein »Minimalvorschlag«, das Gelände bietet eine Vielzahl weiterer interessanter Punkte, und damit ist nicht nur die Fahrt mit der alten Feldbahn, die ursprünglich die Geschützstände versorgt hat, gemeint.

Weit reicht der Blick vom Höhenrücken Hanstholm über die Vigsø-Bucht.

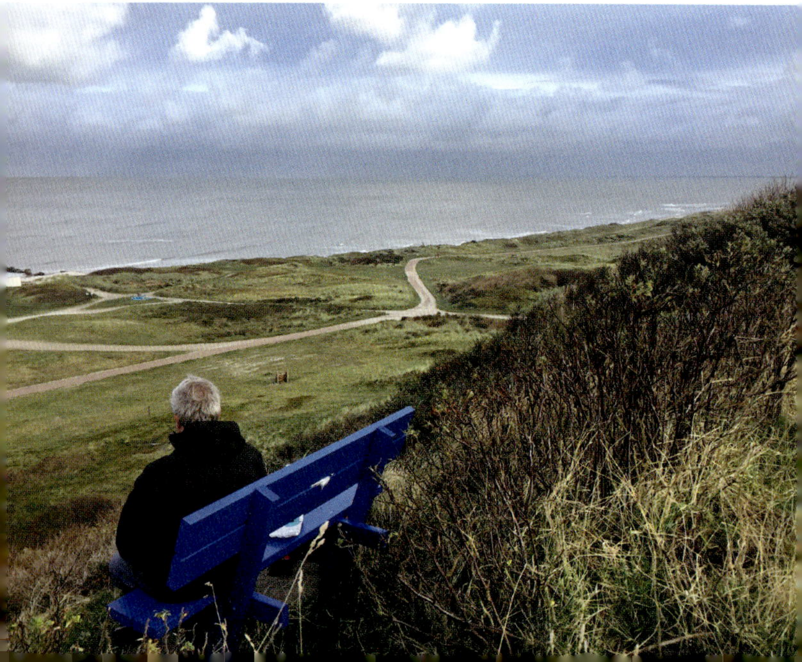

Ausgangspunkt: Hanstholm. Anfahrt: Straße 181 von Klitmøller Richtung Hanstholm, kurz vor dem Abzweig links zum Hafen und vor einer kleinen Brücke rechts auf einen Schotterweg (leicht zu übersehen!), nach einigen 100 m parken. Bus 23 (Hanstholm Havn) von Thisted Bahnhof zum Hafen von Hanstholm.
Anforderungen: Einfache Runde; in Ræhr ruhige Straßen, sonst markierte Wege. Im Naturschutzgebiet Hanstholm Vildtreservat weglos.
Einkehr: Cafes und Bars in Hanstholm.
Tipps: Die Museumsbahn ist 13.4.–22.4., 17.5.–8.9. und 12.10.–20.10. in Betrieb. Öffnungszeiten Bunkermuseum unter bunkermuseumhanstholm.dk; das Museum ist vom 1.12.–31.1. geschlossen; Stirnlampe mitnehmen für Bunkerbegehung.
Hinweis: Das Naturreservat Hanstholm ist zutrittsbeschränkt. Vom 1.4. bis 15.7. darf die Zone zwischen der Küstenstraße 181 und dem ganzjährig gesperrten Kerngebiet (rote Pflöcke und Hinweis »Færdsel ikke tilladt«) nicht betreten werden.
Karte: 1117 II Hanstholm.

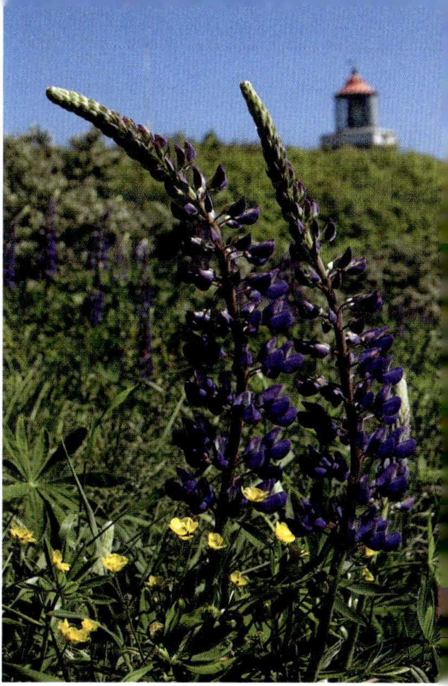

Blühende saftige Wiesen beim Leuchtturm Hanstholm Fyr.

Vom **Parkplatz** ❶ am Naturreservat gehen wir auf dem Zufahrtsweg zurück und biegen nach rechts auf den asphaltierten Radweg ein. Mit diesem überqueren wir die Straße 181 in Richtung **Hanstholm Havn**, um kurz darauf nach rechts aufwärts der gelben Markierung über einen Wiesenpfad zu folgen. So steigen wir auf das Geländeplateau hinauf und erreichen nach rechts zuletzt über einen Schotterweg den Leuchtturmkomplex des **Hanstholm Fyr** ❷, im Erbauungsjahr 1843 stärkstes Leuchtfeuer der Welt.
Nach der Besichtigung des Leuchtturmes gehen wir auf dem Schotterweg zurück , halten uns an einem Gatter rechts und folgen dem rot und gelb markierten Pfad. So erreichen wir das gehobene Restaurant **Madbar** und setzen unsere Wanderung mit der gelben Markierung an der Kante des Plateaus mit Postkartenaussicht nach links in Gehrichtung fort. Den folgenden Taleinschnitt, in dessen Grund wir eine Straße queren, überwinden wir mittels Treppenstufen und durchwandern, vom Parkplatz aus wieder auf der Anhöhe, nach links den kleinen **Skulpturenpark** ❸ eines Kunsthändlers bis zur Wendeschleife des Schotterweges. Hier bleiben wir links der letzten Wohngebäude nahe der Geländekante auf dem gelb markiertem Pfad.

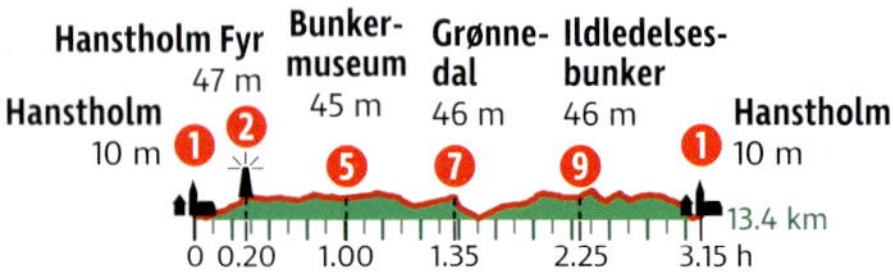

So erreichen wir das westliche Ende der **Batterie Hanstholm**, Nordeuropas größter Verteidigungsanlage aus dem Zweiten Weltkrieg. Wir halten uns nun mit der blauen Markierung links nahe der Geländekante, passieren einige Bunker und gelangen zu den imposanten kreisrunden Resten des **Geschützbunkers Nr. 4** ❹, einer Kanone mit dem Kaliber 38 cm. Mit Blick nach rechts können wir in einiger Entfernung neben einem Fahnenmast, der den Standort des sehenswerten Bunkermuseums markiert, das dazugehörige 38-cm-Geschütz ausmachen. Auf unserem Weiterweg am Rand des Hochplateaus queren wir die Versorgungsbahngleise des Geschützbunkers und erreichen den Leitstandbunker der 38-cm-Geschütze. An diesen Punkt gelangen wir nochmals auf unserem Rückweg, und zwar mit der roten Route, die von der gegenüberliegenden Anhöhe über Treppen zur Straße hinunterführt. Wir folgen nun aber den roten Markierungen nach rechts bis zum **Bunkermuseum** ❺. Dort halten wir uns links, gehen an den beeindruckenden Geschützen vorbei und queren die Museumszufahrt sowie kurz darauf eine Straße nach links. An dem Markierungspfosten (grünes Dreieck und gelber Punkt) auf der anderen Straßenseite gehen wir nach rechts in den Wald weiter. Durch das Wegegewirr folgen wir dem gelben Dreieck und gelangen so am 38-cm-Geschützbunker Nr. 2 vorbei zum Geschützbunker Nr. 1 an der **Hauptstraße 26** ❻.

Wir queren diese und folgen den gelben Markierungen nach rechts. Der Pfad führt aussichtsreich am Rand des Steilhangs in Ostrichtung, die Hafengebäude links unterhalb von uns verschwinden langsam aus unserem

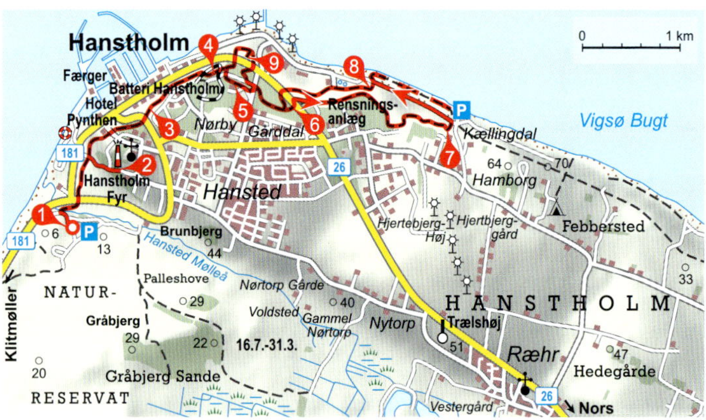

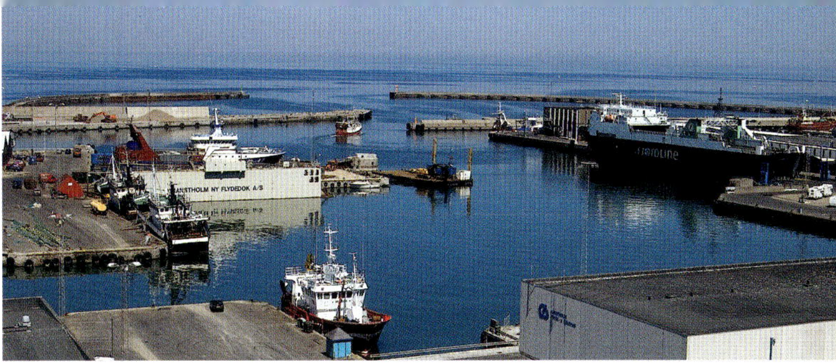

Der große Fischereihafen von Hanstholm.

Blickfeld. Links vor uns am Strand ragt auffällig die einzige sichtbare Buhne ins Meer. Dort befindet sich der Wendepunkt unserer Wanderung. Dorthin gelangen wir mit der gelben Markierung nach links durch das enge **Grønnedal** 7 – oder spätestens mit dem Strandzufahrtsweg, der von **Kæiingdal** hinunterführt. Die gelbe Route haben wir nun verlassen, diese verläuft nach rechts wieder auf den Höhenrücken. Am Strand haben wir jetzt zwei Möglichkeiten: Entweder gehen wir direkt am Strand über den Sand nach links oder wir wählen den radfahrtauglichen **Vestkyststien**. In beiden Fällen endet der Strandabschnitt der Wanderung an der großen Schotterfläche vor der Kläranlage, an der das Industriegebiet beginnt. Wir wenden uns hier landeinwärts nach links und gehen zur linken oberen Ecke der Schotterfläche. Dort ermöglicht uns ein **Holztor** 8 am Beginn einer Natursteinreihe den Durchlass durch einen Zaun und wir steigen das Geländeplateau hinauf.

Oben angekommen queren wir die **Straße 26** 6 und erreichen auf dem uns bekannten Wegabschnitt vorbei an den Geschützbunkern Nr. 1 und Nr. 2 die Asphaltstraße vor dem Bunkermuseum. Wir überqueren die Straße geradeaus (grün und gelb markiert). Kurz darauf verlassen wir die schnurgerade Piste mit der roten Markierung nach rechts auf einen Pfad. Von nun an folgen wir der roten Route, bis wir nach zweimaliger Straßenquerung an den vom Hinweg bekannten Reserve-Leitstandsbunker der 38-cm-Geschütze treffen. Dazu passieren wir zunächst den Depotbunker für Lebensmittel, verlassen den Wald und gehen nach rechts zur Straße 26 hinunter, die wir überqueren. In einem großen Linksbogen überschreiten wir mit der Möglichkeit eines Abstechers zu einem weiteren **Leitstandsbunker** 9 eine Anhöhe und steigen zur Straße ab.

Auf der anderen Straßenseite leiten uns Treppenstufen wieder zur Plateaukante hinauf und wir schließen nach rechts die Runde. Ab hier wandern wir auf dem Hinweg vorbei am **Geschützbunker Nr. 4** 4, dem **Skulpturengarten** 3, dem Restaurant **Madbar** zum **Parkplatz** 1 am Naturreservat zurück.

↗ 110 m | ↘ 110 m

15 Nors Sø und Vandet Sø

3.30 h

Wanderung zwischen zwei Binnenseen

Gleich zweimal haben wir auf dieser Tour Gelegenheit zu einem Bad im Süßwasser. Der Strand am Ende unserer Runde ist eindeutig der schönere – wie praktisch! Zuerst geht es jedoch entlang der steilen Ufer des Nors Sø und weiter über sandige Pfade auf bewaldeten Dünen und durch den Wald von Vilsbøl. Die beiden Karstseen sind etwa 20 m tief und als Überbleibsel steinzeitlicher Meeresbuchten durch Landhebung entstanden. Sie zählen übrigens zu den saubersten Seen Dänemarks.

Ausgangspunkt: Nors Sø. Anfahrt: Straße 557 von Thisted Richtung Klitmøller, in Vester Vandet rechts (Hinweis »Agerholm 1 km«), bei Bauernhof geradeaus auf Schotterweg zum Badestrand, dort Parkplatz am Waldrand.
Anforderungen: Leicht, auch bei den weglosen Abschnitten problemlos.
Einkehr: Keine.
Karte: 1117 II Hanstholm.

Vom Parkplatz am **Nors Sø** ❶ gehen wir nach rechts über eine Wiese und queren vor dem See den Zaun über einen Viehrost (Infotafel). Wir folgen ab hier der Markierung blaues Dreieck und kommen an eine steile Uferböschung (Degnbjerg). An der Kante steigen wir hinauf und erreichen über

Abstecher zum Ufer des Vandet Sø.

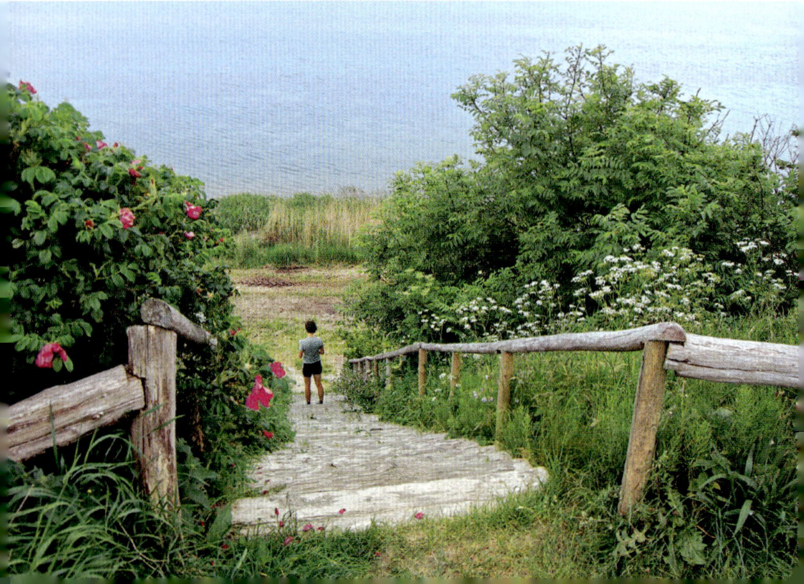

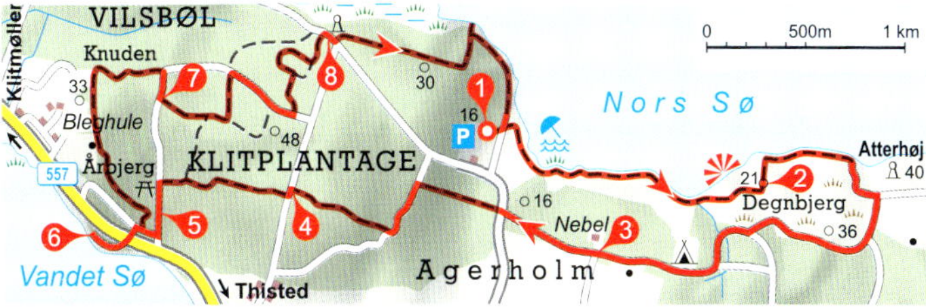

die **Anhöhe** ❷ hinweg bald eine Bucht, an deren Ende wir die Weide über einen Viehrost verlassen. Noch zweimal überschreiten wir solche Uferböschungshügel. Wieder unten angekommen, wandern wir noch ein Stück über die Uferwiesen, bis wir einem rechts aus der Bucht hinausführenden Schotterweg folgen.

An einem Abzweig geht es rechts auf den Radwegen R 1+2 weiter Richtung Wald. Der Weg führt am Waldrand entlang, am Ende des Heidegebiets mündet von links ein Waldweg ein; wir kommen an einigen Grabhügeln vorbei, queren einen Schotterweg und gelangen nach einer Weile zu einer weiteren **Kreuzung** ❸. Die blaue Route und der R 1 gehen hier nach rechts ab, wir dagegen wandern geradeaus auf einem zweispurigen Grasweg weiter. An der nächsten Kreuzung geht es wieder geradeaus. Der Weg ist nun mit einem roten Dreieck markiert, diesem folgen wir ab jetzt. Wir stoßen auf einen Schotterweg, in den wir links einbiegen. Ca. 200 m später nach einem leichten Rechtsbogen führt uns die rote Markierung nach rechts auf einen Fußpfad, der nach einigem Auf und Ab auf einen **Querweg** ❹ trifft. Diesem folgen wir nach links, um sogleich nach rechts abzubiegen. An einigen MTB-Trail-Abzweigen vorbei verlassen wir den Geradeausweg, dem roten Dreieck nach links folgend. An einem Abzweig behalten wir die Gehrichtung bei und stoßen auf einen Schotterweg.

Hier geht es nach links weiter, bis zu einer aus einem Baumstamm geschnitzten Eule. Vor dieser führt uns ein Pfad nach rechts in den Wald zu einem **Wildwest-Spielplatz** ❺. Von hier aus machen wir nach links einen Abstecher zum **Vandet Sø** ❻, dessen Ufer wir nach der Straßenquerung über eine Holztreppe erreichen.

Wieder zurück am **Spielplatz** ❺ folgen wir dem breiten Waldweg (rot markiert) nach links leicht aufwärts. An einer Gabelung leiten uns die rote und nun auch gelbe Markierungen nach rechts. Knapp 100 m weiter biegen wir nach links auf den schöneren, am Waldrand verlaufenden Mountain-Bike-Pfad ab und erhaschen immer wieder Aussichten auf den links unter uns liegenden Vandet Sø.

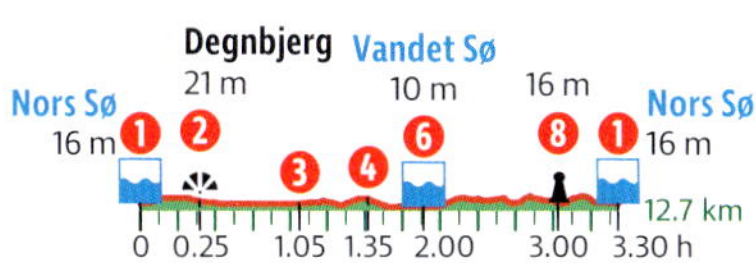

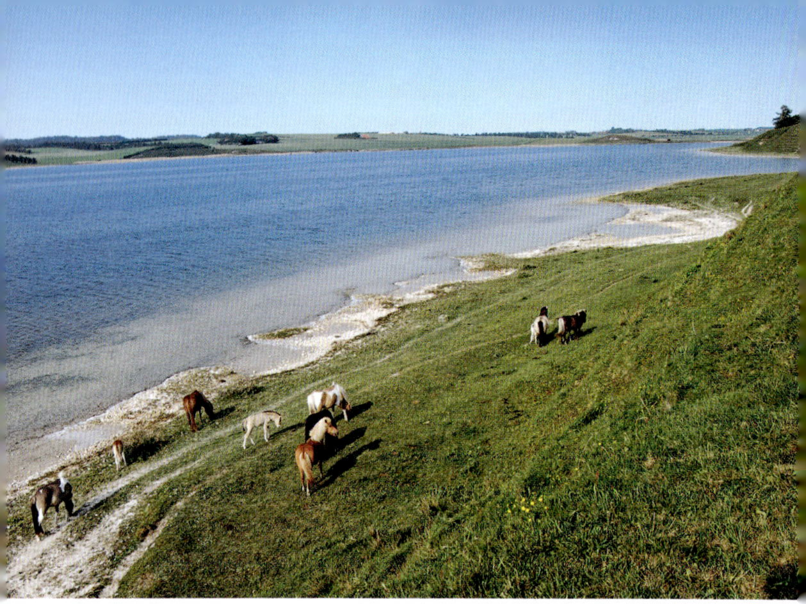

Der Nors Sø als natürliche Weidegrenze.

Der Pfad knickt nach rechts ab und wir treffen erhöht über der Heidelandschaft links von uns auf die Kurve eines Schotterweges. Nun sind die roten Markierungen wieder deutlich. Wir halten uns leicht links, lassen uns von einem schönen Aussichtspunkt zu einer Rast einladen und bleiben auf unserem Weiterweg immer am Waldrand. Der Weg schwenkt nach rechts, sogleich münden wir in einen Schotterweg ein und nehmen am unmittelbar folgenden **Abzweig** 7 den linken Weiterweg. Die vereinzelten roten Markierungen helfen bei der Orientierung. Wir bleiben in Gehrichtung und queren einen Schotterweg. Wenig später verlassen wir die rote Route nach links und wandern leicht abwärts weiter. So treffen wir auf einen Schotterweg, in den wir nach rechts einschwenken. Am Rand der Heide trifft von rechts der rote Weg zu uns und führt geradeaus in den Wald. Dort folgen wir der roten Markierung nach links. Nach einem weiteren Linksabzweig erreichen wir einen Schotterweg und gehen nach rechts.

Kurz nach einem **Gedenkstein** 8 verlassen wir den »Ålehusvej« und die rote Markierung nach links (gelb markiert). An einer Kreuzung bei einem **geschnitzten Kräuterweib** wandern wir nach links zum Ufer des **Nors Sø**. Dort können wir von einer Aussichtsplattform aus die Vogelwelt beobachten.

Durch das Schilf bestandene Ufer wandern wir direkt an der Wasserlinie zum nahen **Parkplatz** 1 zurück.

↗ 120 m | ↘ 120 m

4.30 h

Durch die Tvorup Klitplantage

Durch eine von urigen Krüppelkiefern bedeckte Dünenlandschaft

Bachmündungen in die Nordsee haben immer etwas Besonderes. Hier ist es die Bøgsted Rende, die mit ihrem ockerfarbenen Wasser durch eine canyonartige Schlucht dem Meer entgegenfließt. Bei dieser Tour wandern wir durch hügeligen Wald, über den Strand und durch ein weites Heidegebiet. Im Fischerort Nørre Vorupør kommen wir zum Landungsplatz der bunten Fischerboote, der im Schutz der langen Mole liegt, auf der wir uns rund 350 Meter ins Meer hinauswagen können.

Ausgangspunkt: Tvorup Klitplantage. Anfahrt: Straße 181 von Thyborøn Richtung Klitmøller, nach Nørre Vorupør erster Parkplatz links im Wald. Bus 113 (Stenbjerg Kirkevej/Havet) von Thisted Bahnhof bis Nørre Vorupør; dort Tourstart.
Anforderungen: Viele, oft steile Anstiege, tiefe Sandwege, etwas anstrengend.
Einkehr: In Nørre Vorupør.
Varianten: 1) Nach der Brücke über die Bøgsted Rende weiter entlang des Baches bis zum Rastplatz kurz vor der Bachmündung und links zur Straße (2,5 km kürzer).
2) Nach der Aussichtsdüne auf der rechten Seite an der Graswege-Verzweigung auf der rot markierten Route nach links. Nach Kurzem erneut nach links auf den Kammweg einiger Inlandsdünen und weiter zum Parkplatz (ca. 7 km kürzer).
3) Kurz vor Nørre Vorupør auf Strandweg D 122 nach links durch die Dünen zur Straße, dort links (ca. 0,8 km kürzer).
4) Vom Rastplatz links der Bøgsted Rende (blau markiert) zur Brücke und zurück (1,6 km länger).
Tipps: In Nørre Vorupør Aquarium Nordsø Akvariet mit Nordsee-Fischwelt (Vesterhavsgade 131, north-sea.dk; Ostern bis Okt. geöffnet). Bei Rückkehr der Fischer gibt es in Nørre Vorupør Fisch frisch ab Reling zu kaufen.
Karte: 1116 IV Hundborg.

Weithin sichtbar: das Seezeichen auf den Dünen der Tvorup-Kliplantage.

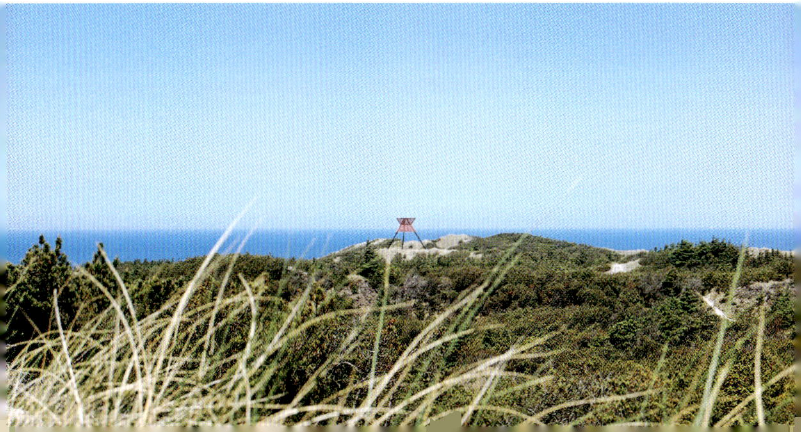

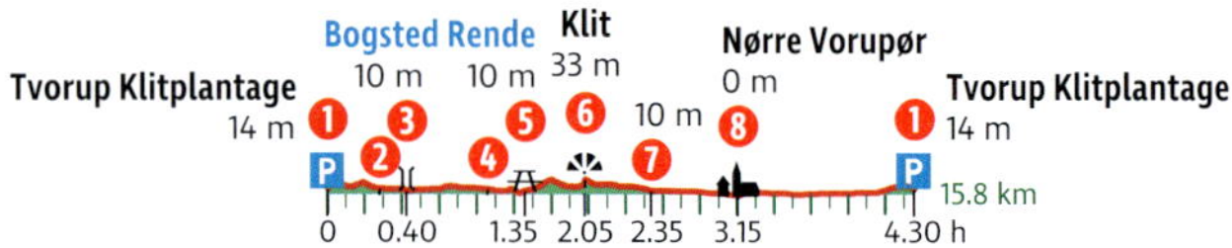

Wir beginnen unsere Wanderung am rechten Ende des **Parkplatzes** ❶ mit einem rot markierten Pfad nach links in den Wald. Dieser leitet uns sehr kurvig durch die abwechslungsreiche Dünenlandschaft. Durch die Bäume können wir nach rechts in nicht zu trockenen Jahreszeiten die Wasserfläche des **Grubevande** glitzern sehen. Bald queren wir ein tiefes Dünental und bleiben den roten Markierungen zunächst noch treu. Nach einer Weile entscheiden wir uns an einer Pfadekreuzung für den rechten, nun blau markierten breiten Weiterweg.

Etwa am Beginn des **Heidesees** verlassen wir die breite Trasse mit der Markierung nach links auf einen **Pfad** ❷. Nach einigen Wendungen stoßen wir an einem **Rastplatz** auf eine schmale Straße. Auf ihr gehen wir nach links und biegen nach gut 100 m bereits wieder rechts ab. Wir überqueren eine **Brücke** ❸ und verlassen unmittelbar dahinter die blaue Route nach rechts (Variante 1). Vorbei an einer Bank stoßen wir nach wenigen Schritten auf einen breiteren Weg, den wir nach rechts einschlagen. Dieser Weg ist mit einem gelben Dreieck markiert, das uns nun eine ganze Weile begleitet. Bald verlassen wir den breiten Waldweg auf einem Pfad nach

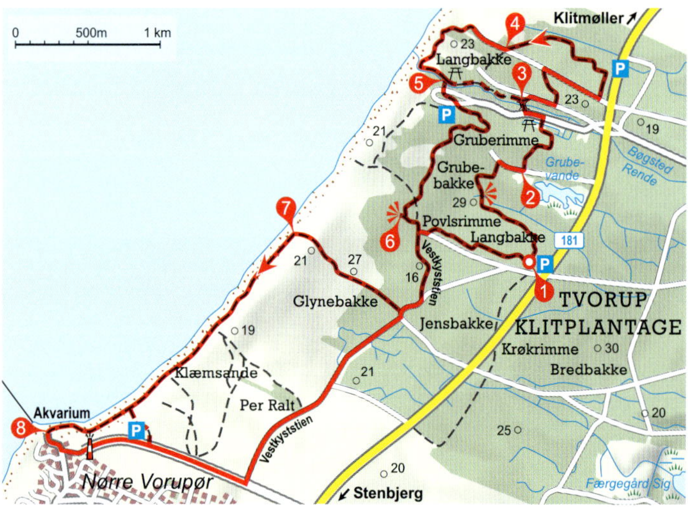

links. Dann wandern wir auf einer grasbewachsenen Schneise weiter; an deren Ende gehen wir rechts und folgen einem Fahrweg bis fast zur Straße. An einer kleinen Wiese weist die gelbe Markierung nach links schließlich auf einen **Parkplatz**. Wir queren ihn und nehmen den gelb markierten Pfad bei den Infotafeln (zuerst auch grün markiert). Teils über Holzbohlen erkunden wir den märchenhaft anmutenden Wald aus knorrigen Birken mit dem grün markierten Weg, halten uns dann aber an die gelben Markierungen. An einer Fahrspur gehen wir links, links voraus erhebt sich auf einer Düne ein sanduhrförmiges Seezeichen. Rechts unterhalb desselben zweigen wir nach rechts zum Meer ab, die **gelbe Route** 4 steigt hier nach links zum Seezeichen an. Der Weg wird schließlich zum Pfad und führt die Stranddünen hinauf. Oben angekommen schwenken wir nach links und suchen uns eine Passage, mit der wir nach rechts zum Meer gelangen können. Diese finden wir in Form eines Geländeeinschnittes. Am Strand gehen wir nach links bis zur Mündung der **Bøgsted Rende**.

Wir folgen nun dem Bachlauf landeinwärts und erreichen einen **Rastplatz** 5 (Abstecher Bøgsted Rende). Hier gehen wir rechts, passieren eine Kettenabsperrung und queren eine Straße zum zweiten Schenkel

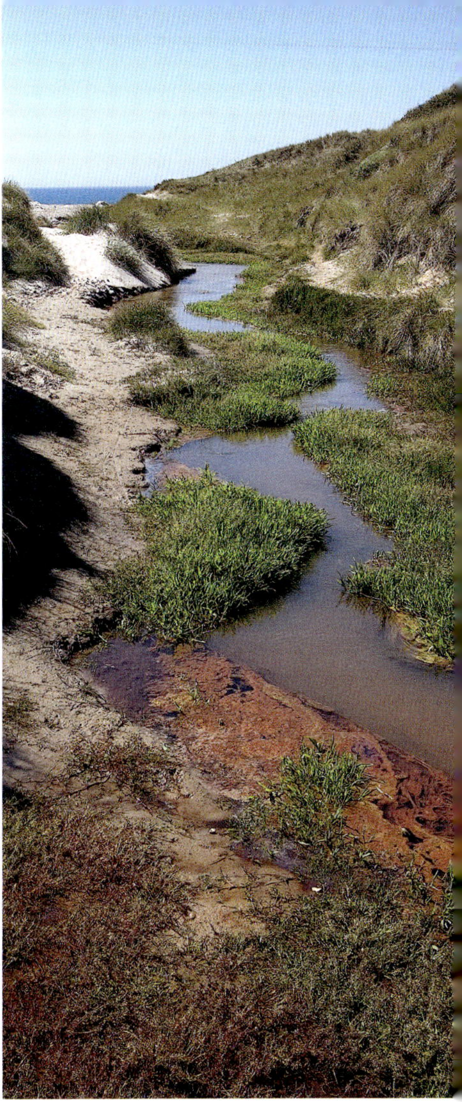

Bachlauf der Bøgsted Rende ins Meer.

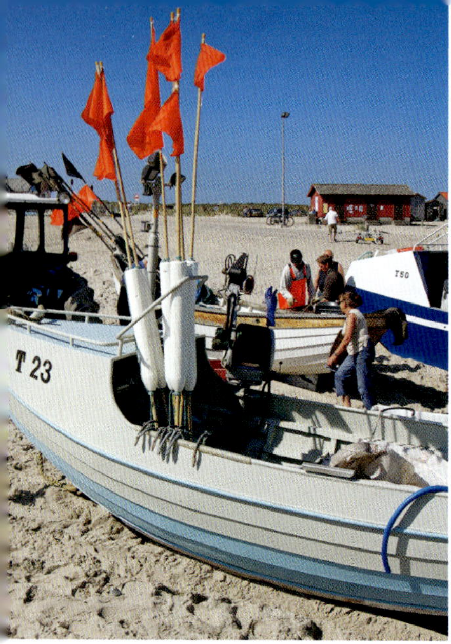

Fischerboote in Nørre Vorupør.

einer Wendeschleife. Der Weg ist hier und in der Folge blau markiert. Kurz darauf halten wir uns nach rechts (ab hier zusätzlich rot markiert). Auf einer kleinen Sanddüne trennen sich die Wege wieder, wir folgen dem rot markierten Weg nach rechts. Die Route führt nun wieder über Dünenkämme mit Blick zur Nordsee auf schmalen Sandpfaden steil auf und ab. Wir folgen der Markierung im Großen und Ganzen geradeaus. Schließlich weist uns das rote Dreieck auf eine **Aussichtsdüne** 6 ein paar Schritte rechts des Wegs. Unsere Route führt uns jetzt nach links, landeinwärts, und bald an einer Verzweigung nach rechts auf einen breiten Sandpfad. Unmittelbar darauf zweigt die rote Route nach links ab (Variante 2), wir bleiben jedoch geradeaus (auf unserem Rückweg kommen wir an diesen Punkt zurück und nehmen dann die rote Route nach rechts).

Wir befinden uns nun auf dem **Vestkyststien**, als Wegzeichen durch einen stilisierten Schiffsrumpf dargestellt. An einer großzügigen Kreuzung im Wald folgen wir dem Vestkyststien nach rechts. Etwa 150 m nach dem Kreuzungsplatz verlassen wir den markierten Weg auf eine Fahrspur nach rechts und gelangen so bis zum **Strand** 7**.** Dort wandern wir links am Wasser auf die Häuser von **Nørre Vorupør** und die weit ins Meer reichende Mole zu (Variante 3). Schließlich erreichen wir den **Anlandungsplatz** 8 und gehen links; beim Fischgeschäft erneut links, auf einer Seitenstraße (Hawblink) aus dem Ort. Nach etwa 700 m zweigen wir links in den Redningsvej, markiert mit dem Zeichen des **Vestkyststien**, ab. Mit diesem wandern wir durch die weiten Heideflächen geradeaus auf den Wald zu. An einem Abzweig nach rechts direkt am Waldrand bleiben wir geradeaus, lassen den Abzweig zum Strand links liegen und gehen am Kreuzungsplatz links. So gelangen wir unweit der **Aussichtsdüne** 6 zum Abzweig der roten Route nach rechts. Nach einem kurzen Stück auf einem schnurgeraden Fahrweg verschwenkt die rote Route nach links und schlängelt sich im kleinräumigen Auf und Ab auf dem Dünengrat durch die Baumkronen bis zu unserem **Parkplatz** 1 vor der Straße 181.

3.45 h

Zum Lodbjerg Fyr, Sydthy

Von Aussichtspunkt zu Aussichtspunkt durch geschützte Dünenheide

Die Blicke von drei Aussichtsdünen, einem Leuchtturm, einer Düne und von der steil abfallenden Küste sind echte Höhepunkte dieser Tour. Wir durchwandern die Lodbjerg Klitplantage und eine einsame, weite Heide. Diese Dünenheide in der Region Sydthy ist ein EU-Habitat-Schutzgebiet, da es sich um eine in Europa einzigartige Heidelandschaft handelt. Vielleicht zeigt sich uns auch eine der Kreuzottern, die hier manchmal zu sehen sind.

Ausgangspunkt: Lodbjergvej. Anfahrt: Straße 181 von Hanstholm Richtung Thorsminde, nach der Hvidbjerg Klitplantage rechts Richtung »Lodbjerg 3 km«, nach gut 1 km noch vor Gebäuden auf der linken Straßenseite rechts auf ausgeschildertem Rastplatz parken. Bus 253 Richtung Hurup Thy, Halt am Lodbjergvej anfordern.

Anforderungen: Meist gut markierte, befestigte Wege.
Einkehr: Keine.
Variante: Abstecher vom Vestkyststien zum Strand, ca. 2 km hin und zurück.
Tipp: Den Leuchtturm Lodbjerg Fyr kann man für ein geringes Entgelt besteigen.
Karte: 1116 IV Hundborg.

Vom westlichen Ende des **Parkplatzes** ❶ biegen wir rechts in einen mit gelben und roten Dreiecken markierten Weg ein. Wir folgen diesen Dreiecken entgegen der Richtung, in die sie weisen. Nach ca. 200 m gehen wir kurz auf einem Schotterweg nach links, biegen aber sogleich wieder nach rechts in einen Waldweg ein. Bei der nächsten Möglichkeit verlassen wir den Weg nach links und wenden uns kurz darauf nach rechts. Ab hier begleitet uns nur noch die gelbe Markierung. Wenig später stoßen wir auf einen Schotterweg und setzen unsere Wanderung nach links fort. Bei einem weiteren Schotterweg geht es nach rechts und sofort wieder nach links auf einen Grasweg, ausgeschildert als **»Langelinie«**. An der links des Weges liegenden **Lodbjerg Kirke** ❷ ersteigen wir (nun blau markiert) über eine Holztreppe nach rechts eine Düne mit Aussichtsturm.

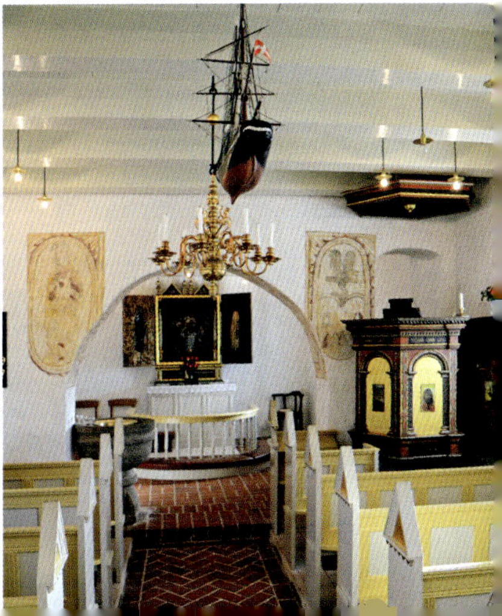

Das dekorative Kircheninnere der Lodbjerg Kirke mit Votivschiff.

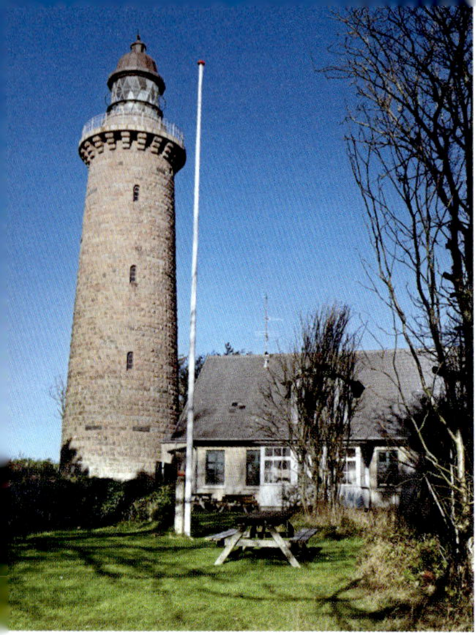

Einladender Rastplatz am Leuchtturm Lodbjerg Fyr.

Danach zweigen wir mit der blauen Route links ab und treffen auf einen Grasweg. Hier geht es unmarkiert nach links weiter. In den nächsten Schotterweg biegen wir nach rechts ein und verlassen diesen an der folgenden Kreuzung nach links. Wir überqueren den **Vestre Kongevej** ❸ und erreichen auf einem Pfad einen Weg am Waldrand. Dieser bringt uns nach links durch den dichter werdenden Wald zu einem Waldparkplatz. An einer Informationstafel beginnt ein rot markierter Pfad, dem wir bis zu einem breiten Grasweg kurz vor dem Leuchtturm folgen. Auf dem Weg dorthin queren wir einen Fahrweg und überschreiten die Aussichtsdüne **Ræveklit** ❹. Am Grasweg folgen wir nun den blauen Dreiecken nach rechts bis zum Leuchtturm **Lodbjerg Fyr** ❺.

Nach der Besichtigung des Leuchtturmes gehen wir auf dem Zufahrtsweg weiter in die offene Heide und folgen nun sehr lange den blauen Markierungen. Der Zufahrtsweg gabelt sich, wir nehmen den linken und bleiben damit weiter auf der blauen Route. Abzweigungen nach links zum Strand ignorieren wir und halten auf die hohe Aussichtsdüne **Penbjerg** ❻ zu, die wir schließlich besteigen. Danach wandern wir nach rechts mit der Markierung landeinwärts. Nach einiger Zeit stoßen wir auf die Wanderroute Vestkyststien, mit dem stilisierten Schiffsrumpf als Zeichen. Hier verlassen wir die blaue Route und gehen auf dem **Vestkyststien** nach links weiter. Kurz darauf, an einem Holzpfosten mit Wegezeichen biegen wir nach rechts auf eine **Fahrspur** ❼ ab (Abstecher zum Strand nach links).

Am linken Fuß der niedrigen Dünen halten wir auf ein Wäldchen zu. Wir treffen auf einen Fahrweg und gehen rechts weiter zu einer ausgedehnten Weide. Dort erreichen wir einen Schotterweg, auf dem wir die Weide nach rechts halb umrunden. Dazu bleiben wir immer ohne nach rechts abzubiegen am Waldrand. So stoßen wir an einen weiteren Schotterweg; hier wandern wir rechts weiter. An der nächsten Kreuzung

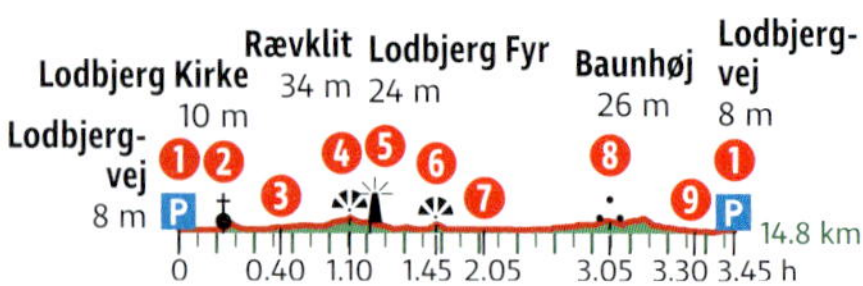

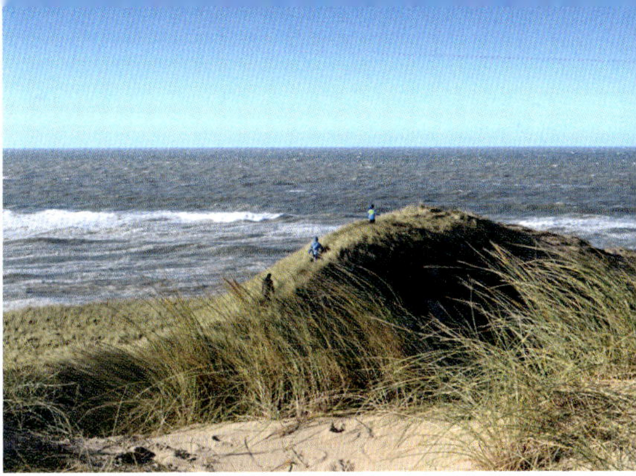

Hier hält nur noch der Strandhafer den losen Sand fest.

bleiben wir geradeaus in Richtung des Hochpunktes unseres Weges. Noch bevor dieser erreicht ist und bevor nach links der Himmelstrupsvej abzweigt, biegen wir rechts in einen etwas schmaleren Weg ab. Ein wenig später zweigt nach links ein Pfad ab, der durch den Wald zu einem bronzezeitlichen **Grabhügel** ❽ (Baunhøj) hinaufführt. Nachdem wir diesen bestiegen haben, gehen wir auf dem Pfad ein Stück zurück und wählen den nächsten Abzweig nach rechts. So gelangen wir wieder zum Schotterweg, auf dem wir nach rechts ansteigen. Kurz nach dem Hochpunkt verlassen wir die Piste mit gelben Markierungen nach links. Der Pfad ist zuverlässig an Abzweigen gelb markiert und endet am **Himmelstrupsvej**, in den wir rechts einbiegen. Auch an der nächsten Kreuzung gehen wir rechts weiter und halten uns an einer Gabelung links auf dem Hauptweg. An einer kleinen Wiese vorbei biegen wir nach links in einen Waldweg ab, der uns zu einer kleinen **Teichlandschaft** ❾ führt. Wir umrunden die Teiche auf der rechten Seite zur Hälfte und treffen vor einem Graben auf einen Weg, den wir nach rechts weitergehen. Bald queren wir den Østre Kongevej. An einer **Weggabelung** verlassen wir den Grasweg nach links auf einen Waldpfad und erreichen, vorbei an einem letzten **Aussichtspunkt**, unseren Ausgangspunkt am **Parkplatz** ❶.

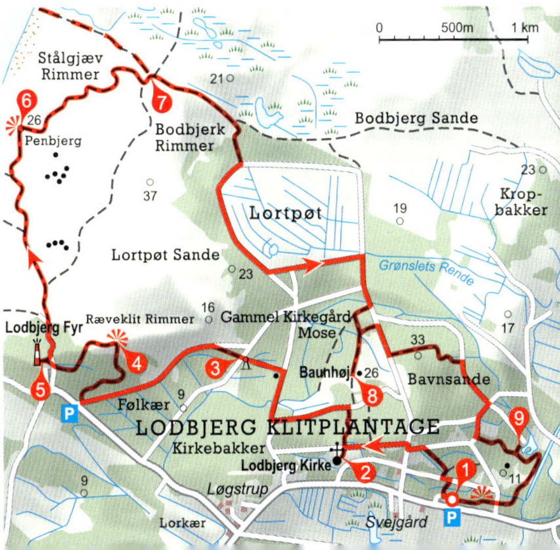

↗ 100 m | ↘ 100 m

18 Skibsted Fjord und Ydby Hede

1.15 h

Durch Wald und Heide auf frühgeschichtlichen Pfaden

Diese kleine Wanderung führt uns ca. 4000 Jahre zurück. Hinter einem Wald liegt versteckt über dem Skibsted Fjord ein heidnischer Friedhof aus der Bronzezeit. Mit 39 Hügelgräbern ist er der größte seiner Art in Dänemark. Dem unter Denkmalschutz stehenden Gebiet nähern wir uns vom Fjordufer aus, so wie vielleicht auch schon vor sehr langer Zeit die Menschen, die hier anlandeten, um ihre Toten zu ehren. Am Fjordufer holen uns unzählige quicklebendige Krebse und Wasserschnecken, die wir durch das glasklare flache Wasser beobachten können, in die Gegenwart zurück.

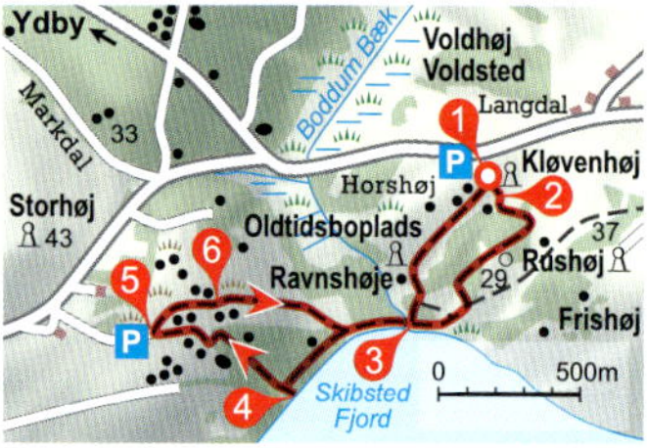

Ausgangspunkt: Kløvenhøj. Anfahrt: Straße 11 von Struer Richtung Thisted, in Ydby dem Hinweisschild Richtung »Boddum« nach rechts folgen. Nach dem Wald auf der Anhöhe Kløvenhøj rechts parken.
Anforderungen: Wald-, Wiesen- und Uferpfade ohne Schwierigkeiten.
Einkehr: Keine.
Karte: 1116 III Thyborøn.

Vom **Parkplatz** ❶ aus besteigen wir zunächst den Grabhügel **Kløvenhøj** ❷. Mit Blick nach rechts können wir unseren Weiterweg ausmachen: den Pfad, der im Grund eines Taleinschnittes verläuft. Mit diesem Pfad queren wir eine Wiese nach links abwärts, passieren ein Holzgatter und haben

An den Gestaden des Skibsted Fjords.

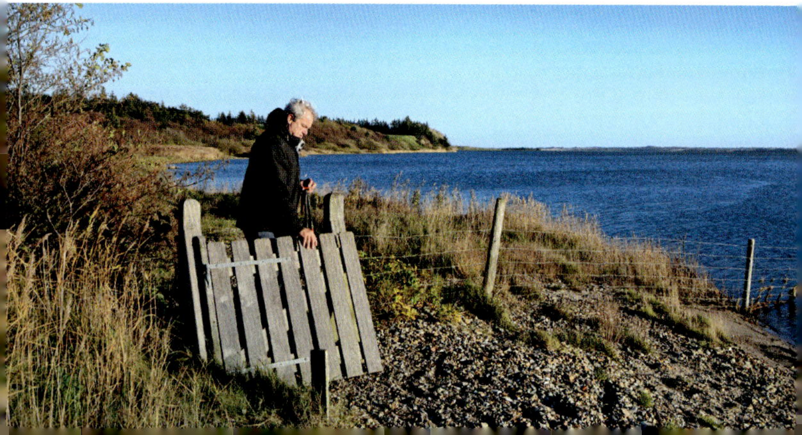

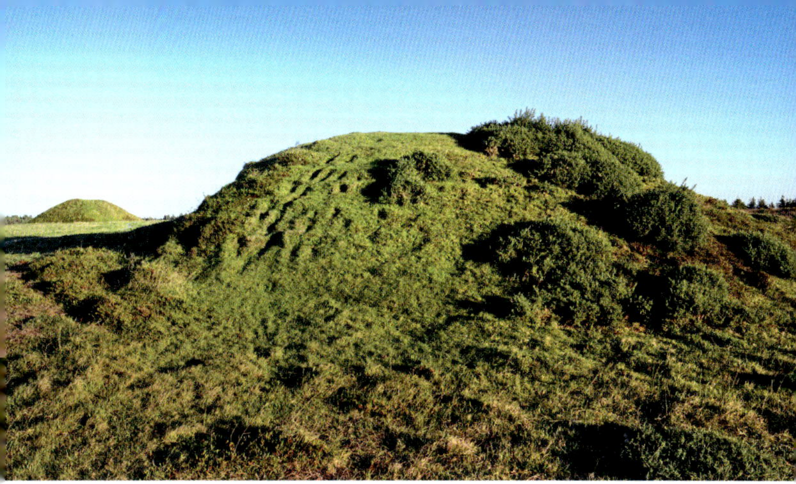

Zwei der 39 Hügelgräber auf dem bronzezeitlichen Friedhof Ydby Hede.

wenig später nach rechts das Schilf gesäumte Ufer des **Skibsted Fjords** 3 erreicht. Am Ufer angelangt, gehen wir rechts durch ein Gatter auf den Kiesstrand und wandern an der Wasserlinie entlang bis zu einem weiteren Holzgatter. Direkt dahinter folgen wir einem schmalen Pfad kurz nach rechts und sofort wieder nach links in den Wald. Auf diesem Pfad wandern wir durch die ersten Baumreihen am Fjordufer entlang. Schließlich treffen wir an einer **Holzhütte** 4 auf einen breiten Weg. Hier gehen wir zum Ufer hinunter und können Krebse bei der Schneckenjagd beobachten.

Zurück an der Hütte folgen wir einem breiten Waldweg bergan, bis wir den Wald verlassen und sich vor uns die Heide mit den **Grabhügeln** öffnet. Wir wandern auf unserem Weg durch die Heide und erreichen einen **Parkplatz** 5. Vor diesem wenden wir uns nach rechts und wandern abwärts mitten zwischen den **Grabhügeln** 6 hindurch, bis wir nach einem breiten Weidetor den **Fjordstrand** erreichen. Mit dem Pfad direkt am Fjordufer wandern wir an der Einmündung unseres Hinweges vorbei. Ein paar Schritte weiter verschwenkt der Pfad nach links aufwärts. In dem flach ansteigendem Hang verzweigt sich der Wiesenweg.

Wir entscheiden uns für den nach links führenden Grasweg, der durch einen Rechtsbogen weiter geringfügig ansteigt. An einem Querweg biegen wir nach links ab. Kurz vor der Kløvenhøj endet der Weg und wir müssen einen Weidezaun übersteigen. So erreichen wir nach einem kurzen Wegstück über die Wiesenweide unseren Startpunkt, den **Parkplatz** 1 an der **Kløvenhøj**.

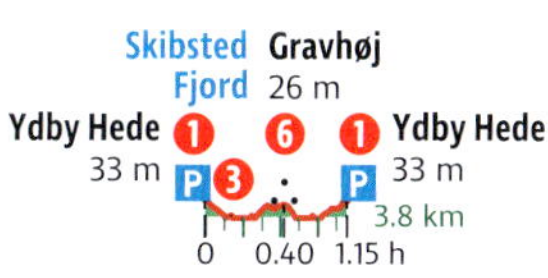

↗ 150 m | ↘ 150 m

19 Morsø – Skarregård

3.00 h

Geologisch und historisch interessante Inselwanderung auf Morsø

Mit ein wenig Glück findet man zu Beginn oder am Ende der Rundwanderung in den Steinbrüchen Fossilien, die zahlreich im Sedimentgestein (Moler) vorhanden sind. Wer Lust hat, kann in den senkrechten Wänden auch die Ascheschichten zählen, jede einzelne entstanden bei einem der insgesamt 179 Ausbrüche des versunkenen Skagerrak-Vulkans. Die Runde führt uns zu zahlreichen historischen Plätzen, Zeugen der langen Besiedelungsgeschichte von Morsø: von Hausfundamenten aus der Wikingerzeit bis hin zum Gutshof Skarregård und den Resten der Skarreborg aus dem Mittelalter.

Ausgangspunkt: Morsø, Molermuseum. Anfahrt: Fähre über den Feggesund (6.10–18.10 Uhr alle 20 Min., Sa., So. und Fei. erste Fahrt 8.10 Uhr, Juni bis Aug. letzte Fahrt 22.10 Uhr; 1 Pkw inkl. Insassen hin und zurück 100 DKK, Tel. +45 51207441). Dann rechts zum Molermuseet und dort parken. Bus 32 von Fjerritslev Richtung Sejerslev, nach Feggesundquerung Halt am Abzweig zum »Moler Museet« anfordern.
Anforderungen: Leichte Wanderung auf durchweg guten Wegen.
Einkehr: Keine.
Tipps: Gutshof Skarregård mit heimatkundlichem Museum sowie Molermuseum mit geologischer und Fossiliensammlung (Infos und Öffnungszeiten für beide Museen: de.museummors.dk).
Karte: 1116 I Thisted.

Der alte Gutshof Skarregård.

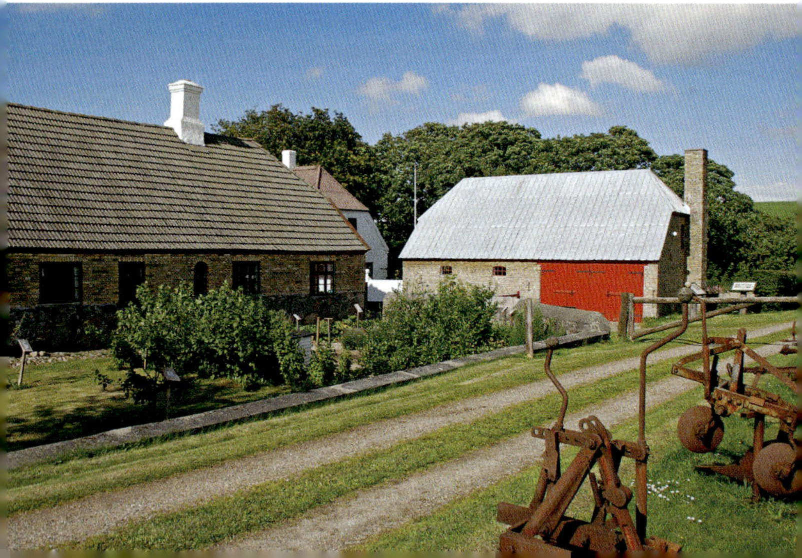

Wir beginnen die Wanderung gegenüber dem **Molermuseum** ❶ auf einem Schotterweg links neben einem gelben Haus. Geradeaus gehen wir an einer Infotafel und einem Abzweig hinunter in den **Steinbruch** vorbei. Als Markierung für die Wanderrouten sind hier bunte Ringe in Holzpflöcke »eingraviert«. Unser erstes Wegstück ist mit gelben und blauen Ringen gekennzeichnet. Nahezu senkrecht fallen die Steilwände der Steinbrüche mit den schwarz-weißen Schichtungen zu beiden Seiten unseres Weges ab. Vor einer kleinen **Holztreppe** stoßen wir auf einen Grasweg und wenden uns nach links (Schild Richtung Skarregård). Der Weg bringt uns, von einem kleinen Wall begleitet, hinab zu einem weiteren Grasweg. Diesem folgen wir in einer Spitzkehre nach rechts zurück und wieder nach rechts durch ein Holzgatter zu einem Abstecher auf den **Krogbjerg** ❷, auf dem im Mittelalter die **Skarreborg** gestanden hat. Am ehemaligen Standplatz der Burg fällt der Berg steil zum Limfjord ab.

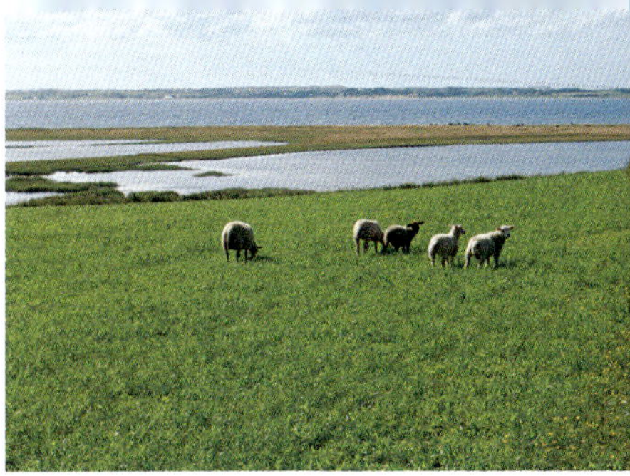

Uferwiesen am Limfjord.

Dann kehren wir um und gehen am Abzweig zur Burg jetzt geradeaus weiter. Bald treffen wir auf einen Weg, dem wir nach links folgen. Nach einem Rechtsabzweig haben wir den alten **Gutshof Skarregård** ❸ erreicht, der frei zugänglich ist. Wir verlassen ihn durch das Haupttor nach rechts auf einen Schotterweg; vorbei an einem Spielplatz und einem Bauernhof wandern wir bald durch hügeliges Ackerland auf einen Wald zu. Vor diesem Wald biegen wir nach links auf einen Graspfad entlang einem Weidezaun ab.

Bei einer Infotafel stoßen wir auf einen weiteren Grasweg, in den wir rechts einbiegen. Entlang einer Hecke nähern wir uns dem Wald vor uns. Wir kommen an einen direkt am Waldrand gelegenen Acker, um den wir mit der roten Markierung nach links halb herumgehen. Auf der gegenüberliegenden Seite betreten wir nach links den Wald (roter Ring). Auch dort halten wir uns an die roten Markierungen. Wir gehen an einer Abzweigung vorbei und kommen zu einem Weg, dem wir nach links folgen. Dann treffen wir auf einen Weg, markiert mit schwarzem Ring sowie einer Muschel auf orangem

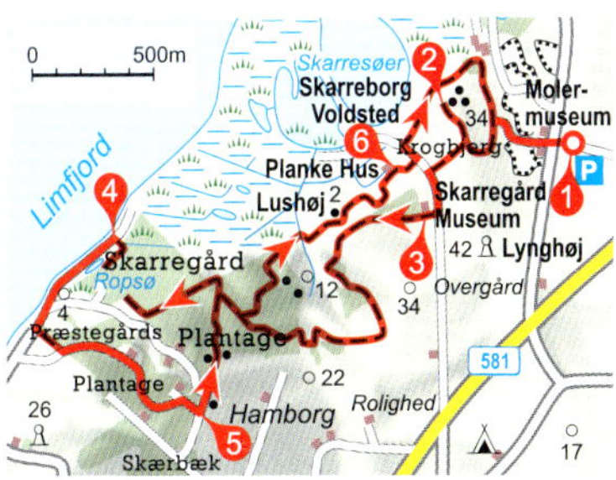

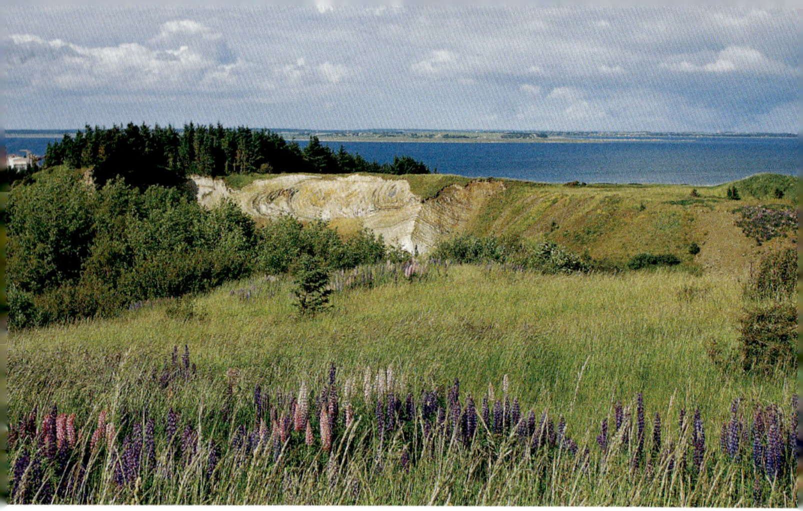

Blick auf gefaltete Asche- und Molerschichten am Molerwerk.

Grund und weißem Dreieck (**Kystrouten**), und wandern auf diesem nach links. Wir folgen den Markierungen der Kystrouten nach einiger Zeit nach rechts, bis der Weg uns nach einem Linksbogen entlang eines Hanges zu unserer Linken weiterführt. Anschließend weisen uns die Markierungen zweimal nach rechts bis zum Strand des **Limfjordes** ❹. Hier gehen wir links an der geschwungenen Wasserlinie entlang. Der Weg der Kystrouten geht in einen Schotterweg über, der noch ein Stück weiter am Fjord entlangführt. Vor einem Asphaltweg biegen wir links in einen Heideweg ein, der am Waldrand hinauf landeinwärts führt. Bald treffen wir auf einen Grasweg, dem wir einige Meter nach links folgen und sogleich an einem Pfosten mit lilafarbigem Markierungsring rechts und nochmals rechts in der Nähe des Waldrandes steiler aufwärts wandern. Der Waldweg trifft schließlich auf einen **Schotterweg** ❺ am Waldrand.

Auf diesem Weg wenden wir uns nach links und gelangen in eine kleine Wochenendhaus-Siedlung. Danach halten wir uns an einer **Verzweigung** (Pfosten mit gelben und lilafarbigen Ringen) geradeaus. Der Weg wird zum Pfad und wir wandern wieder durch den hochstämmigen Buchenwald. Nach einer großen Senke treffen wir auf einen Pfad und biegen rechts ab. Ab hier begleiten uns wieder die Markierungspfosten, zuerst mit schwarzen und nach einem Linksbogen mit roten Ringen. Bei einer Informationstafel über das Naturreservat am linken Wegrand biegen wir links auf einen bergauf führenden schmalen Pfad ab. Die roten Ringe weisen uns den Weg vorbei an einer historischen, mit einem **Steinwall** umrandeten Schafhürde und – nach einem Rechtsbogen – aus dem Wald heraus.

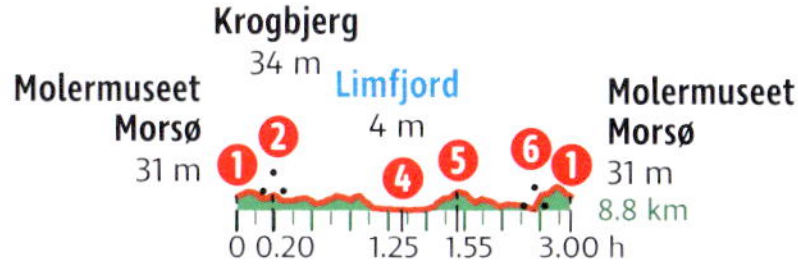

Wir wandern geradeaus weiter durch die offene, hügelige Landschaft, folgen dem Grasweg in einem Rechtsbogen um einen Acker und überqueren auf einer **Holzbrücke** nach links einen Graben. An einem **Hügelgrab** und einer **Vogelbeobachtungshütte** vorbei gelangen wir auf dem nunmehr geschotterten Weg mit einigen Bögen zum nächsten historischen Ort, den Fundamenten des **Planke Hus** ❻, eines Balkenhauses aus der Wikingerzeit. Dann verlassen wir den auf einige Gebäude zuführenden Schotterweg und gehen durch ein Holzgatter auf einen Graspfad (Markierung Kystrouten). Dieser schlängelt sich zwischen den Feldern hindurch und wir passieren ein weiteres Holzgatter. Danach wenden wir uns nach links und vor einem Naturschutzgebiet-Schild sogleich wieder nach rechts, entsprechend den roten Ringen.

Bald wandern wir am Fuß des **Krogberges** entlang. Wir gehen nun auf die Produktionsanlagen eines **Molerwerkes** zur Gewinnung bzw. Verarbeitung des Gesteins zu und kommen über Holzbrücken durch ein Schilfgebiet. Ein Holzgatter entlässt uns wieder aus dem Schilfröhricht und wir durchqueren steil bergauf ein kleines Wäldchen. Oben halten wir am Waldrand entlang links auf einen Wall zu. Wir übersteigen den Wall bei einem Pfosten mit blauem Ring und stehen wieder oben an dem **Molersteinbruch**, an dem wir unsere Wanderung begonnen haben. Wir folgen dem Wall nach rechts und stoßen bei der Infotafel wieder auf unseren Hinweg, der uns zum **Molermuseet** ❶ zurückbringt.

Am Ufer des Limfjordes.

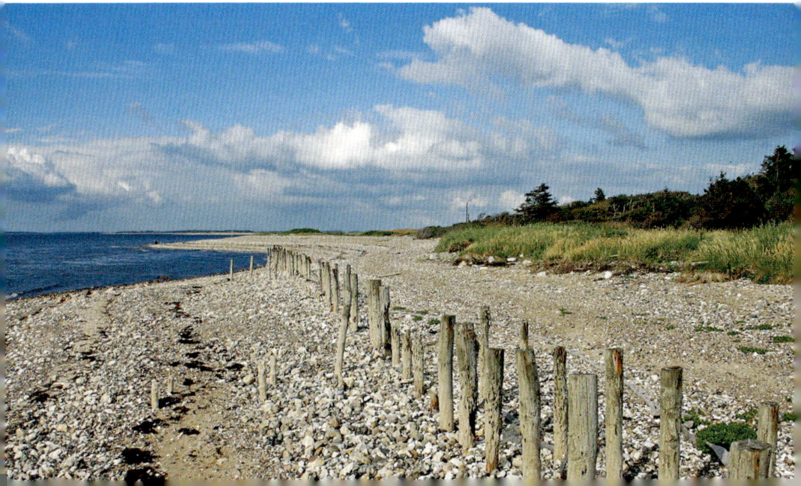

↗ 150 m | ↘ 150 m

20 Morsø – Flade Klit

2.00 h

50 Millionen Jahre Erdgeschichte auf Augenhöhe

Wir starten am höchsten Punkt der Insel Morsø, der Salgerhøj mit 88 m ü. NN. Von hier aus kann man 22 der 34 Inselkirchen sehen. Am Strand des Limfjordes finden wir vielleicht versteinertes Holz und Seeigel, ganz sicher aber das nur hier und auf der Insel Fur vorkommende Molergestein. Die farbenfrohe geologische Faltung der Hanklit fasziniert bestimmt auch geologische Laien. Und schließlich wandern wir oben über diese Schichtungen hinweg, mit grandiosem Ausblick von der Steilküste zurück in die Gegenwart.

Ausgangspunkt: Salgerhøj. Anfahrt: Straße 581 von Feggesund Richtung Nykøbing, in Sønder Dråby rechts nach Flade, am Salgerhøjvei zum Parkplatz. Bus 213 (Nykøbing) bis Flade.
Anforderungen: Größtenteils unmarkiert, aber sicher zu finden. Auch die Steilküstenkante ist problemlos begehbar, nur der Anstieg vom Strand ist ziemlich steil.
Einkehr: Keine.
Hinweis: Mit der Tour 19 »Morsø – Skarregård« erhält man einen schönen Einblick in die Geologie von Morsø; zu Fuß lassen sich die Touren nicht verbinden.
Karte: 1116 I Thisted.

Hinter dem **Parkplatz** ❶ zweigt nach dem Schild »Bjørneborg« rechts ein mit einem gelben Dreieck markierter Weg ab. Über eine **Aussichtskuppe** hinweg folgen wir diesem Weg (Markierung orange und weiße Dreiecke) am Waldrand entlang steil bergab und wandern bald durch einen schmalen Laubwald. Der gelb markierte Weg verläuft weiter durch ein Nadelgehölz. Bevor er ganz nah an die Steilküsten heranführt, wählen wir den Pfad nach links in eine **Wiesensenke** ❷, die wir überqueren. Links versteckt sich ein Haus im Wald. Wir gehen auf einem Pfad durchs Unterholz parallel zur Küste und treffen auf einen abwärts führenden Weg, der uns durch einen Taleinschnitt hinunter zum Strand des **Limfjordes** ❸ bringt.
Dem schmalen Kiesstrand folgen wir für mehrere Kilometer nach links. An den Abbruchflächen lassen sich schön die in Schichten abgelagerten, wild gefalteten Gesteinsschichten beobachten. Die Küste wird schließlich immer steiler, für ein paar Meter sogar überhängend. Dann öffnet sie sich und ein **Parkplatz** ❹ wird sichtbar – der Wendepunkt unserer Wanderung.

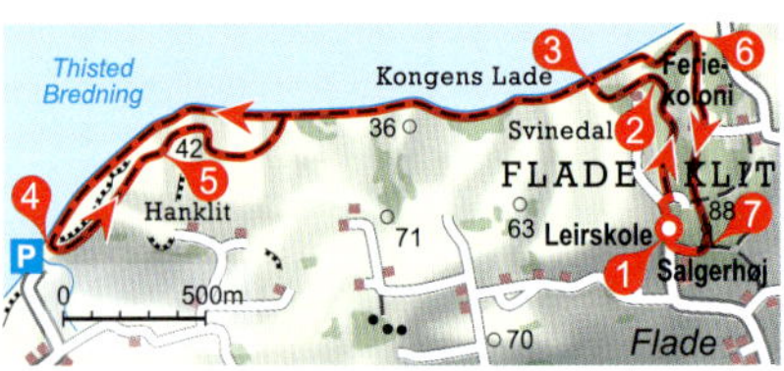

Vor einem kleinen Holzsteg zum Parkplatz zieht sich links ein Grasweg auf die Küstenanhöhe hinauf. Wir erreichen über diesen Weg den Aussichtspunkt **Hanklit** ❺. Auf der gegenüberliegenden Seite gehen wir weiter, begleitet

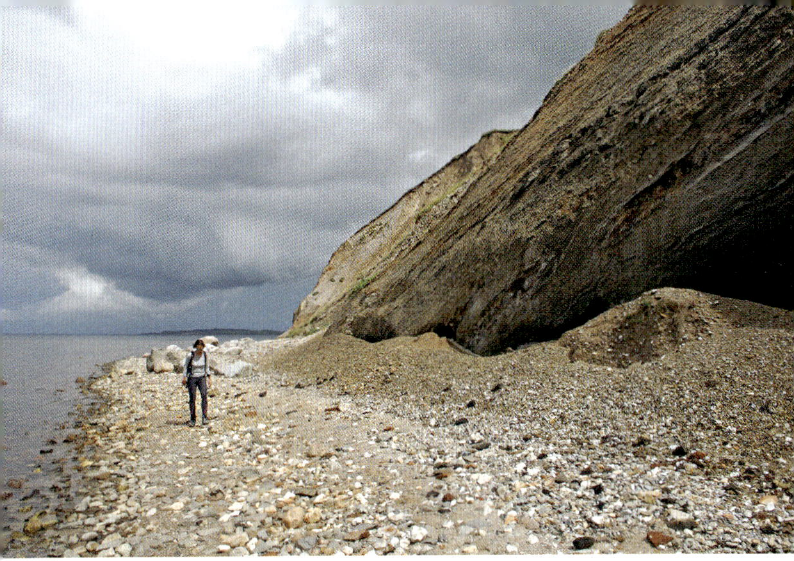

Farbenfrohe geologische Faltung des Hanklit am Limfjordufer.

von einem Weidezaun. Wir treffen auf ein steil in die Küste eingeschnittenes Tal, das wir landeinwärts – auf der Höhe bleibend – umgehen. Dazu müssen wir den Weidezaun übersteigen. Dann geht es wieder an der Abbruchkante der Küste entlang. Diesmal gibt uns ein Zaun auf der Meerseite zumindest psychologisch Schutz vor der Tiefe. Den nächsten Einschnitt nutzen wir, um in dessen Mitte wieder zum Strand hinunterzusteigen.
Nach rechts geht es dann auf dem bereits bekannten Weg an der Wasserlinie entlang, ca. 1,5 km bis zu einem **Strandzugangspfad** ❻. Dieser Pfad beginnt etwa 50 m nach einer nicht zu übersehenden dreieckigen roten Box mit Rettungsring. Wir folgen ihm steil nach oben und treffen dort auf einen Weg parallel zur Küste. Hier wenden wir uns nach links und folgen damit, wie wir wenig später sehen, wieder der gelb markierten Route. Bald erblicken wir vor uns eine Bucht mit einigen Fischerhallen. Unser Pfad knickt nahezu rechtwinklig nach rechts ab und mündet schließlich in den Zufahrtsweg zu den Hallen. Wir folgen diesem Weg landeinwärts, passieren ein Haus und wandern wieder bergauf durch Küstenheide. Ein rotes und schwarzes Dreieck weist uns nach links hinauf zum Gipfel der **Salgerhøj** ❼. Wir überschreiten den Gipfel, kommen an einem Jugendferienheim vorbei und rechts zurück zum **Parkplatz Salgerhøj** ❶.

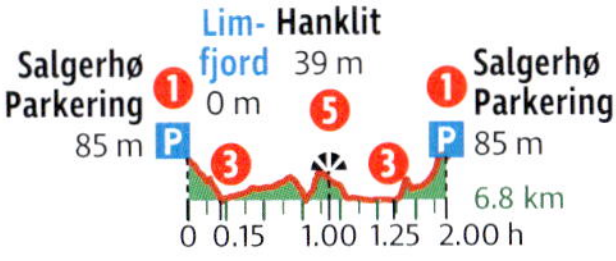

TOP

↗ 190 m | ↘ 190 m

21 Insel Fur

4.00 h

Durch die grünen Hügel zur Steilküste der Insel

Hier treffen wir auf Dinge, die wir nirgendwo sonst so erleben können wie auf dieser kleinen Insel im Limfjord. Zuerst wandern wir genussvoll über sanfte, sattgrüne Hügel, durch Wiesen, Felder und hübsche kleine Wäldchen. Dann kommen wir an den Kiesstrand und erleben die einzigartige Faszination der Steilküste von Fur – einmal von oben mit toller Aussicht, einmal von unten, aus dem Blickwinkel der Wellen, die diese Küste formen. Wieder hinauf gelangen wir auf einem abgesicherten Pfad durch ein enges, steiles Erosionstal.

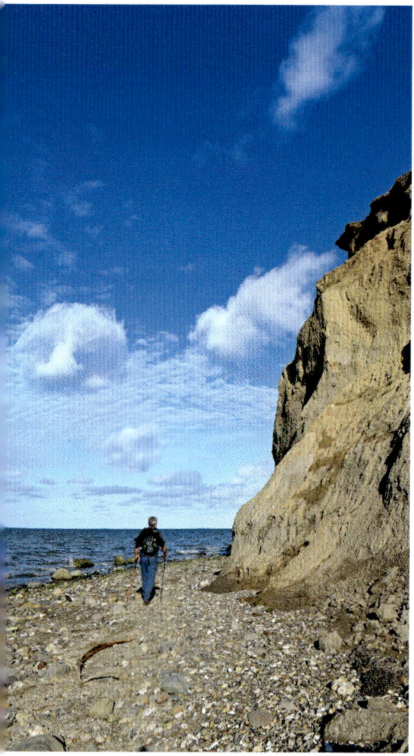

Ausgangspunkt: Parkplatz Rødstenen. Anfahrt: Fähre von Branden auf die Insel Fur (ca. 5 bis 19 Uhr alle 15 Min., danach halb- bis 1-stündig; Fahrkarten gibt es an Bord). Durch Nederby, in Hvirp links in den Husvej, rechts auf den Blegagevej, oben links Richtung »Rødsten«, am Parkplatz Stendal Hoje rechts Richtung »Rødsten, Badestrand«, durch die Steinbrüche zum Parkplatz. Bus 42 (Stenøre) von Skive nach Fur bis Debel (Sundsøre), den Råkildevej und den Emmelstenvej rechts bis zur Manhøje ansteigen.
Anforderungen: Bis auf den Strand sind die festen Wege und Pfade durchgehend gut markiert. Bei schlechtem Wetter und hohem Wasserstand kann die erste rostrote Gesteinszunge nur überklettert werden. Ist das nicht möglich: am Strand zurück, erste Möglichkeit links, links in Emmelstenvej, an Kreuzung geradeaus und mit gelbem Weg zum Ausgangspunkt.
Einkehr: Kiosk Campingplatz Råkilde, Fur Bryghus (Brauhaus, bewirtet in der Saison).
Tipp: Fur Museum mit Fossiliensammlung in Nederby (Nr. 28, furmuseum.dk; geöffnet April bis Okt. tgl., Nov. bis März nur nach Vereinbarung).
Karten: 1116 I Thisted, 1216 IV Løgstør.

Schmaler Kiesstrand an der Steilküste im Nordwesten der Insel.

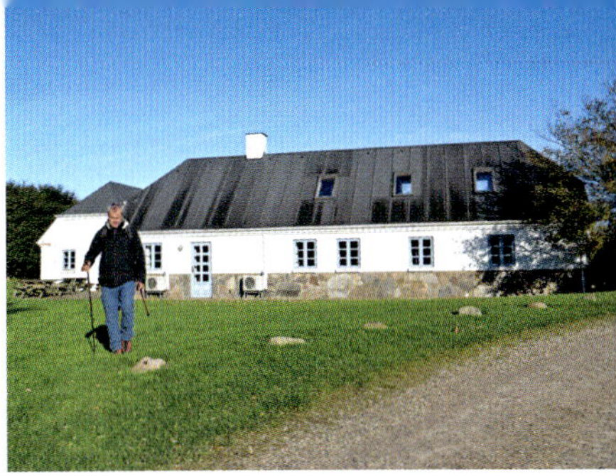

Das Emmelstenhus ist heute ein Natur-Bildungszentrum.

Vom **Parkplatz Rødstenen** ❶ gehen wir kurz auf dem Schotterweg Richtung Badestrand und biegen dann bei Holzpflöcken mit Markierungen nach links in einen Grasweg ab. Bald geht es steil bergab und wir kommen an einem **Übernachtungsplatz** vorbei. Wir überqueren eine Wiese nach links und steigen gegenüber auf einem Grasweg wieder bergan. An einem Zaundurchlass gehen wir links und gelangen durch Wiesen und Weiden zu einer Schotterwegkreuzung. Hier gehen wir links und folgen von nun an weißen Markierungen. Der Schotterweg führt uns direkt zum **Emmelstenhus** ❷, einem ehemaligen Fischergehöft, und weiter am Wald entlang zu einem Querweg, dem wir kurz nach rechts folgen. Am **Parkplatz** ❸ biegen wir im spitzen Winkel zurück in den rechten, unscheinbaren Wiesenweg ein und wandern am Zaun entlang bergab, vorbei am **Hwistelstow**, einer kleinen ringförmigen Wallanlage. Am Waldrand steigt der Weg wieder an zu einer Wiese. Diese queren wir ansteigend mit den weißen Markierungen und gehen vor dem Zaun am Waldrand nach rechts weiter. So laufen wir auf Ferienhäuser auf dem gegenüberliegenden Hang zu.

Noch bevor wir die Talsohle erreichen, verschwenken wir nach links zu einem Gatter. Der Pfad führt uns ein kurzes Stück durch den Wald, dann wieder über eine Wiese bergab und wieder in einen Wald. Direkt neben einem Steg biegen wir nach links in einen Pfad ein, der von Nadelbaumreihen gesäumt ist. Wir erreichen eine weite Wiesenlandschaft, folgen dem Grasweg

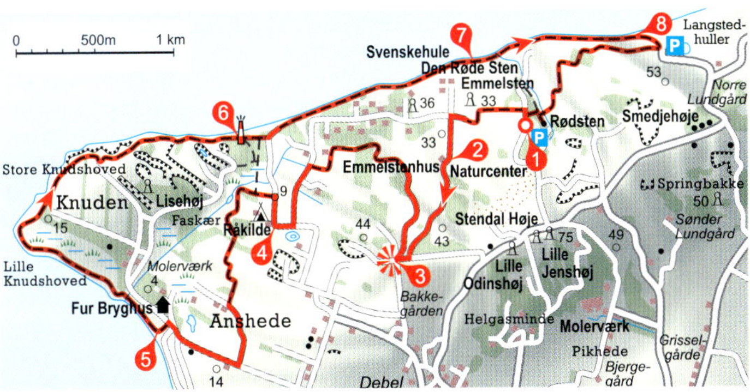

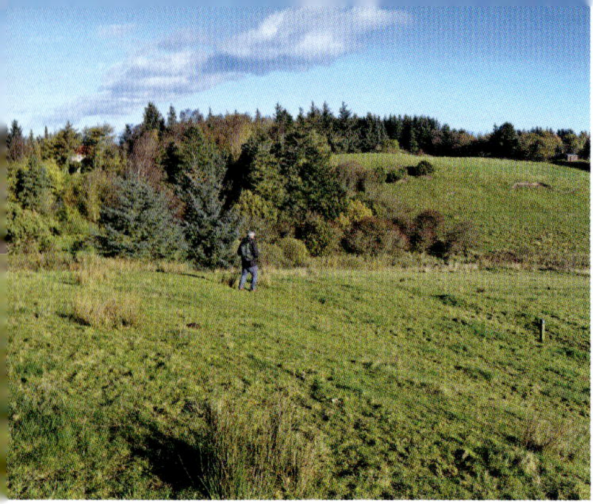

Der Weg folgt eng der Abbruchkante zum Limfjord.

nach rechts, passieren zwei Drehkreuze und gelangen auf einen Schotterweg. Auf diesem nach links gehend stoßen wir bald auf einen weiteren Schotterweg, den wir nach rechts einschlagen. Wir kommen zum **Campingplatz Råkilde** ❹ und wenden uns vor einer Informationstafel nach rechts. Unser Weiterweg ist ab hier rot markiert. Am Ende des Campingplatzes biegen wir nach links ab und bleiben kurz darauf geradeaus auf dem rot markierten Pfad. Dieser führt von Birken gesäumt an einer Schilffläche vorbei. An einem **Abzweig** unter hohen Fichten wandern wir nach rechts, kommen aus dem Wald heraus und wandern auf einem Wiesenweg durch Felder und Wiesen. Nach einem zweimaligen links-rechts Richtungswechsel stoßen wir bei Gebäuden auf einen Schotterweg. In diesen biegen wir nach links ein. Am nächsten Schotterweg folgen wir dem roten Dreieck nach rechts. Vorbei an einem Parkplatz biegen wir vor der Einfahrt des Restaurants **Fur Bryghus** in einen Pfad nach links ab. Nach wenigen Schritten wieder rechts kommen wir an den Strand des **Limfjordes** ❺.

Hier gehen wir wieder rechts, auf einem Pfad zwischen wilden Rosen hindurch, bis sich vor uns die Steilküste mit ihren Schichten aus Kieselgur, Moler und Asche aus dem Fjord erhebt. Wir erklimmen die Anhöhe und erreichen bald darauf eine stählerne Aussichtsplattform. Schwindelerregend ragt diese in ein enges Molertal hinein. Der zuverlässig rot markierte Pfad leitet uns an der Geländekante entlang. Schließlich verliert der Pfad langsam an Höhe und wir erreichen nach einem kleinen **weiß-roten Leuchtturm** ❻ wieder Meeresniveau. Wir bleiben in Gehrichtung und gehen spätestens, nachdem die rote Route nach rechts ins Inselinnere abgeknickt ist, zur Wasserlinie und dort rechts. Bald ragt die Steilküste rechts von uns wieder als ca. 30 m hohe senkrechte Molerwand auf. In dieser Wand verbirgt sich die Öffnung eines alten Minenganges, das **Svenskehule**, welches allerdings zunehmend verschüttet wird. Der Strandstreifen wird schmaler und wir überklettern eine rostrote Gesteinszunge. Alternativ können wir diese auch fjordseitig im Wasser nach links umgehen.

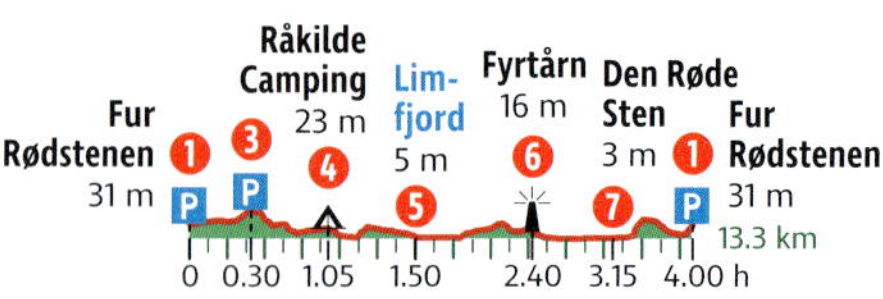

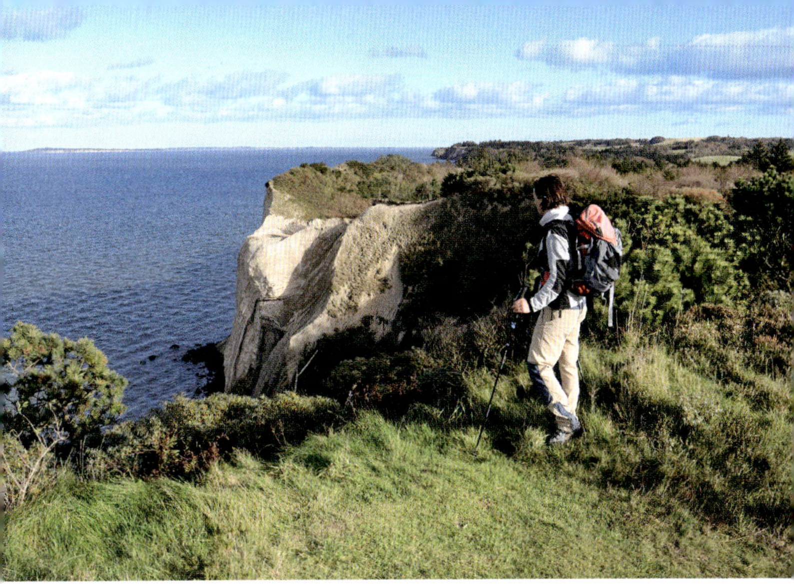

Senkrecht fallen hier die Molerwände ab. Vorsicht, nicht zu nah an die Kante – die Grassoden hängen teilweise in der Luft!

Kurz darauf passieren wir die größten der roten Sandsteinklippen, **Den Røde Sten** 7 genannt. Danach wird die Steilküste flacher und Gras und Büsche finden wieder Halt. In einer lang gezogenen Bucht sehen wir einen schluchtartigen **Einschnitt** 8. Dort zieht sich ein Pfad mit Treppen serpentinenartig nach oben: unser weiterer Weg. Inmitten von steilen, grasbewachsenen Hügeln schlängelt er sich durch die eiszeitliche Erosionsschlucht bergan. Oben angekommen gehen wir unmittelbar hinter einem Markierungspfosten vor einem **Parkplatz** gelb markiert nach rechts. Nach wenigen Schritten gesellt sich ein Weidezaun zu unserem Weg, wir wandern nun entlang der Kante der Steilküste ein Stück zurück. Nach der Weide zweigen wir mit der gelben Route nach links ab und folgen den gelben Dreiecken bis zum **Parkplatz**. Dazu biegen wir zunächst nach links in den von der Steilküste von rechts hinabführenden Weg ein. Nach einem Drehkreuz wandern wir nach rechts und folgen dem Pfad nach links bergan.
Über eine Kuppe hinweg gelangen wir rechtshaltend bald an ein weiteres Drehgatter. Kurz dahinter erreichen wir die letzte Sehenswürdigkeit unserer Wanderung, den **Rødsten**. Die teilweise graue Oberfläche des eigentlich rötlichen Steins entsteht durch seltene Flechten. Vor dem Felsen knickt unser Pfad am Waldrand nach rechts ab und wir erreichen links über eine Treppe unseren **Parkplatz** 1.

↗ 20 m | ↘ 20 m

22 Von der Spøttrup Borg zum Limfjord

2.00 h

Spøttrup Borg, Spøttrup Sø und Limfjord auf einen Streich

Dänische Schlösser und Burgen sind ein besonderer Anziehungspunkt. So sollte man neben der Zeit für die Wanderung vom Spøttrup-See an das Ufer des Limfjordes auch noch Zeit für die Besichtigung der Burg Spøttrup einplanen. Sie ist die besterhaltene mittelalterliche Schlossanlage Dänemarks und galt dank des doppelten Wassergrabens lange Zeit als uneinnehmbar. Auf unserer Wanderung lernen wir auch die umliegende Landschaft kennen und wissen anschließend, warum sich der Schlossherr hier niederließ.

Ausgangspunkt: Spøttrup Borg. Anfahrt: Straße 573 von Skive nach Rødding, Hinweis »Spøttrup Borg« zum Schloss. Bus 43 (Skive Rutebilstation) bis Spøttrup Borgen.
Anforderungen: Leichte Runde auf ruhigen Straßen, trockenen Schilfwegen und entlang des Limfjordstrandes.
Einkehr: Restaurant bei der Spøttrup Borg, unterwegs keine.
Variante: Am Limfjord links weiter am Strand entlang und später oben an der niedrigen Steilküste in die Vadum Plantage, links bald ein kleiner See; man stößt schließlich auf einen Schotterweg, wandert links zum Waldrand, dort wieder links und vor Gebäuden erneut links auf den Limfjord zu. Dort nach rechts und wie beschrieben weiter (ca. 1 Std., 4 km).
Tipp: Nicht nur für die Innenräume der Burg (geöffnet Mai bis Sept. tgl., April und Okt Mo. geschl.), auch für die Parkanlagen und Gärten sollte man sich Zeit nehmen.
Hinweis: Eine Umrundung des Spøttrup Sø auf einem teilweise rot markierten Weg lohnt absolut nicht.
Karte: 1116 II Nykøbing M.

Nach der Besichtigung der **Burg Spøttrup** ❶ gehen wir vom Innenhof über die Wassergräben in Richtung **Spøttrup-See**. Vor dem Schilfgürtel am Ufer geht es an einer Informationstafel, dem gelben Dreieck folgend, auf einem

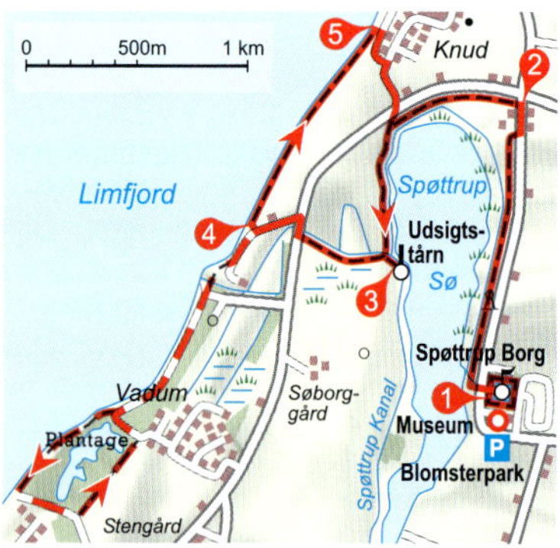

Grasweg links neben der Straße in Richtung des Ortes Knud. Das gelbe Dreieck wird uns lange Zeit den Weg weisen. Der Weg führt uns an einer Holzschranke vorbei zu einem kleinen Ausstellungsgebäude, der sogenannten **Polenkaserne**.

Wir wandern weiter auf dem Grasweg und bald auf der Straße geradeaus bis zu einer Kreuzung in **Knud** ❷. Hier biegen wir links in den **Vadumvej** Richtung Lihme ab. Bald haben wir auf dem Grasweg links der Straße das

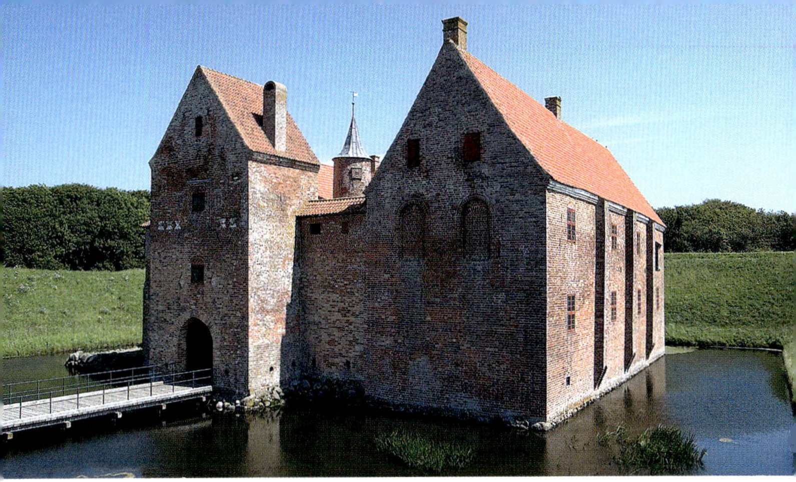

Die Burg Spøttrup mit ihrem inneren Wassergraben.

nördliche Ende des Sees umrundet. Nach den letzten Gebäuden von Knud geht es nach links auf einen Feldweg. Wir überqueren einen Graben und nähern uns dem Seeufer. Bald wandern wir am Ufer entlang durch Wiesen und Schilf, durch ein Weidegatter und weiter auf einem kleinen Damm. So erreichen wir ein altes Pumpenhaus, das auch als **Vogelbeobachtungs- und Aussichtsturm** ❸ dient. Dann überqueren wir eine **Holzbrücke** und wandern auf dem Damm nach rechts. Der Damm verliert sich auf Höhe der angrenzenden Felder, wir folgen weiter dem Grasweg und erreichen schließlich einen **Parkplatz**. Hier endet der gelb markierte Weg.

Auf der Straße gehen wir nach rechts über eine Brücke und verlassen sie sogleich wieder nach links über die geschotterte Zufahrt eines weißen Wohnhauses. Der Schotterweg führt links am Haus vorbei, dann folgen wir einem Grasweg Richtung **Limfjord** ❹ (Variante nach links). Am Strand wenden wir uns nach rechts und wandern nun immer an der Wasserlinie entlang. Nach einiger Zeit erreichen wir eine Holztreppe und erklimmen so die kleine **Steilküste** ❺. Oben angekommen gehen wir bis zu einem Schotterweg, in den wir rechts einbiegen. Wir folgen ihm durch eine Links- und eine Rechtskurve.

Bald treffen wir wieder auf die Straße am See und wenden uns nach links. Auf der rechten Seite der Straße verläuft der gelb markierte, vom Hinweg bereits bekannte Weg. Auf diesem gehen wir nun zurück zum Ausgangspunkt an der **Spøttrup Borg** ❶.

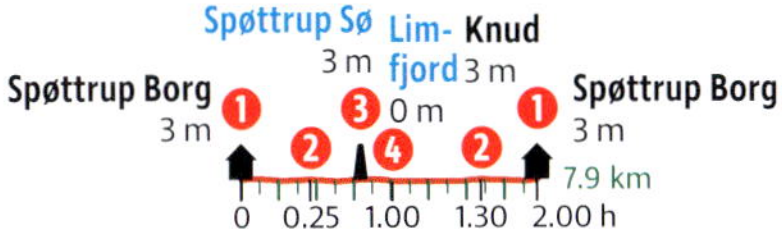

↗ 30 m | ↘ 30 m

23 Um den Ferring Sø

2.45 h

Umrundung eines Binnensees direkt an der Nordsee

Kaum ein Binnensee kommt der Nordsee so nahe wie der Ferring Sø. Er ist nur durch einen schmalen befestigten Sanddeich vom Meer getrennt. Auch der Übergang vom grünen Kulturland zur rauen, kargen Natur der Nordsee ist nirgens sonst an der Westküste so unmittelbar zu erleben. Dicht am Ufer, durch sattgrüne Wiesen und Schilf, umrunden wir den See und staunen auf dem Dünenkamm über seine Nähe zu der unter uns wogenden Nordsee.

Ausgangspunkt: Vejlby Strand. Anfahrt: Auf der Straße 181 von Thorsminde Richtung Thyborøn, in Vandborg links (Hinweis »Vejlby 5 km«) nach Vejlby, im Ort links in »Vejlby Klit«, am Ortsrand links parken. Lokalbahn 93 (Thyboron) von Lemvig nach Strande.
Anforderungen: Leichte Wanderung, bei Nässe wasserdichtes Schuhwerk.
Einkehr: Keine.

Kombinationsmöglichkeit: Mit Tour 24 »Bovbjerg Fyr« (dann 20,5 km): Am Südende des Ferring Sø vor dem Holzsteg rechts auf den Dünenstreifen hinauf, dort links zum Startpunkt der Tour 24 in Ferring (1,8 km). Man kann auch am Strand entlanggehen und mit Stranddurchgangsweg C 183 über Treppen zum Museum in Ferring ansteigen.
Karte: 1115 IV Lemvig.

Von **Parkplatz** in **Vejlby Strand** ❶ gehen wir links hinunter zum kleinen Anlegeplatz für Ruderboote. Hier endet auch die Bebauung der Feriensiedlung. Am Seeufer wenden wir uns nach links. Wir wandern bequem leicht erhöht auf dem Radweg weiter am Ufer und folgen dem Radweg nach rechts. Vor den Dünen suchen wir uns aber alsbald eine Möglichkeit, auf den **Dünenkamm** ❷ hinaufzusteigen. Dort treffen wir auf einen schönen Pfad und gehen links. Mit Blick nach rechts auf Salzwasser und links auf Süßwasser wandern wir auf dem **Randdünenkamm**, bis von links unten der Radweg über eine **Sandrampe** ❸ ankommt und voran eine breite Sandpiste schnurgerade weiterführt.

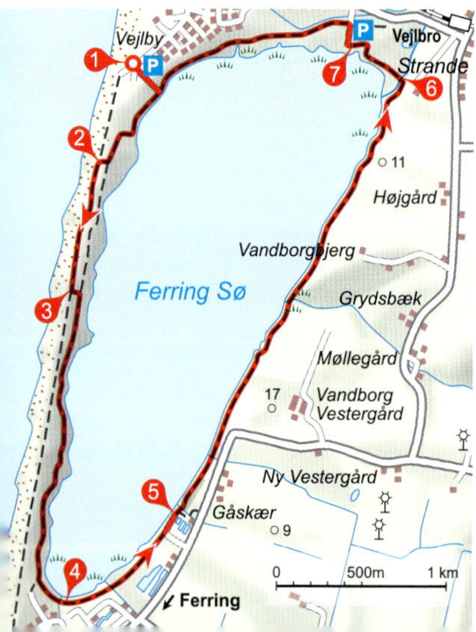

Hier gehen wir nach links hinab und vor dem Ferring Sø mit dem gelb markierten Weg nach rechts an seinem Ufer weiter. Vor den ersten Häusern von Ferring erreichen wir

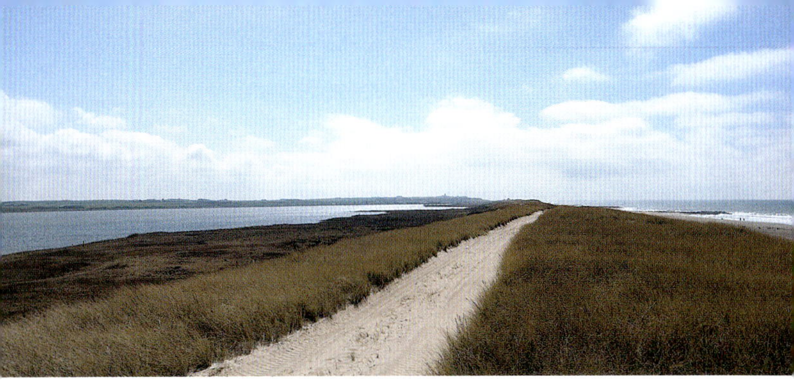

Auf dem Damm zwischen Nordsee und Ferring Sø.

einen **Skovlegeplads** (Übernachtungsunterstand) und bleiben in Gehrichtung. Am Schilfsaum in Ufernähe queren wir mittels eines **Alustegs** ❹ einen Bachlauf. Die gelbe Route ist an Abzweigen sicher markiert und bringt uns nach dem Scheitelpunkt der Runde an einer kleinen Bucht vorbei. Auf einem Graspfad bleiben wir stets dicht am Ufer. An einer roten **Fischerhütte** ❺ verschwenken wir nochmals ca. 5 m nach links und wandern nun genau am Ufersaum mit den Markierungen weiter. Nach einer kniffeligen Bachquerung passieren wir schließlich ein Gatter und bleiben geradeaus. Dabei orientieren wir uns weiterhin an den gelben Markierungen. Wir wandern ufernah mal durch Wiesen, mal am Fuß der Moränenhügel. Wer mag, kann auf die zweite dieser Hügelgruppen hinaufsteigen und auf dem Kamm am Zaun entlang weitergehen.
Vor einer Buschreihe kehrt man dann wieder auf den Uferweg zurück. Bei einer größeren Schilfröhrichtfläche umgehen wir die sumpfigen Uferwiesen großräumig nach rechts. Dann führt uns der Pfad auf ein **weißes Haus** zu. Auf Höhe dieses Hauses weist ein gelbes Dreieck nach links mit einer **Brücke** ❻ über den Bachlauf. In gerader Linie wandern wir auf einen Markierungspfosten zu. Ein Stück rechts davon können wir in dem ebenen und meist feuchten Wiesengelände ein Holzgatter ausmachen, welches wir nach links passieren. Kurz darauf erreichen wir einen **Parkplatz** ❼ (Standort-Nummer: C 580) am Ende einer Schotterstraße. Mit dem See im Rücken, wandern wir auf dieser in Richtung Vejlby Strand. Kurz vor der Straße knickt unser Weiterweg vor einem niedrigen Wall nach links ab (gelbes Dreieck) und nähert sich links der Ferienhäuser von **Vejlby Strand** dem Ufer des Ferring Sø. Wir erreichen schließlich den kleinen Bootsanleger und kehren nach rechts zum **Parkplatz** ❶ zurück.

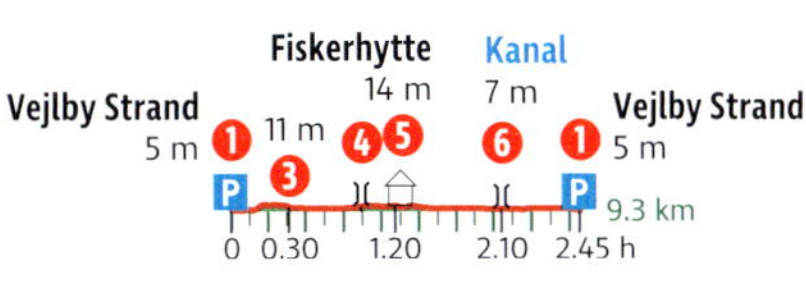

↗ 70 m | ↘ 70 m

24 Vom Bovbjerg Fyr zur Trans Kirke

2.00 h

Steilküste mit Leuchtturm und grandiosen Tiefblicken

Auf über 40 m hohen, fast senkrechten Klippen thront der rote Leuchtturm Bovbjerg Fyr, von der See her gut unterscheidbar von den weißen Kirchtürmen von Trans und Ferring. Vom schmalen Pfad direkt an der Abbruchkante der Steilküste bieten sich schwindelerregende Blicke zum Wasser. Am Fuß der Steilküste formt die Nordsee immer wieder neue skurrile Formen aus dem Gesteinsmaterial der Endmoränen, die die Felder oben so fruchtbar machen.

Ausgangspunkt: Ferring. Anfahrt: Straße 181 von Thorsminde nach Thyboron, in Fjaltring links nach Ferring, am Bovbjerg Minimuseum parken.
Anforderungen: Leichte Runde auf nur teilweise befestigten Wegen. Die Treppen an der Steilküste sind gut zu gehen. Das Meer frisst sich konstant ins Landesinnere. Deshalb verändert sich der Wegverlauf kontinuierlich.
Einkehr: Café und Hotel Ferring am Museum, unterwegs keine.
Kombinationsmöglichkeit: Mit Tour 23 »Ferring Sø« (dann 20,5 km). Dazu vom Parkplatz auf dem Dünenweg weiter nach Norden und rechts zum Holzsteg am südlichen Ende des Ferring Sø.
Tipps: Im Bovbjerg Minimuseum kleine Dauerausstellung über die Geo(morpho)logie dieses Küstenabschnittes. Sommerhaus des Malers Jens Søndergaard (1895–1957) mit Ausstellung in Ferring (Transvej 4, jenssoendergaard.dk).
Karte: 1115 IV Lemvig.

Steilküste der Endmoräne an der Nordsee, rechts der Leuchtturm Bovbjerg Fyr.

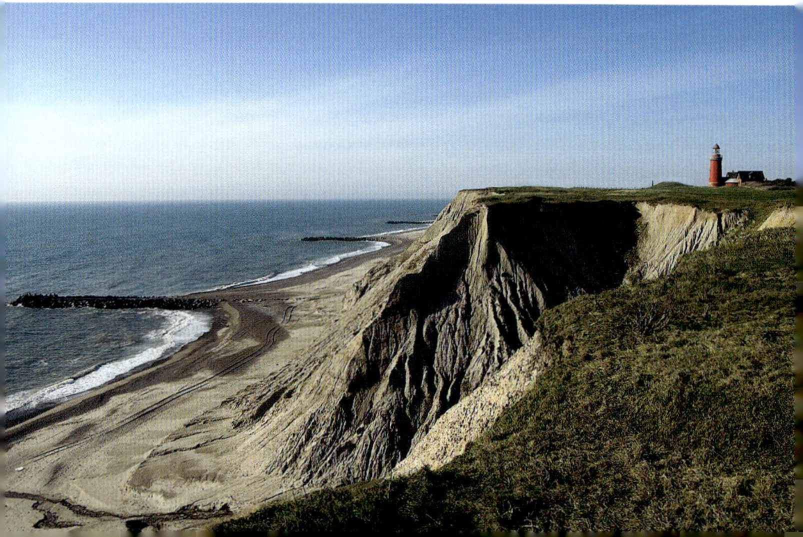

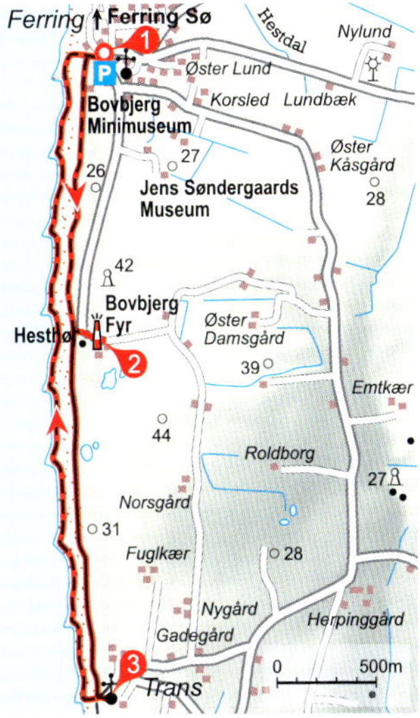

Wir starten unsere Wanderung in **Ferring** hinter dem **Bovbjerg Minimuseum** ❶. Dort wenden wir uns nach links und wandern am Rand des Steilküstenabbruchs entlang. Gar nicht so weit entfernt sehen wir den roten Leuchtturm. Bald lassen wir die letzten Gebäude des Ortes hinter uns und gehen über eine große Schotterfläche auf einen Grasweg zu. Nah an der Abbruchkante führt uns dieser Weg an einem Bunker vorbei direkt zu dem 1877 erbauten roten Leuchtturm **Bovbjerg Fyr** ❷.

Wir erreichen schließlich die rot gestrichenen Gebäude und gehen weiter auf dem Schotterweg (Radweg R 1) in Richtung Trans (Hinweisschild). In der Ferne sehen wir schon die weiße Kirche des Ortes. Der Schotterweg ist bald für Autos gesperrt und wir wandern spektakulär auf einem Pfad direkt an der Abbruchkante der Steilküste. Teilweise recht ausgesetzt und schwindelerregend über der Nordsee haben wir einen atemberaubenden Blick in die einzelnen Buchten und weit über das Meer. So geht es immer weiter, bis die Steilküste vor der Kirche an Höhe verliert und unser Pfad schließlich wieder in den **Radweg R 1** mündet, auf dem wir uns wenig später der mutig am Rand der Steilküste errichteten **Kirche** von **Trans** ❸ nähern.

Von hier aus steigen wir über die 105 Stufen der **Holztreppe** des Strandweges C 181 zur Nordsee hinab. Unten kommen wir direkt an einer Buhne heraus – das ist ein langer, ins Meer hinein aufgeschütteter Steinwall. Am Strand gehen wir rechts weiter und zählen zur Orientierung die Buhnen durch, diese hier ist die **Buhne Nr. 1**.

Vor der sechsten Buhne führt eine Treppe mit dem Weg C 182 zum Bovbjerg Fyr hinauf, wir bleiben jedoch weiter am Strand und gehen bis zu unserem Parkplatz in Ferring am Wasser zurück. Hinter der **Buhne Nr. 9** verlassen wir den Strand auf dem Weg C 183 und gelangen über eine Holztreppe die Steilküste hinauf direkt zu unserem Parkplatz beim **Bovbjerg Minimuseum** ❶ in **Ferring**.

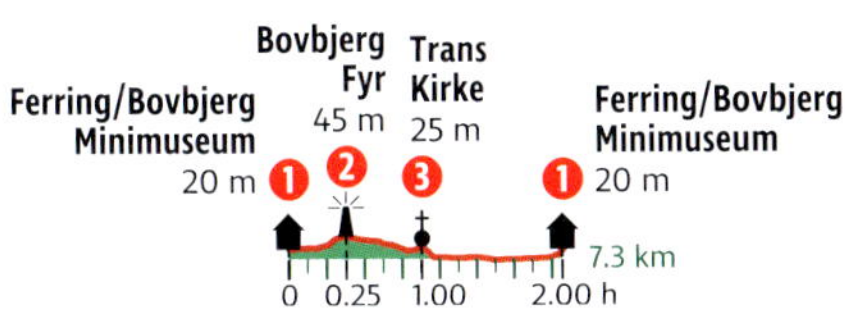

↗ 150 m | ↘ 150 m

25 Kilen Rundt bei Struer

3.15 h

Abwechslungsreiche Runde um den Fjordarm Kilen

Wie ein Keil (Kilen) stößt ein Arm des Limfjordes bei Struer ins Landesinnere vor. Ein Straßen- und Eisenbahndamm trennt den Kilen vom Limfjord und ermöglicht es uns, diesen Fjordarm tatsächlich zu umrunden. Der Kilen entstand während der letzten Eiszeit, als sich das Schmelzwasser unter dem Eis eine Abflussrinne schuf. Am Scheitelpunkt der Wanderung, quasi an der Keilspitze des Kilen, passieren wir den Ort, an dem sich das Gletschertor befand, durch das das Schmelzwasser nach Westen in das eisfreie Gebiet abfloss.

Ausgangspunkt: Bremdal. Anfahrt: Straße 11 von Holstebro Richtung Thisted, durch Struer, nach dem Kilendamm links parken. Bahn RA, RE oder ICL von Holstebro zum Bahnhof Struer.
Anforderungen: Meist kleine Pfade in teils steilem Auf und Ab. Die »Kilen Rundt« um den Fjordarm ist mehr oder weniger gut, aber durchgängig rot markiert.
Einkehr: In Struer.
Karte: 1115 IV Lemvig.

Die Tour beginnt in **Bremdal** ❶ am Ende des **Parkplatzes** links neben dem Toilettenhäuschen. Der rot markierte Pfad Richtung Resenborg Plantage führt uns zwischen Büschen und Sträuchern hindurch zum Ufer des Fjordes **Kilen**. Die rote Markierung weist uns im ersten Teil der Wanderung den Weg. Vorbei an Schilfröhrichten und durch Wiesen wandern wir unmittelbar am Ufer entlang zu einem Birkenwäldchen und dort über Rinnsale hinweg schließlich nach rechts hinauf zu einigen Gebäuden.

Zu Beginn der Wanderung überbrücken einige Holzstege sumpfige Passagen.

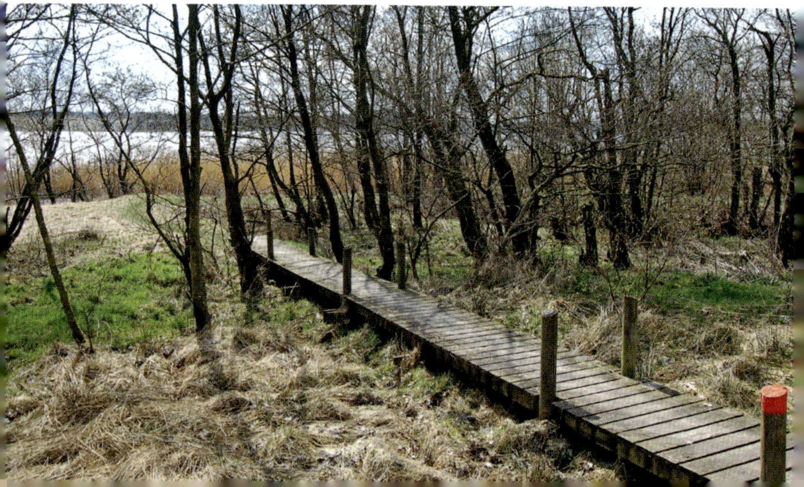

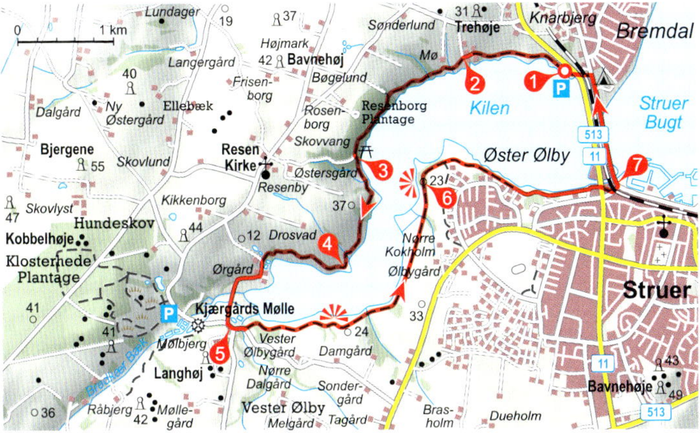

Unmittelbar hinter der **Häusergruppe ❷** beginnt ein Schotterweg, der kurz darauf rechts abbiegt. In dieser Rechtskurve gehen wir geradeaus und folgen damit weiterhin den roten Markierungen an Holzpflöcken auf einem Pfad, der wieder hinunter zum Wasser führt. Wir treffen auf einen Steg über ein Rinnsal und erreichen schließlich über einen längeren **Holzsteg** wieder das Schilf am Ufer.

An einer Bootsanlegestelle vorbei weiter am Ufer entlang, überqueren wir einige Holzgatter und steigen schließlich in einem Mischwald über die steile Böschung rechts hinauf. Wir queren so ein steiles Waldstück am Hang und gelangen durch einen Laubwald wieder hinab zum Ufer. Der rot markierte Pfad führt an einem Grillplatz unterhalb der **Spyderhytte**, einer Pfadfinderhütte, vorbei. Andersfarbig markierte Abzweige beachten wir nicht, wir bleiben immer auf dem Uferweg. In einem Waldstück werden wir gezwungen, nach rechts oben auszuweichen. Gelb-rote Markierungen weisen uns durch die 200 m breite Schneise und bald auch nach links unten wieder zum Ufer. Dort geht es weiter nach rechts bis zu einem **Park- und Grillplatz ❸** am Ende der **Resenborg Plantage**. Hier können wir uns an einer Informationstafel nochmals über den weiteren Wegverlauf der »Kilen Rundt« informieren.

Wir verlassen den Grillplatz durch ein Gatter und queren nahe der Wasserlinie das breite Bachdelta einer Salzwiese. Am Ende des Deltas bringt uns ein langer Holzsteg trockenen Fußes über einige Rinnsale direkt am Ufer hinweg.

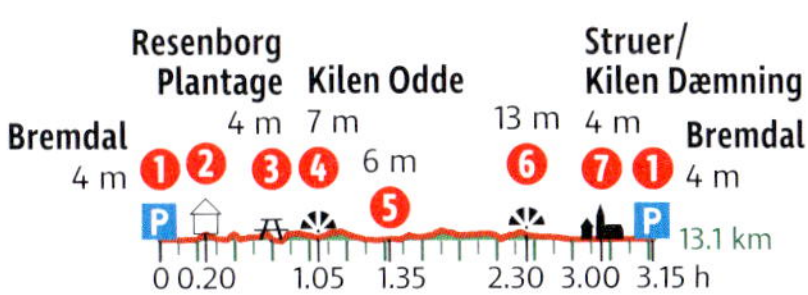

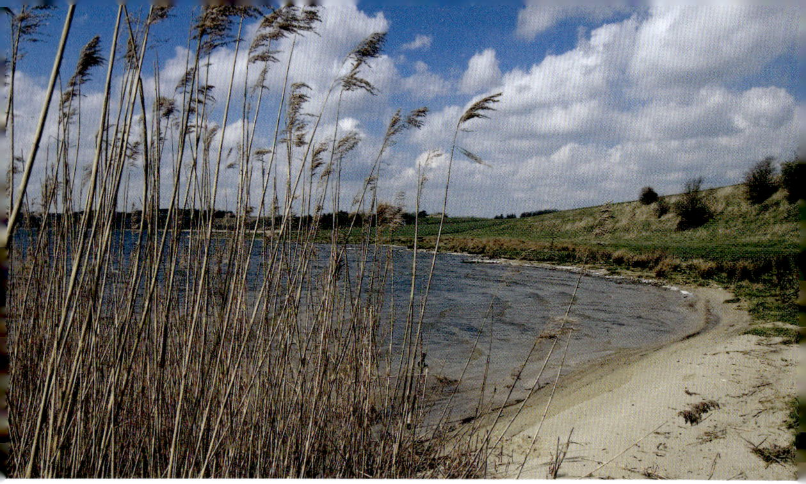

Am Nordufer des Fjordarms Kilen.

Danach führt der Pfadverlauf nach rechts steil durch ein Windbruchgebiet den Hang hinauf. An der Hangkante angekommen geht es nach links weiter. Am Ende der Wiese steigen wir hinab und überqueren kurz vor dem Ufer einen angeschütteten Erdwall nach links.
In leichtem Auf und Ab führt der Weg nun in einiger Entfernung zum Ufer links des Erdwalles durch die naturbelassene Uferlandschaft. Am Ende eines breiten Fichtenhaines, der den Erdwall begleitet, wendet sich der markierte Weg vor Feldern nach links. So schneiden wir nach rechts eine kleine **Landzunge** 4 ab, die links von uns in den Kilen hineinragt. Nun gibt sich auch das Ende des Kilen zu erkennen. Dort angekommen, steigen wir den Hang nach links hinunter und wandern, gerade unten angekommen noch vor der Wasserfläche und ein gutes Stück vor Hofgebäuden, nach rechts über ein Rinnsal. Danach verzieht sich der Pfad nach links und mündet in einen Schotterweg. Vorbei an Hofgebäuden bringt uns dieser Schotterweg schließlich zu einer Straße, in die wir nach links einbiegen.
Am **Abzweig** 5 nach rechts Richtung Fousing geradeaus über eine Brücke hinweg verlassen wir die Straße kurz darauf auf einen schmalen Fußpfad nach links (Hinweis »Sti langs Kilen til Struer«). Von nun an schlängelt sich der Pfad immer oberhalb des Ufers am **Kilen** entlang durch die hügeligen Wiesen. Später schwingt sich der Pfad steil hinauf auf den Kamm des etwas zurückgesetzten Steilufers. Etwa 30 m über dem Wasser geht es nun weiter entlang der Kante bis zu einem weiten, grasbewachsenen Taleinschnitt, in den wir hinuntersteigen. Im Talgrund führt hier ein Weg mit roten Pfosten nach rechts hinauf, und auch unser weiterer Weg am Ufer ist ab hier mit roten Holzpflöcken markiert.

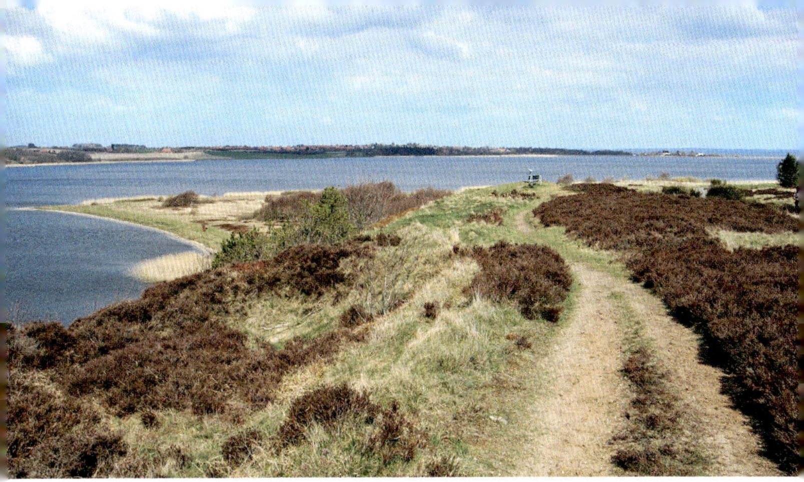

Am Ende der Tour öffnet sich der Blick Richtung Bremdal und Struer.

Wir passieren etliche Gatter und Holzstege und klettern steil auf und ab. Nach einiger Zeit unterqueren wir Hochspannungsleitungen und gehen direkt bei einem Mast und einer Baumgruppe nach rechts hinunter zu einem Gatter und durch dieses hindurch. Schließlich kommen wir an die Grenze zwischen den Uferwäldern und Ackerflächen auf der rechten Seite und erreichen bald einen **Aussichtspunkt** 6 oberhalb des Kilen.
Wir halten auf den Ort **Struer** zu und gehen auf dem ufernahen asphaltierten Radweg weiter, vorbei an Häusern und einem Fußballplatz, bis wir durch ein Gatter an die Hauptstraße von Struer kommen. Auf der anderen Straßenseite passieren wir ein weiteres Metallgatter und folgen der leicht ansteigenden Straße. An deren Ende geht es nach links und nach einem beschrankten Bahnübergang nochmals nach links auf einen neben der Straße verlaufenden Rad- und Fußweg über den **Kilendamm** 7.
Hinter dem Damm weisen Schilder nach rechts zum »Bremdal Strand« und zum Campingplatz. Wir gehen hier auf der linken Straßenseite durch ein Metallgatter und haben nach einer Bahnunterführung unseren Ausgangspunkt in **Bremdal** 1 wieder erreicht.

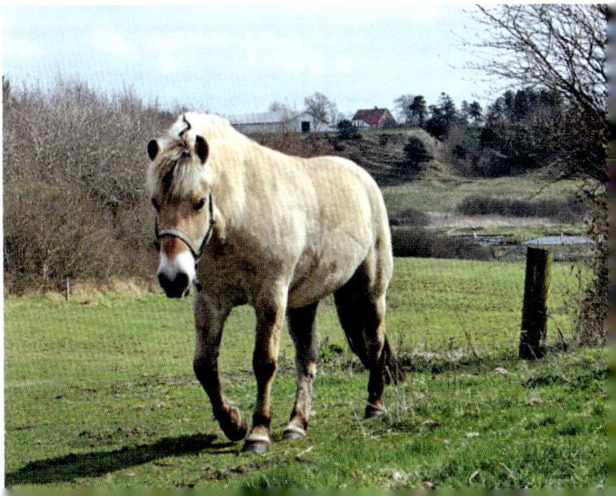

Begegnung auf einer Pferdeweide im Süden des Kilen.

↗ 70 m | ↘ 70 m

26 Durch die Husby Klitplantage

3.45 h

Auf dem alten Raketvejen durch die Heide

Der Raketvejen führt parallel zur Küste durch die Dünen und diente in früheren Zeiten dazu, in Seenot geratenen Fischern schnellstmöglich zu Hilfe kommen zu können. Wenn diese mit Leuchtraketen ihren Standort anzeigten, konnten die Retter über den »Raketenweg« schneller zum Strand gelangen. Dort waren in regelmäßigen Abständen Rettungsmaterial und Boote deponiert. Heute wird der schön hinter den Dünen verlaufende Weg von Wanderern und Radfahrern genutzt.

Ausgangspunkt: Husby Kirke, Parkplatz am Bundgårdvej. Anfahrt: Straße 181 von Hvide Sande Richtung Thorsminde, in Husby Kirke links in den Græmvej und 900 m später rechts zum Parkplatz. Bus 25 (Thorsminde) von Holstebro nach Husby Kirke.
Anforderungen: Leichte Wanderung.
Einkehr: In Husby, unterwegs keine.
Karte: 1115 III Ulfborg.

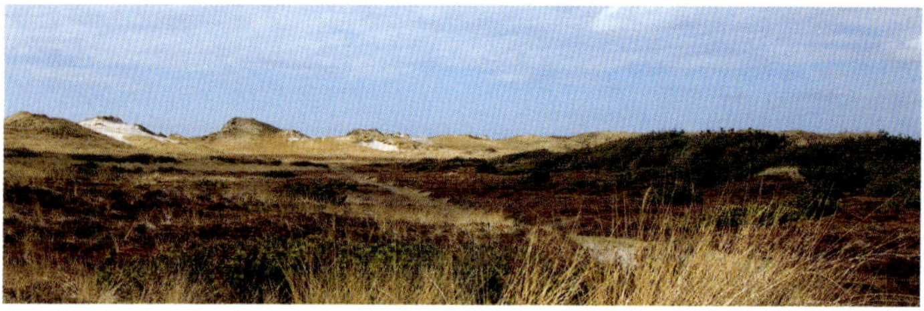

Auf dem Raketvejen Richtung Husby.

Vom **Parkplatz** ❶ am **Bundgårdvej** gehen wir zum Zufahrtsweg zurück und dort rechts. Am Linksknick des Græmvej verlassen wir diesen geradeaus und halten uns links. Nach einer Brandschneise treffen wir an einer Kreuzung auf den blau markierten Weg und lassen uns von diesem, bis zum Parkplatz in den Dünen leiten. Der schöne Pfad schlängelt sich in Gehrichtung durch den immer niedriger werdenden Küstenschutzwald und bietet uns die Gelegenheit, den **Nøgenbjerg** ❷ rechts des Weges zu übersteigen. Nach dem Aussichtspunkt an einem Kiesweg kurz rechts folgen wir den blauen Zeichen sogleich nach links. Ohne die Möglichkeit abzuzweigen gelangen wir zum **Schotterparkplatz** vor den **Randdünen**. Diese queren wir nach links mit dem Strandzugangsweg C 154 bis zur Wasserlinie des **Strandes** ❸ (FKK). Dort wenden wir uns nordwärts nach rechts und haben die nächsten 1,4 km Zeit, nach interessantem Strandgut Ausschau zu halten. Vielleicht finden wir ja, besonders nach stürmischen Nächten, ein Stückchen Bernstein.

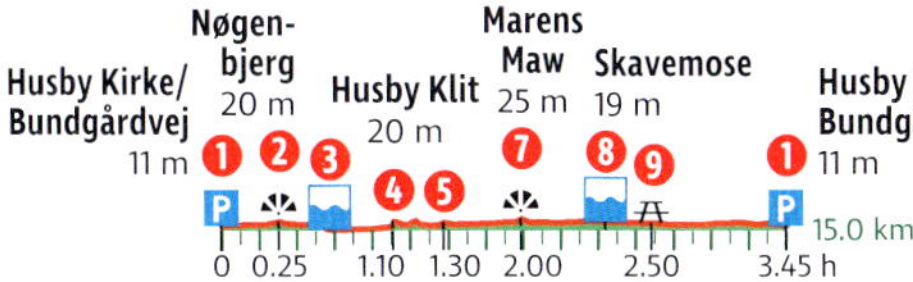

Ein kurzes Stück nach dem Strandabgangsweg C 155 verlassen wir die Nordsee nach rechts (1,4 km nach C 154) und ersteigen über eine Sandrampe den **Dünenkamm** 4. Am Hochpunkt können wir einen roten Markierungspfosten ausmachen, dessen weißes Dreieck uns nach links weist. Weglos, aber zuverlässig markiert, führt die vage Pfadspur durch die hügelige Dünenlandschaft und gibt Einblicke in die Bemühungen, den Strandhafer dauerhaft in dem lockeren Dünensand anzusiedeln: Schwarze Folienbereiche mit Pflanzlöchern sollen den westwindbedingten Sandabtransport verhindern. Nach der Übersteigung einer hohen Düne stoßen wir landeinwärts auf den **Raketvejen** und gehen nach links weiter. Wir haben fast den Wald erreicht und gerade als wir die ersten Häuser der Feriensiedlung von Fjand ausmachen können, zweigt der weiße Pfad nach links vom Raketvejen ab. Vorbei an einem **Bunker** 5 leitet uns der Pfad durch ein enges Dünental und endet an einem Parkplatz des **Spidsbjerg-Strandes** vor den Dünen. Wer mag, kann mit dem Strandzugangsweg 156 die Bunkeranlagen des Westwalls aufsuchen, die zunehmend von den Nordsee zerfressen werden.

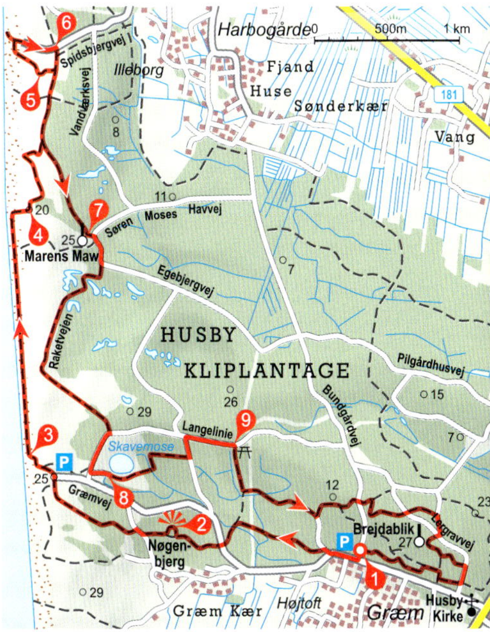

Wir gehen jedoch nach rechts und biegen wenig später nach rechts in den gelb markierten **Raketvejen** 6 ein. Diesem folgen wir nun bis zum Skavemose-Badesee. Etwa auf halbem Weg dorthin übersteigen wir die Aussichtsdüne **Marens Maw** 7 und gelangen zum Raketvejen

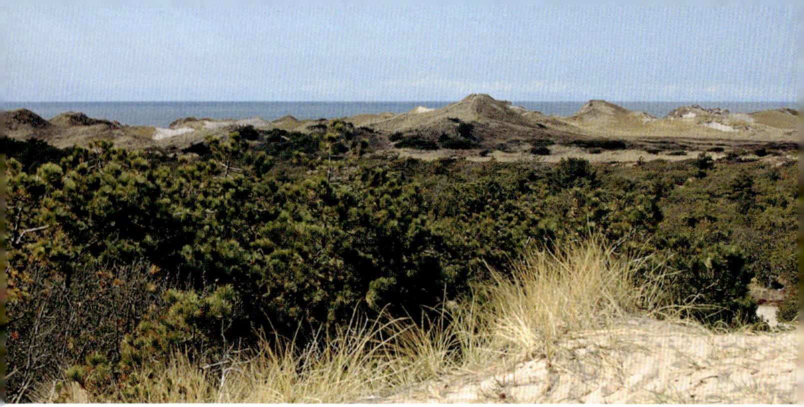

Auch von kleineren Dünenkuppen öffnet sich immer wieder der Blick zum Meer.

zurück. Kurz darauf halten wir uns rechts und haben später die Möglichkeit, mit den weißen Markierungen einen sumpfigen Bereich des Raketvejen zu umgehen. Schließlich treffen wir vor dem vage durch die Bäume zu erkennenden Süßwasser-Badesee Skavemose auf ein Schotterwegedreieck und gehen nach rechts. Bevor wir kurz darauf die Zufahrt zum Strandparkplatz erreichen, wählen wir die weiße Wegmarke nach links und gelangen nach dem Wendehammer zum Seeufer des **Skavemose** 8. Von hier führt ein Pfad rechts am See entlang in den Wald.
Wir bleiben der weißen Markierung treu, die uns an zwei Querwegen immer nach links weist. So gelangen wir vor dem südlichen Schenkel der **Husby-Parabeldüne** an einen Schotterweg. Hier gehen wir nach rechts und verlassen die Piste am nächsten Linksbogen vor einer **Bank** 9 nach rechts auf einen die ersten paar Meter unscheinbaren Pfad. Am nächsten Abzweig wandern wir mit der blauen Markierung nach links und queren, wie schon zu Beginn der Wanderung, die Brandschneise. Nachdem wir an einem Pfadeeinzweig dem blauen Weg nach links gefolgt sind, knickt dieser an einem Pfadedreieck nach rechts ab.
Hier verlassen wir die Markierungen geradeaus, um zur nahen gelb markierten Route zu gelangen, die uns zum Parkplatz zurückbringt. Auf dem Weg dorthin queren wir den **Bundgårdvej** im Rechtsversatz und biegen an der nächsten Kreuzung im spitzen Winkel nach rechts ab. So erreichen wir am nächsten Weg schließlich die gelbe Route, in die wir nach links einbiegen. Die markierte Wanderroute quert in der Folge zweimal den Lergravvej, das zweite Mal, nachdem wir rechts in den Fennevej eingebogen sind. Nach einem Linksbogen des Wegverlaufs endet der Pfad letztlich am **Lergravvej**, der uns nach rechts in Richtung der Strandzufahrtsstraße bringt. Bevor wir diese jedoch erreichen, führen uns die gelben Zeichen nach rechts und in Gehrichtung parallel zur Schotterpiste zum **Parkplatz** 1 zurück.

↗ 100 m | ↘ 100 m

3.45 h

Stråsø Plantage und Lille Å

27

Auf einsamen Wegen durch reizvolle Heide- und Waldgebiete

Im Binnenland, weit weg von allen Touristenströmen, wandern wir hier im Wechsel durch Wald und Heide. Auf den weiten, offenen Flächen ist neben dem ruhesuchenden Wanderer gelegentlich auch das seltene Birkhuhn zu sehen. Der Rückweg führt uns immer wieder durch das schöne, breite Tal des Baches Lille Å mit seinen verschlungenen Mäandern.

Ausgangspunkt: Lille Å. Anfahrt: Straße 16 von Ulfborg Richtung Holstebro, an einer Kreuzung kurz nach der kleinen Brücke über den Lille Å (links geht es nach Rasted) rechts abbiegen Richtung Nymølle, nach Vind und vor der Vind Kirke rechts in den Fuglsangvej Richtung Strasø, unmittelbar nach der Brücke über den Lille Å links parken. Bus 26 (Skjern) von Holstebro nach Vind bis zur Kirche.
Anforderungen: Leichte Wanderung; Wege nur teilweise markiert, am Lille Å überwiegend weglos.
Einkehr: Keine.
Karte: 1115 III Ulfborg.

Wir verlassen den **Parkplatz** ❶ gegenüber der Zufahrt bei einer **Informationstafel** und wandern kurz am Waldrand entlang und weiter in die Heide hinein. Der Weg endet an einer Sandschneise, der wir nach rechts aufwärts folgen. Kurz vor dem Hochpunkt zweigt nach links durch ein Holzgatter der mit gelben Punkten markierte Weg ab und führt durch die Heidelandschaft auf einen niederwüchsigen Laubwald zu. Diesen durchqueren wir in einem weiten Rechtsbogen, bald leicht aufwärts. An einem **Abzweig** ❷ halten wir uns rechts auf dem untergeordneten, aber gelb markierten Weg. Sollten wir diesen Abzweig verpassen, ist das nicht kritisch, denn in jedem Fall treffen wir auf eine Fahrspur in Verlängerung der Sandschneise, die wir anfangs gequert haben. Auf dieser gehen wir nach links (und verlassen die gelbe Route) bis zum Waldrand und dort rechts. So gelangen wir zu einem Schotterweg, biegen in diesen nach links ein und erreichen

Vor uns die blauen Wasserflächen des Hede Sø, unser nächstes Ziel.

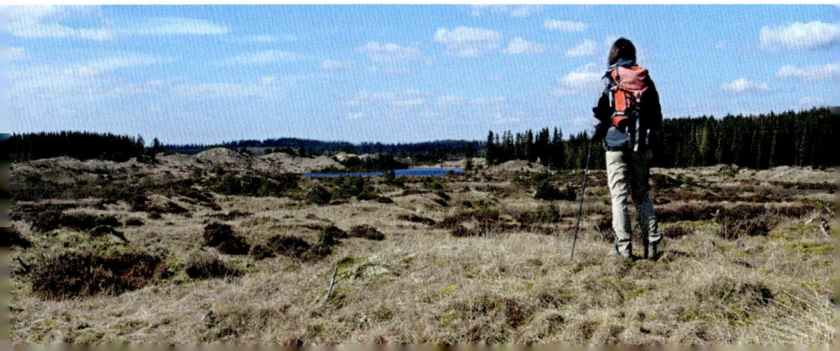

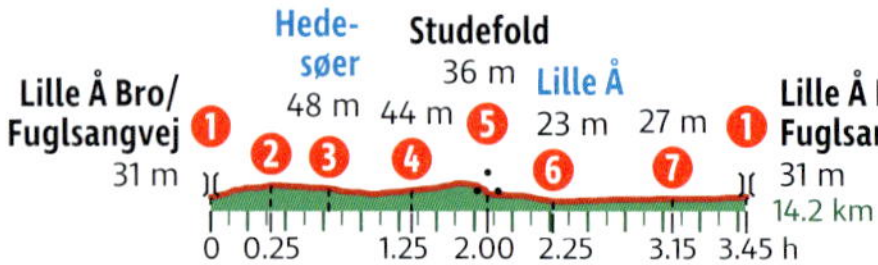

eine sternförmige Wegkreuzung bei einem Parkplatz am Waldrand. Wir nehmen den Pfad scharf nach rechts und folgen den Markierungspfosten durch den Wald. Bald haben wir die offene Inlandsheide erreicht, wir folgen den Markierungspfosten nach links. Der schöne Pfad schlängelt sich im Auf und Ab durch die hügelige Landschaft und führt uns an malerisch eingebetteten **Heideseen** 3 vorbei. In der nassen Jahreszeit können wir unwegsame Pfadabschnitte über die niedrigen aber aussichtsreichen Dünenkämme umgehen. Nach der letzten Wasserfläche leiten uns die Markierungspflöcke nach rechts und wir passieren einen Markierungspfosten am Waldrand.

Gerade im Wald treffen wir auf einen breiten Weg, dem wir nach rechts folgen. Der Waldweg ist trotz einiger Richtungswechsel dank der zahlreichen Holzpflöcke nicht zu verfehlen. Er endet schließlich an einem Schotterweg. Hier verlassen wir die Markierungspfosten und gehen nach links, bis nach einiger Zeit rechts der **Fårefoldvej** 4 abzweigt. Ihm folgen wir ein Stück

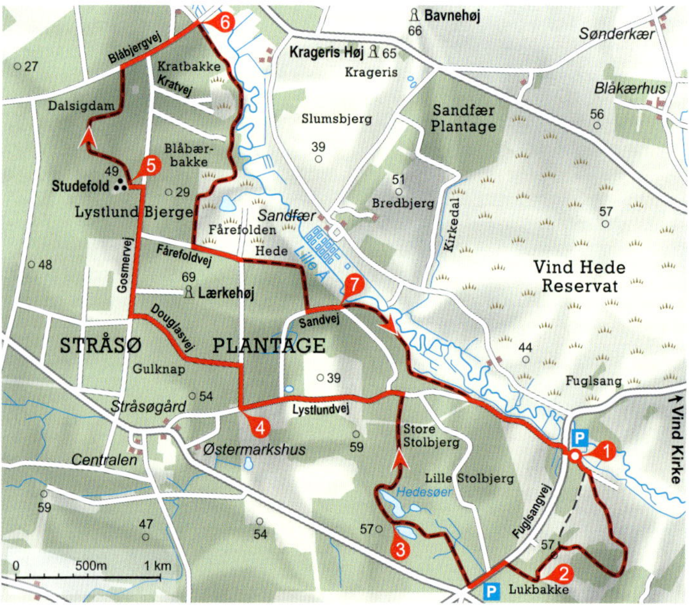

und biegen links in den **Douglasvej** ab, auf dem wir so lange bleiben, bis er am Waldrand auf den **Gosmervej** stößt. Wir folgen diesem und jetzt wieder den roten Markierungen nach rechts in eine lang gestreckte Senke.

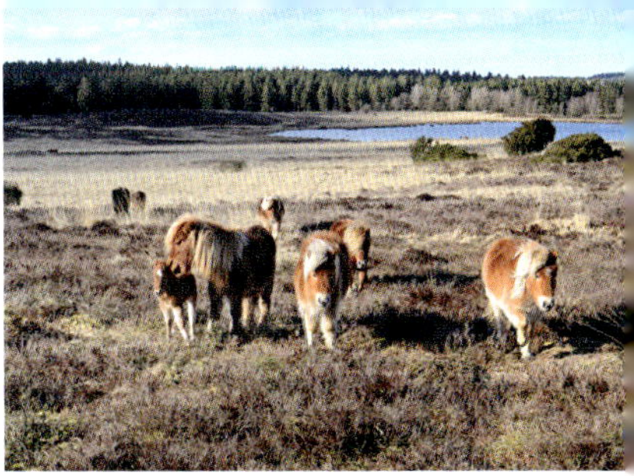

Shetlandponys in der Fårefolden Hede.

Hier heißt es aufgepasst: Etwa 100 m nach Beginn einer grasbewachsenen Schneise weist ein Schild zum »Studefold« links in den Wald. Auf dem schmalen Pfad (weiterhin rot markiert) erreichen wir sogleich eine kleine Wiese mit dem **Studefold** ❺, einer kreisrunden archäologischen Fundstätte (ein Wall um einen Ochsenpferch). An einem Rastplatz vorbei geht es hinter einem niedrigen Wall links wieder in den Wald. Bald zweigt unser markierter Weg nach rechts ab und führt uns mit doppelt S-förmigem Verlauf nach links. Von hier an folgen wir den Markierungspfosten mit einigen Richtungswechseln, bis wir an einem Schotterweg herauskommen. Es handelt sich um den **Blåbjergvej**, in den wir rechts einbiegen. Vorbei am Abzweig des Gosmervej erreichen wir schließlich das weite Bachtal des **Lille Å** ❻. Nach einem Holzunterstand bei einem Markierungspfosten wenden wir uns nach rechts auf einen Grasweg am Waldrand. Bald sehen wir links unter uns zwischen den Bäumen die Mäander des Flüsschens. Wir halten uns stets oberhalb des Bachlaufes. Wir verlassen das Ufer schräg nach rechts in einen Nadelwald hinein und treffen bald auf eine ausgedehnte, teilweise umzäunte Heidefläche. Immer rechts am Zaun entlang gelangen wir zum gegenüberliegenden Nadelwald. Wir folgen auf einem Grasweg weiter dem Zaun nach links bis zu einem Schotterweg. Hier verlassen wir die Markierungen nach links und bleiben weiter an der Wald-Heide-Grenze, bis die Heide auf unserer linken Seite in niedrigen Kiefernbewuchs übergeht. Dann halten wir uns an einer **Weggabelung** rechts und gehen am Zaun zu unserer Rechten entlang. Der schneisenartige Weg führt auf einen Schotterweg, den **Sandvej** ❼, dem wir bis zu einem Rechtsbogen folgen.

Dort verlassen wir ihn geradeaus und gehen durch eine schmale Waldschneise bis zum Bachtal des **Lille Å**. Hier führt uns rechts ein zugewachsener Pfad durch Heide und Gebüsch immer an der Grenze zu den Bachwiesen weiter. Wir entfernen uns wieder weiter vom Bach und folgen stets der Pfadspur an der Grenze zwischen dem Wald und der Heide, die später durch einen Zaun abgegrenzt ist. Nach einiger Zeit biegt unsere Pfadspur nach rechts in den Wald, geradeaus am Zaun ist nun alles vollständig mit Heide bewachsen. Einem Schotterweg folgen wir dann nach links und mit den roten Markierungspfosten kommen wir bald auf die Straße und nach rechts zum Ausgangspunkt am **Parkplatz** ❶.

↗ 20 m | ↘ 20 m

28 Im Naturreservat des Vest-Stadil-Fjords

3.30 h

Zwischen Vogelwiesen und Nordsee, besonders für Vogelliebhaber

Die Wasserflächen des Vest-Stadil-Fjords werden vom Meer nur durch einen schmalen Dünenstreifen getrennt. Sie sind mit den Schilfröhrichten und Feuchtwiesen, die sie umgeben, ein wichtiger Rast- und Nistplatz für zahlreiche Gänse-, Enten- und andere Vogelarten. Auf unserer Wanderung um die nördlichen Gewässerflächen kommen wir im Schutz des Schilfes und an einigen Beobachtungspunkten der Vogelwelt besonders nahe. Also: Fernglas nicht vergessen!

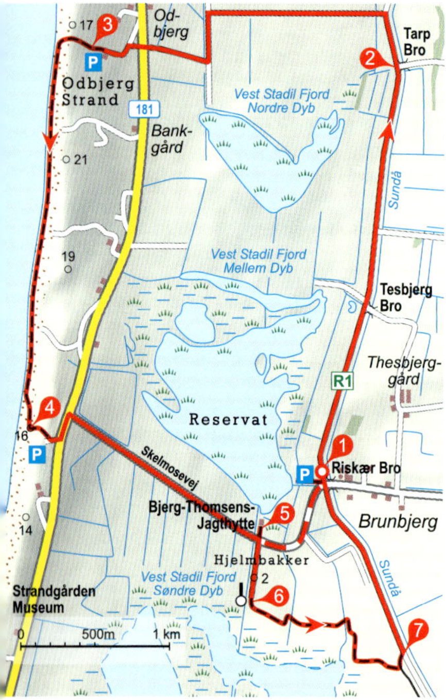

Ausgangspunkt: Riskær Bro (Brücke). Anfahrt: Straße 181 von Søndervig Richtung Thorsminde, kurz nach dem Strandgårdenmuseum rechts Richtung Stadil 5 km, gleich nach S-Kurve links parken.
Anforderungen: Leichte, ebene Wanderung, teilweise weglos.
Einkehr: Keine.
Variante: An der Bjerg-Thomsens-Jagdhütte links die Straße weiter bis zum Parkplatz (gut 3 km kürzer).
Tipp: Bjerg-Thomsens-Jagdhütte mit kleiner Ausstellung (ganzjährig geöffnet).
Karten: 1115 III Ulfborg, 1114 IV Ringkøbing.

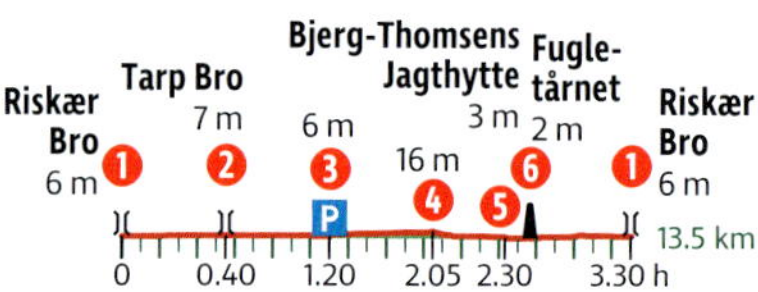

Vom Parkplatz an der **Riskær Bro** ❶ gehen wir auf dem Radweg R 1 nach links. Wir wandern leicht erhöht immer geradeaus auf dem Damm. Auf unseren Weg stoßen von rechts zwei Brücken auf den Damm. Nach ein paar Wegeinmündungen von rechts passieren wir an der Brücke **Tarp Bro** ❷ zwei Absperrketten. Ein Stück später verzieht sich der Dammweg nach rechts. Hier ver-

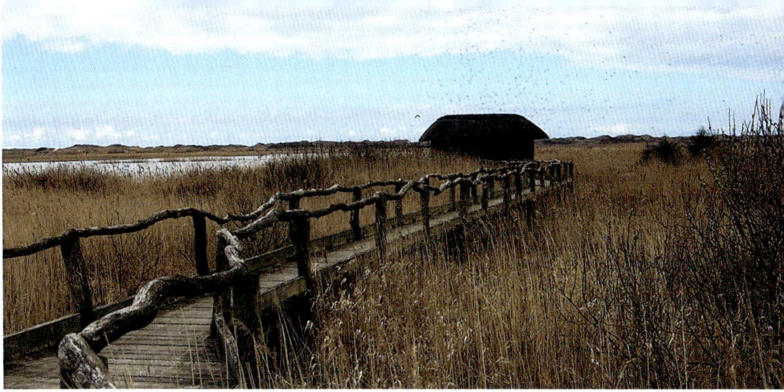

Vogelbeobachtungshütte am Vest-Stadil-Fjord.

lassen wir den Radweg R1 und biegen nach links ab. Schnurgerade marschieren wir nun auf einem Schotterweg mitten durch die Feuchtwiesen direkt auf einen roten Bauernhof (Odbjerg) vor den Dünen zu. Ein gutes Stück vor dem roten Backsteingebäude gehen wir an einer **T-förmigen Kreuzung** nach links und etwas später nach rechts auf die Küstenstraße 181 zu. Wir überqueren die Straße und setzen unseren Weg in Richtung der Beschilderung »Odbjerg Strand« fort. Nach einer Links- und einer Rechtskurve haben wir die Randdünen erreicht.

Hier endet der Schotterweg an einem **Parkplatz** ❸, wo wir den Dünendurchgangsweg C 138 zum Meer nehmen. Auf dem breiten Strand gehen wir nach links und verlassen ihn schließlich nach links auf dem **Stranddurchgangsweg C 135** ❹. Wir queren die Dünen und gelangen auf einen Schotterparkplatz kurz vor der Küstenstraße. Auf ihr gehen wir gut 150 m nach links, um dann nach rechts auf ein kleines Asphaltsträßchen (Hinweis: »Stadil 5 km«) abzubiegen. Wir wandern nun schnurstracks bis zur **Bjerg-Thomsens-Jagdhütte** ❺ auf der linken Seite. Danach nehmen wir auf der gegenüberliegenden Straßenseite einen Weg, der zunächst an einigen Schautafeln vorbeiführt und kurz hinter einem **Vogelbeobachtungsturm** ❻ (Fugletårnet) an einem Holzpflock endet.

Von hier gehen wir wieder nach rechts zurück zur Weiden-Schilf-Grenze und an dieser entlang. Den nächsten Graben (Holzpfosten) queren wir ebenfalls im Linksversatz und wandern nach rechts auf der linken Grabenseite weiter. Der Graben knickt nach links, wir folgen ihm bis zu seinem Ende bei 3 Holzpfosten. Nach einem kurzen Stück leicht rechts in Gehrichtung erreichen wir eine Fahrspur, die nach links auf den **Damm** ❼ mit dem Radweg R1 führt. Mit diesem kehren wir nach links zum Parkplatz an der **Riskær Bro** ❶ zurück.

Von hier unternehmen wir noch einen kurzen Abstecher nach links zu einer **Vogelbeobachtungshütte** direkt am Fjord.

↗ 10 m | ↘ 10 m

2.45 h

29 Skjern Enge Vest

Flussquerung mit Muskelkraft im Delta des Skjern Å

Der größte Fluss Dänemarks fächert sich hier zu einem schönen Delta auf und mündet schließlich in den Ringkøbing Fjord. In diesem feuchten Gebiet, in dem es zwar Wege, aber keine Brücken gibt, müssen wir zwei Flussarme überqueren. Dabei ziehen wir uns selbst mit einer kleinen Fähre über die recht breiten Gewässer – ein Spaß für die ganze Familie. Weiter folgen wir in weiten Bögen dem Skjern Å und erleben inmitten großer Schwärme von Wasservögeln hautnah die besondere Atmosphäre dieses Flussdeltas.

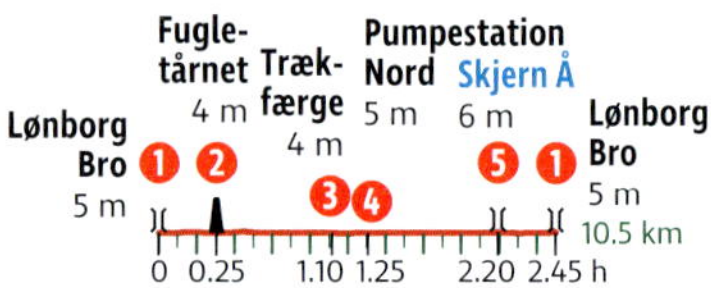

Ausgangspunkt: Lønborg. Anfahrt: Straße 11 von Varde Richtung Holstebro, bei Tarm links Richtung Lønborg auf die Straße 423, im Ort rechts Richtung Skjern, vor der Brücke parken. Bus 69 (Skjern) bis Lønborg.

Anforderungen: Wasserdichtes Schuhwerk für die abschnittsweise unbefestigten Uferwege empfehlenswert.

Einkehr: Keine.

Variante: Von der Pumpstation Nord führt ein Schotterweg direkt zum Mündungsgebiet des Skjern Å in den Ringkøbing Fjord, Abstecher einfach ca. 2 km.

Karte: 1114 III Skjern.

Mit der Brücke bei **Lønborg** ❶ im Rücken wandern wir links des Skjern Å auf einem Schotterweg und treffen auf eine schmale Straße. Dieser folgen wir nach rechts. Bald zweigt ein Pfad rechts ab, mitten durch die einzige Baumhecke im Umfeld zu einem **Vogelbeobachtungsturm** ❷ (Abstecher). Wir passieren einen **Gutshof** mit Stallungen. Hinter den Gebäuden geht es

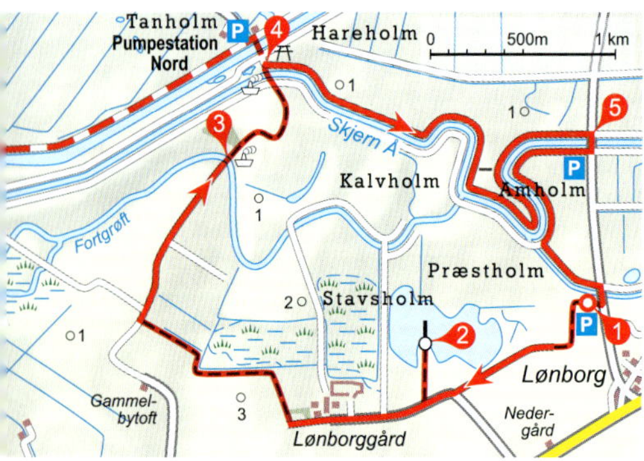

auf einem Schotterweg weiter, der schließlich vor einer Wiese endet. Hier gehen wir nach rechts auf die Wasserflächen zu und treffen auf einen Schotterquerweg. Auf diesem wandern wir nach rechts zwischen Weiden hindurch und kommen an das Flussufer des **Skjern Å**. Hier scheint es zunächst nicht weiterzugehen, doch dann erkennen wir, dass wir mit der

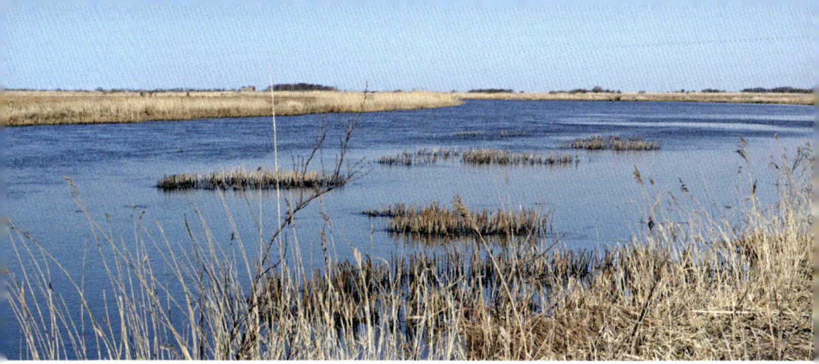

Weite Wasserflächen breiten sich zwischen naturbelassenen Ufern aus – ein Paradies für Wasservögel.

am Ufer vertäuten kleinen Fähre eigenhändig übersetzen müssen. Wenn die für zwölf Personen zugelassene **Seilfähre** ❸ (Trækfærge) am anderen Ufer liegt, müssen wir sie zunächst mit einer Seilwinde zu unserem Ufer herüberholen. Auf der Fähre ziehen wir uns dann an einem Seil wie beim Tauziehen an das andere Ufer. Dort gehen wir auf einem Pfad nach rechts durch die sumpfigen Wiesen, bis wir an einem weiteren Arm des Skjern Å auf die gleiche Weise übersetzen.
Wir haben nun die Flussinsel Kalvholm überquert und kommen an einen Rastplatz am **Pumphaus Nord** ❹, welches für Besucher geöffnet ist und mit einer kleinen Ausstellung lockt (Abzweig Variante). Von der Pumpstation gehen wir wieder zurück bis zu der Fähre, mit der wir das zweite Mal übergesetzt haben, und wenden uns direkt am Ufer nach links auf einen gelb markierten Pfad. Wir bleiben immer dicht am Fluss und gelangen bald über Holzbohlen zu einem Gatter, durch das uns die gelbe Markierung nach links weist. Wir bleiben auf dem Wiesenweg am Ufer des Skjern Å, folgen so den weiten Mäandern des Flusses und erreichen schließlich eine **Straßenbrücke** ❺. Hier überqueren wir einen Seitenarm des Skjern Å. Vom **Parkplatz** aus gehen wir auf einem Schotterweg rechts hinunter und wandern auf einem Pfad am Flussufer entlang. Bei einem Grillplatz an der Mündung des Seitenarmes gehen wir nach links weiter. Auf dem unbefestigten Wiesenweg erreichen wir schließlich eine weitere Straßenbrücke, über die wir zum Ausgangspunkt bei **Lønborg** ❶ zurückkehren.

Zugseilfähre über einen der Arme des Skjern Å.

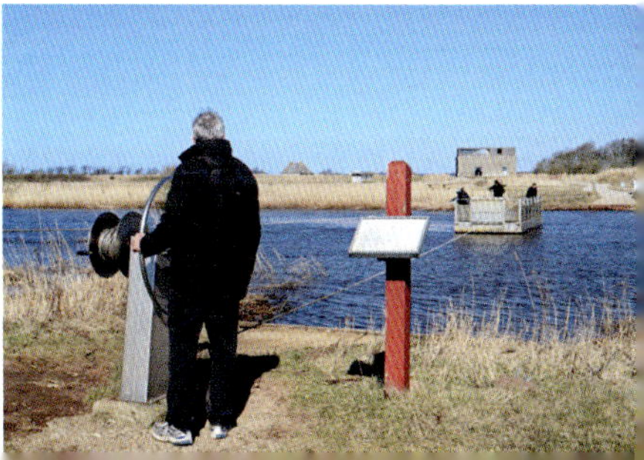

↗ 40 m | ↘ 40 m

30 Vom Gammel Gab zur Blåbjerg Klitplantage

3.45 h

An der ehemaligen Mündung des Ringkøbing-Fjords in die Nordsee

Die Wanderung führt durch das ehemalige Mündungsgebiet, Gammel Gab (»alte Öffnung«), des Ringkøbing-Fjords in die Nordsee. Die Mündung verlagerte sich immer weiter nach Süden, bevor die Schleuse bei Hvide Sande gebaut wurde, und hinterließ ein bis zu einem Kilometer breites Tal zwischen den Stranddünen und dem Wald. Inmitten dieser Heideebene liegen dort, als Überbleibsel des inzwischen verlandeten Mündungsarmes, von Schilfröhrichten umgebene, schmale Wasserstreifen – Lebensraum für eine Vielzahl von Wasservögeln.

Ausgangspunkt: Am Gammel Gab. Anfahrt: Straße 181 von Nørre Nebel Richtung Nymindegab, 800 m nach Nymindegab links in den Gammelgabvejen, 1,9 km nach dem Abzweig rechts zum Parkplatz (links kleine Holzbrücke).
Anforderungen: Abschnittsweise nicht markiert, Wegverlauf aber deutlich.
Einkehr: Keine.
Varianten: 1) Ca. 50 m nach der Jagdhütte zweigt im Rechtsbogen des Hauptweges nach rechts ein Pfad ab und führt auf die Dünen hinauf. So gelangen wir oberhalb der Wasserfläche zu unserer Rechten zuletzt auf einem Fahrweg zur schmalen Straße. Nach deren Überquerung sind wir wieder auf der Hauptroute (10 min länger).
2) Falls an der Pumpstation der Zaun nicht gequert werden kann, wandern wir auf deren Zufahrtsweg ins Landesinnere und nach einem Rechtsbogen auf einem Sandweg nach rechts. An der folgenden Kreuzung bleiben wir geradeaus. Unwesentlich länger.
3) Wo es Brücken oder breite Wege nach rechts gibt, kann man die Runde abschneiden und somit auf 5 km, 7,5 km oder 10,5 km verkürzen.
Kombinationsmöglichkeit: Mit Tour 31 »Blåbjerg«, insgesamt ca. 26 km. Am Redningsvejen zum kleinen Grasplatz am Rand der Heide, dort Tour 31 anschließen.

Die alte Jagdhütte am Gammel Gab.

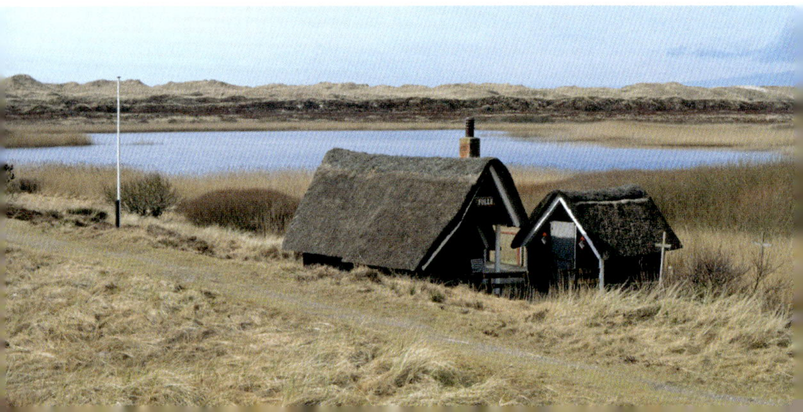

Tipps: Kurz vor dem Abzweig zum Parkplatz rechts die restaurierten Hütten und der historische Kutter V 6 von Vesterhavn. Nymindegab-Freilandmuseum mit dem Skelett eines Pottwals und Kulturgeschichtlichem (Vesterhavsvej 294; geöffnet Mitte März bis Okt. Di. bis So. von 10 bis 16 Uhr, Juni und Aug. tgl. 10–17 Uhr).
Karten: 1113 IV Varde, 1114 III Skjern.

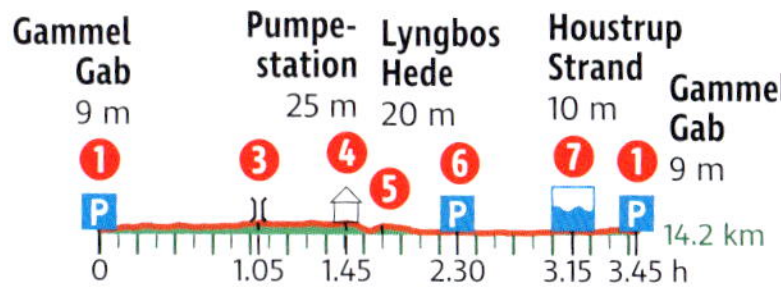

Wir überqueren die Zufahrtsstraße zum **Parkplatz** ❶ und gehen auf einem schmalen Pfad direkt gegenüber durch mannshohes Schilfröhricht. Eine kleine Holzbrücke bringt uns über den **Gammel Gab**. Wir wandern weiter auf einem niedrigen Kamm und kommen zu einer alten **Jagdhütte** ❷ mit Reetdach. Dahinter bleiben wir auf dem deutlicheren Pfad und verschwenken leicht nach rechts. Die Wasserflächen sehen wir nun nicht mehr. In den hügeligen, mit niedrigen Kiefern bestandenen Dünen münden wir schließlich in einen breiteren Weg und behalten die Gehrichtung nach rechts bei.
An einer kleinen Lichtung queren wir den Reitweg, der Weiterweg ist nun gelb markiert. Kurz vor der Straße, die nach rechts zum Strand führt, nehmen wir den Reitweg nach rechts und münden schließlich in die Straße. Kurz darauf biegen nach links in einen Fahrweg ein, mit einem alten Mündungsarm auf unserer rechten Seite. Gut nach der Hälfte seiner Länge ignorieren wir einen Abzweig nach links zu einem Ferienhaus. Dann verlandet der Mündungsarm, vor uns schimmert jedoch bereits die nächste lang gestreckte Wasserfläche. Wir gehen am linken Ufer auf eine in der Ferne

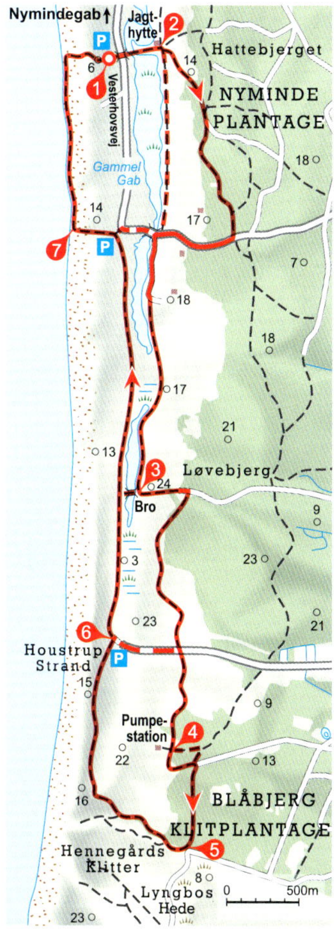

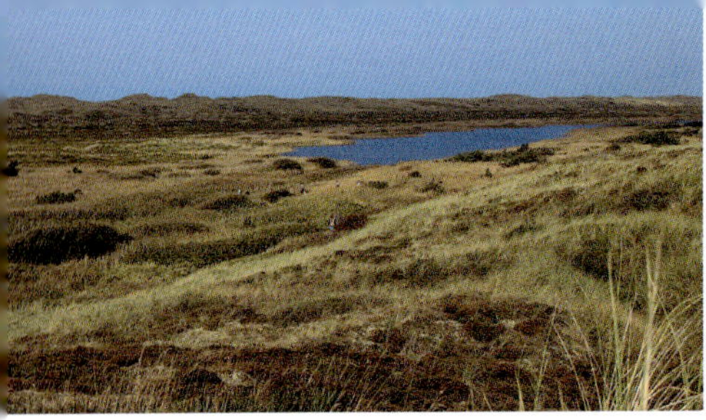

Rückblick zum alten Mündungsarm Gammel Gab.

erkennbare Brücke zu. Diese **Holzbrücke** ❸ (Bro) führt über den Mündungsarm in Richtung Meer.

Wir steigen auf dem jetzt gelb markierten Pfad nach links auf den Dünenkamm hinauf. Wir durchqueren die Dünenreihe und verlassen den bequemen gelb markierten Kiesweg, der geradeaus weiter am Waldrand verläuft, nach rechts (roter Pfeil). Nach einiger Zeit queren wir die Straße zum Houstrup Strand und verlassen damit die rote Route. Auf der anderen Straßenseite geht es nun ohne Markierung weiter geradeaus auf einem Kiesweg. Auch dieser Weg wird bald zum Pfad und läuft schließlich idyllisch am Waldrand entlang. Nachdem wir ein kleines, leicht erhöht gelegenes Waldstück durchquert haben, stößt unser Pfad auf einen Weg, der nach rechts zu einer eingezäunten **Pumpstation** ❹ führt. Wir überqueren diesen und gehen geradeaus weiter. Der sandige Pfad schlängelt sich durch Buschkiefern und trifft bald auf einen etwas breiteren Weg. Hier wenden wir uns nach links und an der folgenden Kreuzung nach rechts. Der breite Weg führt mehr oder weniger geradeaus durch den Wald der **Blåbjerg Klitplantage**. Ein Schild am Wegrand verrät uns, dass wir uns auf dem Redningsvejen befinden.

Schließlich kommen wir an einen kleinen Grasplatz, vor uns öffnet sich eine weite Heidefläche, die **Lyngbos Hede** ❺. Hier gehen wir auf einem gelb markierten Pfad nach rechts Richtung Nordsee. Vorbei an einer kleinen Schilffläche knickt unsere gelb markierte Route nach rechts ab (geradeaus führt ein Sandweg weiter zum Strand). So wandern wir wieder windgeschützt parallel zum Nordseestrand in Richtung Norden. Schließlich treffen wir auf den großen **Parkplatz** von **Houstrup Strand** ❻ und gehen danach links durch eine Holzschranke, gelbe Markierung, und weiter am landseitigen Fuß der Randdünen entlang. Auf dem breiten Kiesweg erreichen wir schließlich wieder die uns bereits bekannte Holzbrücke und gehen geradeaus weiter, nun mit den Wasserflächen des Mündungsarmes auf der rechten Seite.

Wir kommen zu einem weiteren **Parkplatz**; hier queren wir die Stranddünenreihe nach links und sind nun endlich auch einmal am **Strand** ❼. An der Wasserlinie wenden wir uns nach rechts und folgen ihr für ca. 1,3 km. Eine eindeutige Markierung zum Verlassen des Strandes nach rechts gibt es nicht, ein weißer Pfosten deutet aber auf den Zugangsweg A 198 hin.

Gehen wir versehentlich einige hundert Meter weiter an der Wasserlinie entlang, erreichen wir einen deutlichen Strandzugang. Spätestens jetzt gelangen wir nach rechts zum Zufahrtsweg zu unserem **Parkplatz** ❶ zurück.

↗ 150 m | ↘ 150 m

3.30 h

Vom Blåbjerg nach Henne Strand

31

Von der höchsten Aussichtsdüne zu eigentümlichen Eichenwäldern

Die Tour beginnt an dem vom Meer aus blau erscheinenden Blåbjerg (blauer Berg), einer 64 m hohen Wanderdüne, die hier zur Ruhe gekommen ist. Bei klarer Sicht hat man einen fantastischen Rundumblick über das ausgedehnte Wald- und Dünengebiet bis zur Nordsee. Auf dem Rückweg führt die Runde durch niedrige Krüppeleichen, die in Wirklichkeit nur die Zweige der Baumkronen von großen, alten, vom Sand begrabenen Eichen sind (s. Tour 32).

Ausgangspunkt: Parkplatz Blåbjerg. Anfahrt: Auf der Straße 465 Richtung Henne Strand rechts abbiegen Richtung »Nørre Nebel 7 km, Blåbjerg 2 km« auf der Margeritenstraße. Nach einem Abzweig mit einigen Hinweisschildern (»Golf bane« etc.) nach links der Beschilderung Richtung »Blåbjerg« folgen. Nach 2 km direkt am Treppenaufgang zum Blåbjerg parken.
Anforderungen: Durchgängig markierte Tour; bequeme Waldwege und Pfade.
Einkehr: Keine.
Kombinationsmöglichkeit: Mit Tour 30 »Gammel Gab«, dann ca. 26 km. An dem kleinen Grasplatz an der Heideecke bei Henne Strand zu Tour 30.
Karte: 1113 IV Varde.

Direkt vom **Parkplatz** ❶ aus steigen wir über eine lange Treppe auf den **Blåbjerg**. Wir verlassen den Aussichtsberg über eine andere, gegenüberliegende Treppe und überqueren an deren unterem Ende einen Pfad. Über einige Stufen gelangen wir auf einen Dünenkamm, auf dem wir in steilem Auf und Ab durch niederwüchsige Kiefern- und Eichenwälder wandern. Dann stoßen wir auf einen Pfad, gehen nach rechts auf einen roten Holzpfosten zu und queren kurz vor diesem Pfosten noch einen Sandweg (gelb markiert). Der Pfosten steht an einem **Wegedreieck**; dort wenden wir uns nach rechts und wandern auf einem schmalen Pfad weiter. An einer Kreuzung bei einer Rodungsfläche biegen wir nach links in einen breiteren Sandweg ab. Bald sehen wir am linken Wegrand eine

Treppe auf den »Gipfel« des Blåbjerg.

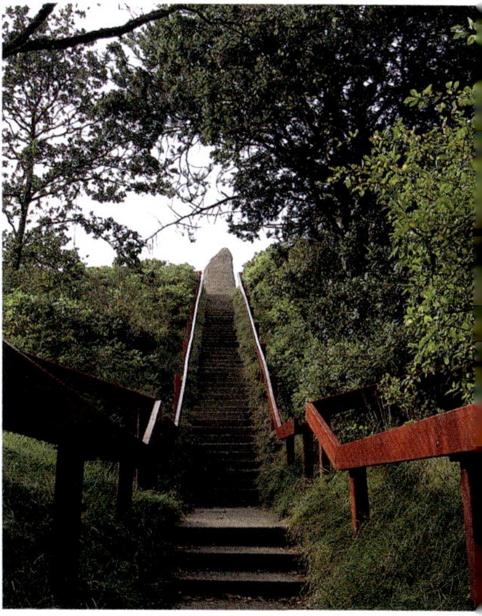

rote Markierung, der wir auf unserem weiteren Weg folgen. An einer Kreuzung überqueren wir einen Schotterweg und sind nun auf dem **Galslo Vej**. Leicht abwärts durch den Wald queren wir bald einen Reitweg und kommen schließlich erneut an eine **Kreuzung** 2. Wir folgen der rot markierten Route nach links und an den folgenden Abzweigen immer geradeaus. Direkt vor einem Heidehügel stoßen wir auf einen breiten Schotterweg. Hier verlassen wir die rot markierte Route und gehen nach rechts auf **Den Røde Vej** weiter, bis dieser auf einen weiteren Schotterweg, den Henne Bys Vej und Radweg R 1, stößt.
Wir queren diesen Weg und nehmen den Waldweg geradeaus. Wir münden in einen Fahrweg und halten uns bei **Gebäuden** 3 links. So gelangen wir in leicht linker Gehrichtung zwischen den niedrigen Hügeln hindurch aus dem Wald, vor uns öffnet sich nun die Lyngbos Hede. Hier übersteigen wir eine Aussichtsdüne und folgen weiter dem gelb markierten Weg am Waldrand Richtung Nordsee. Immer geradeaus gelangen wir schließlich auf einen kleinen **Grasplatz** 4 am Ende der **Lyngbos-Heidefläche**. Vor uns liegen die mit Strandhafer bestandenen Dünen der Nordsee. Wir biegen nach links ab und halten auf die Ferienhäuser von **Henne Strand** zu. Am Ortsanfang passieren wir eine Schranke und wandern möglichst nah an der Heide durch die Ferienhäuser. Etwas später folgen wir einem Schotterweg (**Drosselvej**) nach links und verlassen diesen sogleich nach links auf einen Pfad (Hinweisschild mit Wanderern). Dieser bringt uns zwischen den letzten Häusern hindurch über einen **Holzsteg** 5 wieder auf die offene Heidefläche. Wieder gelb markiert schlängelt sich unser Weg über die Heide auf die **Blåbjerg Klitplantage** zu.
Ein Stück vor dem Wald treffen wir auf einen Pfad, in den wir links einbiegen (gelbe Markierung); er bringt uns an den Waldrand und weiter an diesem entlang. Vor einem kleinen Hügel gehen wir bei einer Abzweigung mit dem gelben Dreieck nach rechts. Der Weg führt in einem Linksbogen durch

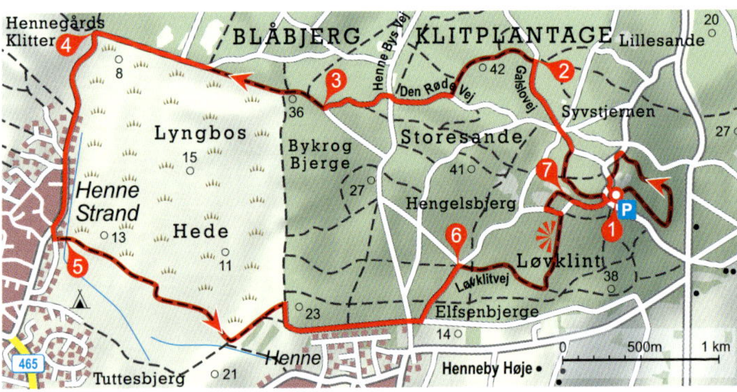

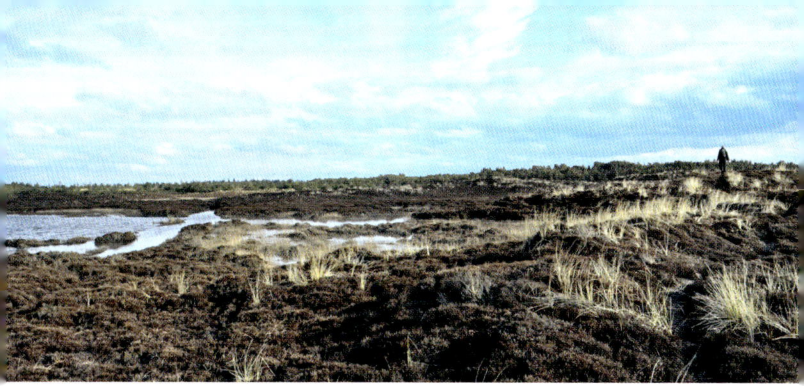

Ausgedehnte Heidefläche der Lyngbos Hede bei Henne Strand.

niederwüchsigen Kiefernwald. Dann wandern wir immer weiter geradeaus, bis wir eine Holzschranke passieren, einen Schotterweg überqueren und durch eine weitere Schranke unmittelbar auf eine **Kreuzung** gelangen. Hier knickt unsere gelbe Route nach links ab. Der Weg führt durch Wald und Heide und schließlich wieder zu einer Kreuzung. Wir biegen nach rechts in den **Løvklitvej** 6 ab und folgen dem Weg in Bögen durch den buschigen Eichenwald.

Schließlich biegen wir an einem Wegedreieck nach links ab und steigen in den eingesandeten Eichen leicht an. Nach dem Hochpunkt des Weges rechts neben einer hohen Düne biegen wir an der nächsten Kreuzung nach links ab. Kurz darauf wählen wir den Mountainbike-Trail nach rechts und erreichen nach dem folgenden Rechtsabzweig einen **Reliquienschrein** 7 in einem an eine Telefonzelle erinnernden blauen Glaskäfig. An dem Schrein vorbei brauchen wir nur in Gehrichtung zu bleiben und gelangen zum **Parkplatz** 1.

Gegenüber, am Ende des Parkplatzes, beginnt an einer Informationstafel die blau markierte Route, die wir nun wählen. Wenig später wenden wir uns an einer Kreuzung nach rechts. Der Weg führt uns an einer weiteren Waldwegkreuzung nach links, kurz darauf wieder links und bald über ein paar Holzstufen. Dann wenden wir uns nach rechts, unser Pfad hält sich nun auf dem Rücken eines schmalen Dünenkammes im Wald.

Am Ende des Kammes gelangen wir über Holzstufen wieder hinunter auf die Zufahrtsstraße zum Blåbjerg. Auf der Straße gehen wir kurz links, mit den blauen Dreiecken wieder links auf einen Grasweg, der uns sogleich wieder auf die Straße führt, auf der wir dann links unseren **Parkplatz** 1 beim **Blabjerg** erreichen.

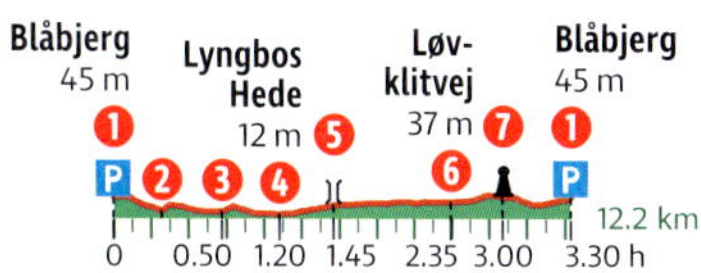

TOP

32 Durch die Kærgård Klitplantage

↗ 120 m | ↘ 120 m

3.45 h

In den Wipfeln alter Eichenwälder

Die Wanderung in der Plantage führt uns durch einen zunächst seltsam niedrig und geduckt anmutenden Eichenwald. Es sind aber keineswegs junge Eichen, zwischen denen wir hier wandern. Wir bewegen uns vielmehr in den Kronen alter, vom Flugsand beinahe zugedeckter Eichenbäume. Immer wieder erreichen die sich verästelnden Eichentriebe das Licht der Oberfläche. Im Frühjahr sieht man besonders schön, dass es sich nicht um einzelne Büsche handelt, da alle zu einer Eiche gehörenden Zweige gleichzeitig ausschlagen und so die Baumkronen große, einheitlich gefärbte Flächen bilden.

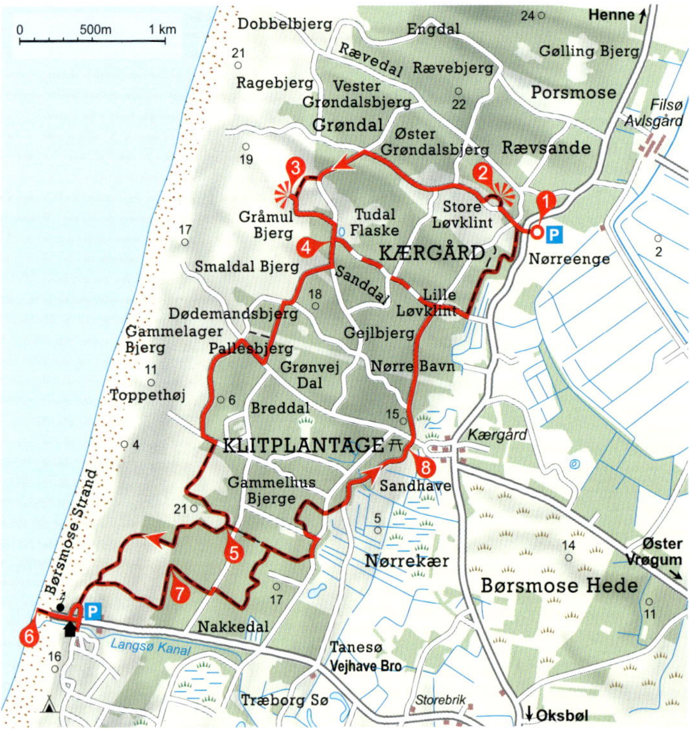

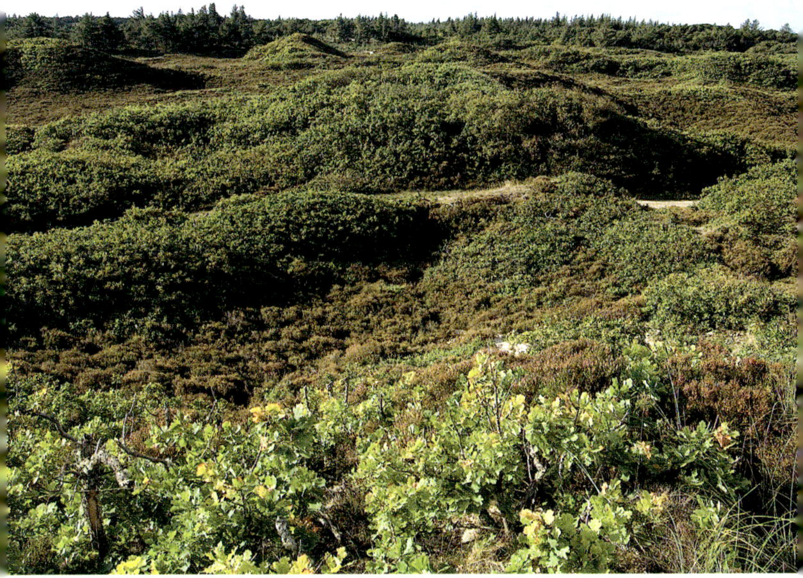

In den Baumkronen eingesandeter Eichenwälder.

Ausgangspunkt: Kærgård Klitplantage. Anfahrt: Von Oksbøl Richtung Jegum Ferieland, in Vrøgum links nach Kærgård 7 km, rechts Richtung Vilsø, Henne, nach 1,5 km rechts ein Parkplatz. Bus 551 (Oksbøl) bis Kærgård.
Anforderungen: Die Sandpfade in den Dünen sind etwas ermüdend; fast durchgehend gut markiert.
Einkehr: Café am Børsmose Strand, nur während der Saison.
Varianten: 1) Nach dem Gråmule Bjerg am kleinen See links (gelbe Route) zurück zum Parkplatz gehen (ca. 10 km kürzer). 2) Am Sandweg mit der roten Markierung nach links trifft man nach ca. 600 m auf die gelbe Route, die von rechts kommt, und geht mit der gelben Markierung geradeaus weiter (ca 3 km kürzer).
Tipp: Vom Parkplatz aus führt ein Stichweg nach Osten zum Filsø mit Aussichtsturm. Eine Infotafel gibt Auskunft über Bodenaltlasten durch Pharmaindustrie-Abwässer, die in den 1950er- bis 1970er-Jahren hier deponiert wurden. Die nach wie vor kontaminierten Bereiche sind mit gelben Warnschildern gekennzeichnet. Unsere Tour verläuft südlich davon und nähert sich diesem Bereich am Linksabzweig vor dem Gråmul Bjerg auf ca. 500 m Luftlinie.
Karte: 1113 IV Varde.

Wir überqueren die Straße am **Parkplatz** ❶ und gehen durch eine Schranke auf einen Forstweg, markiert mit gelbem und rotem Punkt. Wir folgen im ersten Teil der Wanderung der gelben Markierung, die rote Route zweigt schon bald nach links ab. Wenig später erreichen wir einen Stichweg, der nach rechts auf eine **Aussichtsdüne** ❷ führt. Über Holzstufen steigen wir auf diese Binnendüne, die durch die Ablagerung von Flugsand an Eichen

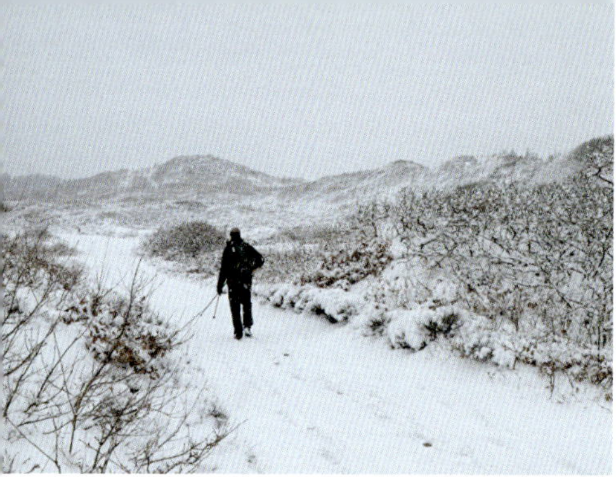

Auch der Winter hat seinen Reiz in der Kærgård Klitplantage.

entstanden ist. In dem Maße, wie sich der Sand an den Bäumen abgelagert hat, sind die Äste aus der sich bildenden Düne immer wieder herausgewachsen.
Wieder unten angekommen, wandern wir nach rechts weiter, mitten durch die nur ca. 1 bis 2 m aus dem Sand ragenden Eichenwipfel, die die umliegenden Dünen wie ein grüner Teppich vollständig bedecken. Nach diesem merkwürdigen Eichenwald kommen wir an eine Kreuzung und biegen mit dem gelben Pfeil nach links ab. Rechts vor uns sehen wir schon den **Gråmul Bjerg ❸**, den wir über einen Abzweig nach rechts bald erreichen. Nach der »Gipfelbesteigung« gehen wir nach rechts weiter und treffen nach einem Linksbogen auf einen Schotterweg, in den wir rechts einbiegen.
Bei einem kleinen **See ❹** verlässt uns der gelbe Weg nach links (Variante 1). Wir wandern geradeaus weiter und folgen dem Verlauf des Schotterweges eine ganze Weile, queren eine Gasleitungstrasse und stoßen auf einen Schotterweg. Mit diesem geht es nach rechts weiter. Am nächsten Fahrweg biegen wir nach links ein und wandern am Rand der schönen Dünenlandschaft mit eindeutigem Wegverlauf. Bald stößt von links die gelb markierte Route zu uns, die uns sicher bis zum Strand leitet. So folgen wir den Zeichen nach links und kurz darauf nach rechts, queren ein Waldstück und genießen danach die hügelige Heidelandschaft.
Vor einem Kiefernwaldstreifen wenden wir uns nach links, halten uns in der Folge rechts und erreichen einen **Sandweg ❺**, auf dem sich die rote Route zu uns gesellt (Variante 2). Hier geht es nach rechts weiter. Der markierte Pfad stößt schließlich auf eine Fahrspur. Wir gehen rechts in die offenen Dünen. Der Pfad verzieht sich nach links und führt an einem Linksabzweig (unser Rückweg) vorbei genau auf den großen Antennenmast beim Parkplatz und Zugang (A 114) zum **Børsmose Strand ❻** zu.

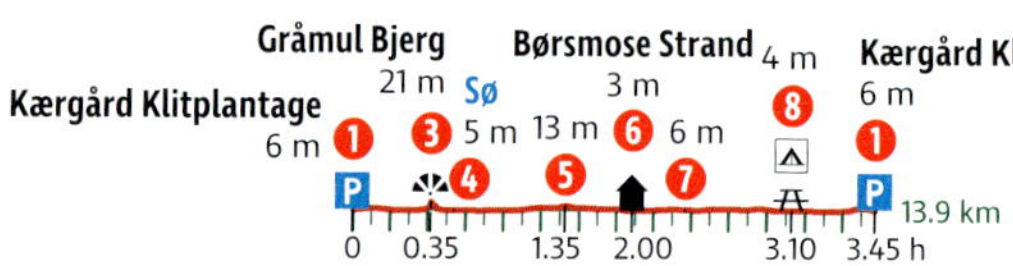

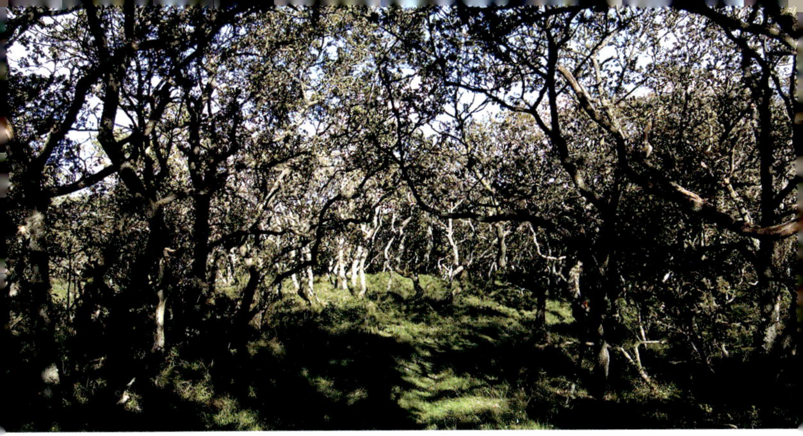

Im hochstämmigen Eichenwald der Plantage.

Nach einem Strandbesuch wandern wir wieder ein Stück auf dem Pfad zurück, an einer Verzweigung in den Dünen jedoch rechts und weiter mit den gelben Markierungen (hier auch rote Dreiecke) auf den Wald zu. Am Waldrand geht es links weiter und dann bald an einem **Rechtsknick** 7 in den Wald hinein. Schließlich treffen wir auf einen Schotterweg, den wir im Linksversatz überqueren. An einem Linksabzweig bleiben wir auf der gut markierten gelben Route nach links und überschreiten in tiefem Sand eine Anhöhe. In den nächsten Querweg biegen wir nach rechts ein, halten uns später links und münden nach links in einen Asphaltweg ein. Kurz darauf verlassen wir den Radweg wieder und biegen nach links auf einen schnurgeraden Schotterweg ab. Am folgenden Abzweig wandern wir nach rechts und lassen uns von den gelben Markierungen leiten. Der Sandpfad schlängelt sich durch den Kiefernwald, schließlich queren wir einen asphaltierten Weg und wandern durch eine Eichenallee. Wir treffen auf einen Schotterweg, den wir nach links einschlagen. Nach einiger Zeit verlassen wir die gelbe und rote Route, die nach links zu einem **Rast- und Zeltplatz** 8 abzweigt, und bleiben geradeaus.

Wir stoßen auf einen breiten Schotterweg, den **Havvej**, an dem es rechts versetzt durch eine Holzschranke auf einem Forstweg geradeaus weitergeht. Diesem Forstweg folgen wir nun für einige Zeit und kommen schließlich an einer Kreuzung wieder in den versandeten Eichenwald. Von hier an folgen wir bis zum Ende der Tour der gelben Markierung, zunächst nach rechts und später nach links in einen Wald. Der Graspfad führt uns an einer Aussichtsdüne und an einem Abzweig der roten Route vorbei. Leicht rechts geht es weiter durch den verschlungenen Eichenwald, bis wir auf einen Schotterweg stoßen. Hier wenden wir uns nach rechts und haben sogleich unseren Ausgangspunkt am **Parkplatz** 1 wieder erreicht.

↗ 30 m | ↘ 30 m

33 Durch die Vejers Klitplantage

3.15 h

Vorbei an hübschen Seen und großen Weiden zur Nordsee

Die Tour beginnt kurz vor Vejers Strand, einem fröhlich bunten Küsten- und Ferienort. Hier darf man sich den fangfrischen geräucherten Fisch nicht entgehen lassen. Der Küstenschutzwald von Vejers ist immer wieder von Weideflächen unterbrochen, und mittendrin liegt der Stribsø Sø, ein klarer Binnensee mit üppig bewachsenen Ufern. Direkt vor den Dünen finden wir auch noch einen idyllischen Seerosenweiher – ein reizvoller Kontrast zur rauen Nordsee.

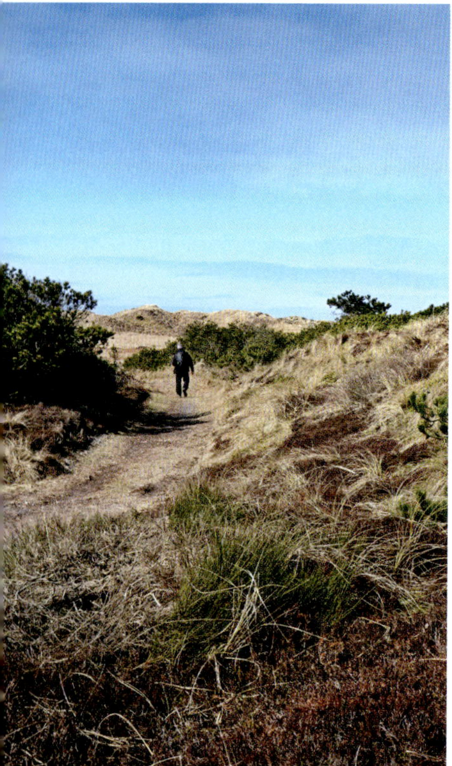

Ausgangspunkt: Nahe Vejers Strand. Anfahrt: Straße 431 Oksbøl Richtung Blåvand, rechts nach Vejers Strand 7 km, hinter dem Ortsschild sofort rechts zum Parkplatz. Bus 522 (Vejers Strand) zum Campingplatz.
Anforderungen: Durch Wald und Dünen auf überwiegend befestigten Wegen.
Einkehr: In Vejers Strand.
Karte: 1113 IV Varde.

Vom **Parkplatz** ❶ aus gehen wir zur Straße und dort rechts. Am Radweg R 1 biegen wir rechts ab und sogleich wieder links auf einen Graspfad, der von Bäumen begleitet am Rand einer Ferienhaussiedlung entlangführt. An einem Hofgebäude mündet der Pfad in einen Schotterweg; hier erst rechts, dann gleich links. Der Weg knickt nach rechts ab, kurz darauf nehmen wir den Pfad nach links und erreichen einen Schotterweg. Wir folgen ihm bis zum **Engesøvej** ❷. Dieser bringt uns nach links zur Hauptstraße von **Vejers**

Am Ufer des Strib Sø.

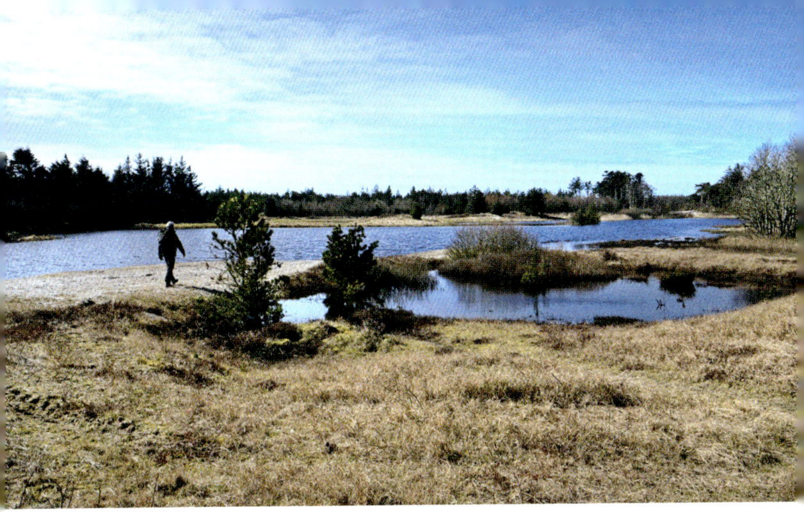

Auf dem Weg zum Klitsø.

Strand; wir queren diese und wandern nach links weiter. An der zweiten Abzweigemöglichkeit verlassen wir die Hauptstraße mit dem **Rylevej** nach rechts und biegen an einer Kreuzung nach links in den Vibevej ab (nicht im spitzen Winkel links). Am Rand der Siedlung queren wir einen Fahrweg und wandern geradeaus durch die hügelige, überwiegend mit buschigen Kiefern bestandene Heidelandschaft weiter. Auf Höhe eines Bolzplatzes zur Linken bleiben wir geradeaus und zweigen in der Folge nach links ab. Wir erreichen den kleinen, schilfgesäumten **Årrild Sø** ❸; gelbe und rote Markierungen weisen uns nach rechts.

Kurz nach dem See folgen wir der gelben Wegmarkierung in Gehrichtung, die rote Route knickt nach rechts ab (Militärgebiet). Am Ende der freien Heidefläche biegen wir vor einem Schotterweg nach links ab. So bleiben wir am **Waldrand** auf einem gelb markierten Pfad. Nach dem Ende der Weide auf der linken Seite

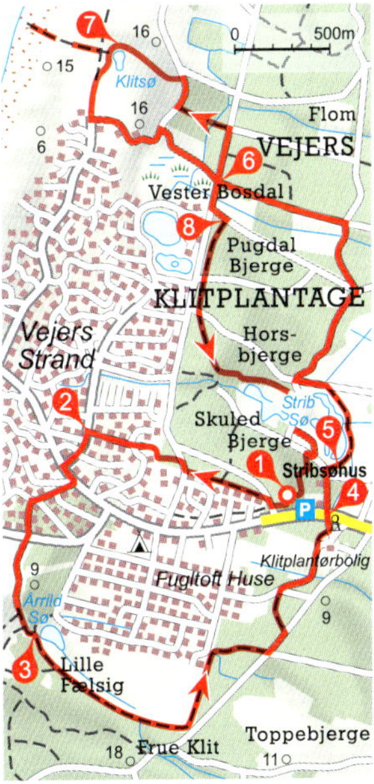

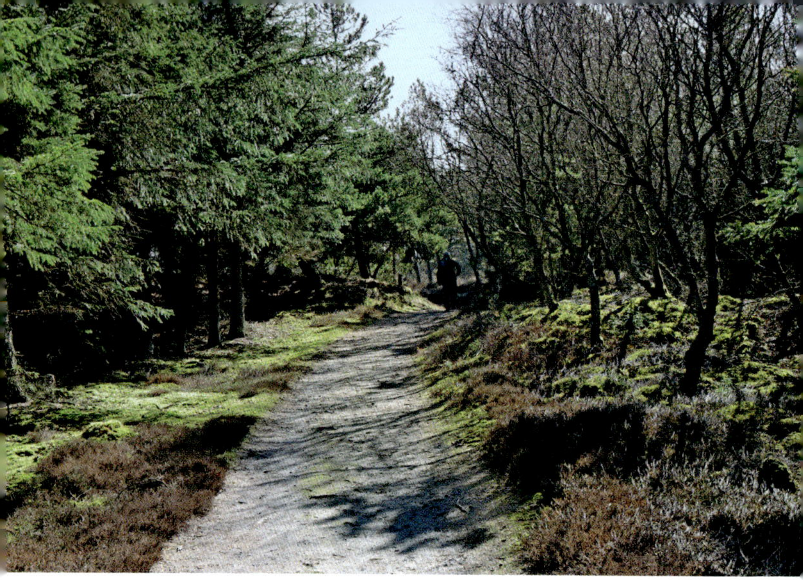

Im Wald der Pugdalbjerge.

gehen wir über einen Holzsteg nach rechts in den Wald. Dann folgen wir den gelben Dreiecken zweimal nach links. Der Pfad endet an einer Kreuzung. Hier wählen wir den zweiten nach rechts abzweigenden markierten Weg. An einem roten **Bauernhof** verlassen wir die gelbe Route nach rechts und gehen direkt an der Scheune vorbei geradeaus zum **Vejers Havvej** ❹ und queren die Hauptstraße. Weiter geht es am geklinkerten **Stribsøhus** vorbei. Bald stößt von links die gelb markierte Route auf unseren Schotterweg; ab hier folgen wir der gelben Markierung bis zum Tourende.

An einer Kreuzung gehen wir auf einem Waldpfad nach rechts in Richtung des **Strib Sø** ❺, wandern an dessen rechtem Ufer entlang und folgen bald einem Schotterweg nach links und an einer Kreuzung rechts. Am nächsten Wegedreieck weist uns die gelbe Markierung nach links, die unmittelbar darauf nach links abgehende Reittrasse ignorieren wir. Der Weg verzieht nach rechts, kurz darauf wandern wir am Wiesenrand nach links und verlassen damit den Schotterweg. Am Wiesenende bleiben wir geradeaus und wenden uns später mit dem asphaltierten **Radweg** ❻ nach rechts. Und schon geht es mit der gelben Markierung auf einem Pfad nach links weiter; an

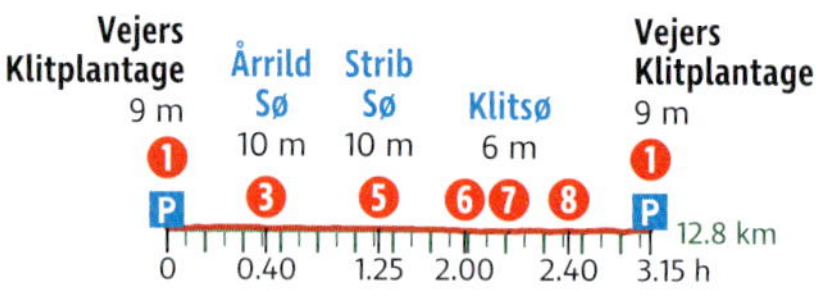

einem Fahrweg erst rechts, um darauf nach links in Richtung der Dünen abzubiegen. So erreichen wir den kleinen **Klitsø** 7, den wir mit dem gelben Weg entgegen des Uhrzeigersinns halb umrunden. Direkt vor den ersten Häusern von **Vejers** leiten die Markierungen nach links. Wir lassen die Ferienhäuser hinter uns und halten uns in der mit Kiefernbüschen bewachsenen Heide links.

Darauf verlassen wir den Schotterweg nach rechts (gelber Pfeil) und treffen auf den bekannten asphaltierten **Radweg** 6; hier rechts. Wenig später verlassen wir die Radpiste nach links, achten sogleich auf die gelben Pfeile und biegen an einer **Abzweigung** 8 nach rechts in den Wald ab. Wir wandern nun immer geradeaus über mehrere Wege- und Pfadekreuzungen hinweg und halten uns an Kreuzungen mit unklarer Gehrichtung eher links. Bald schimmert der **Strib Sø** durch den lichten Wald und wir biegen nach links auf seinen Uferweg ein. Bei nassem Wetter steht dieser oft unter Wasser, so ignorieren wir das nach rechts weisende gelbe Dreieck und bleiben geradeaus.

An der nächsten Möglichkeit rechts erreichen wir wieder das Ufer und gehen dort links zu einem Schotterweg; hier rechts. Wenig später verlassen wir diesen nach links, queren ihn aber bald wieder im Rechtsversatz. Im weiteren Verlauf mäandert der Pfad durch den Dünenwald und endet letztlich an unserem **Parkplatz** 1.

Bänke laden am Strib Sø zum Rasten ein.

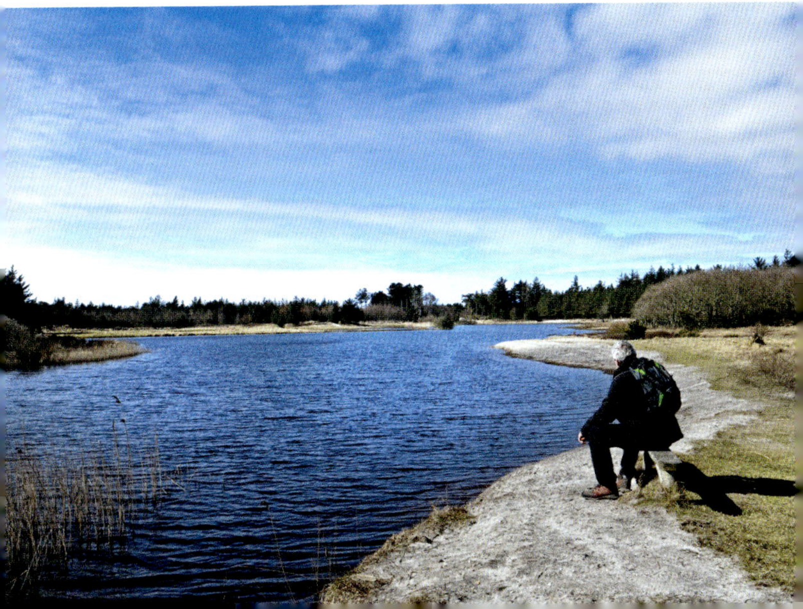

↗ 30 m | ↘ 30 m

34 Von der Ho Klitplantage nach Skallingen

2.30 h

Über die Parabeldüne Jens Jessens Sande zur Halbinsel Skallingen

»Eventyrets Land« (Abenteuerland) – so nannte der Schriftsteller Thomas Lange im letzten Jahrhundert diese einsame, unwirkliche Gegend um Blåvand, Ho und die Halbinsel Skallingen, in der die Natur den Menschen viel abverlangt. Auf unserer Tour geht es zunächst über die Jens Jessens Sande, eine hohe Panorama-Parabeldüne mit Öffnung nach Westen, und dann durch den Wald zu den weiten, offenen Wiesen der Halbinsel Skallingen. Die 2000 ha große Halbinsel ist erst in den letzten 500 Jahren durch große Sandablagerungen des Meeres entstanden. Das Gebiet steht heute unter Naturschutz.

Ausgangspunkt: Ho. Anfahrt: Von Blåvand nach Ho, kurz nach dem Ortsschild rechts parken. Bus 140 (Blåvand) nach Ho, Halt bei Tane Hedevej anforden.
Anforderungen: Ruhige Wanderung auf breiten Wegen und Pfaden.

Einkehr: In Ho, unterwegs keine.
Hinweis: Die Halbinsel Skallingen ist – wie die Insel Langli – nicht eingedeicht und somit bei Hochwasser teilweise überflutet.
Karte: 1113 III Esbjerg.

Vom linken (östlichen) Ende des **Parkplatzes** ❶ bei **Ho** gehen wir zu einer **Infotafel** und folgen für den ersten Abschnitt den gelben (zu Beginn auch roten) Markierungen, erst nach links auf einen Sandweg durch niedrige Eichenbüsche. An einer Verzweigung wandern wir rechts durch Kiefernwald weiter, an der nächsten Kreuzung gehen wir nach links und wir können zwischen den hohen Bäumen bereits große Heidehügel erkennen, zu denen wir wenig später nach rechts einbiegen. Auf einem mit Holzspänen befestigten Pfad wandern wir durch die Heidehügel und erklimmen die **Jens Jessens Sande** ❷ – eine Parabeldüne, die das Wandern inzwischen eingestellt hat. Hier trennen wir uns von der roten Route und steigen von der Aussichtsdüne nach links hinunter. An Naturpfad-Abzweigen folgen wir den gelben Pfeilen nach links und biegen am Rand der Heide nach rechts in einen Schotterweg ein. Unmittelbar nach einem Linksschwenk des Weges verlassen wir die gel-

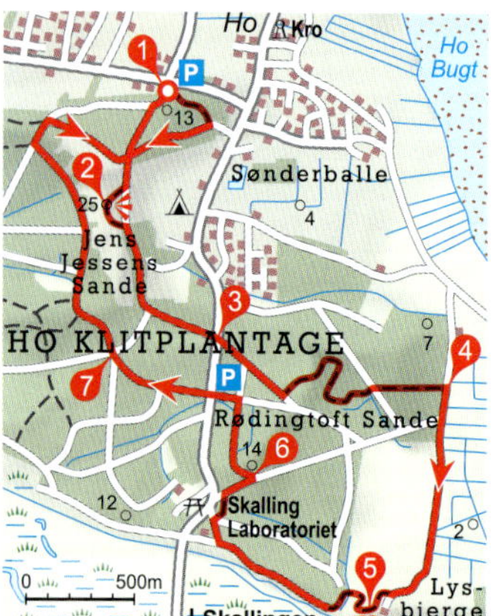

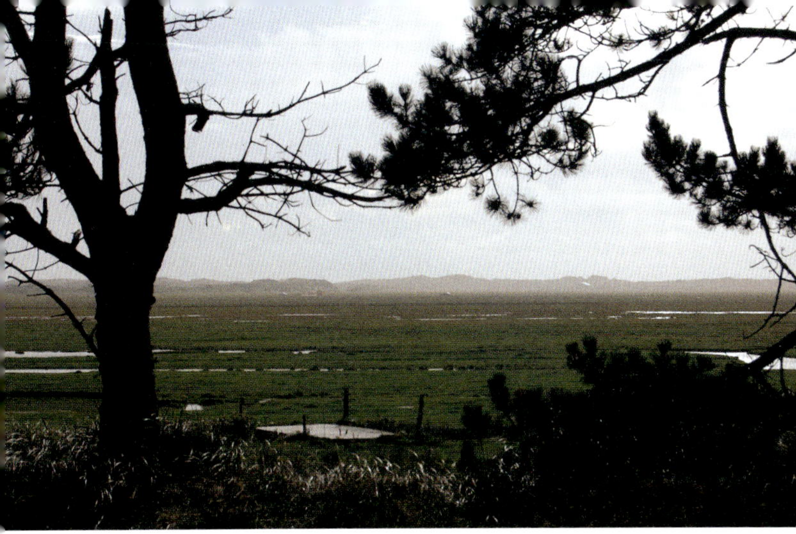

Düstere Wolken ziehen über der Halbinsel Skallingen auf.

be Markierung und gehen weiter geradeaus. Auf diese Weise queren wir schräg rechts haltend die Stichstraße **Skallingevej** ❸, die bis ans Ende der Halbinsel Skallingen führt. Nachdem wir an einem Markierungspfosten geradeaus auf dem breiten Sandweg geblieben sind, folgen wir dem gelben Dreieck auf einem Pfad nach links bis zu einem **Golfplatz**.

Die immer eindeutigen gelben Markierungen führen uns auf dieser Golfplatzseite durch den kleinräumig hügeligen Kiefernwald und über Schneisen hinweg zu einem breiten Fahrweg am Waldrand vor der Wasserfläche der **Ho Bugt** ❹. Wir wandern mit der gelben Markierung rechts am Waldrand entlang. Dann biegt die gelbe Route nach rechts in den Wald hinein ab, wir aber folgen dem Fahrweg weiter geradeaus. An einer Weggabelung wählen wir den rechten Weg, der durch eine Heidelandschaft immer weiter nach rechts führt. Schließlich erblickt man durch die letzten Bäume des Waldes die Wiesenebene der **Halbinsel Skallingen** und ihre Dünen in der Ferne. Hier zweigt von unserem breiten Weg ein Pfad nach links ab, über den wir auf die niedrigen **Dünen** ❺ am Rand des Waldes steigen, von wo man einen guten Blick auf die Halbinsel hat. Am Ende dieses kleinen Dünenkammes gelangen wir wieder nach unten und nach rechts auf den Forstweg zurück, den wir für den Abstecher auf den Dünenkamm verlassen haben.

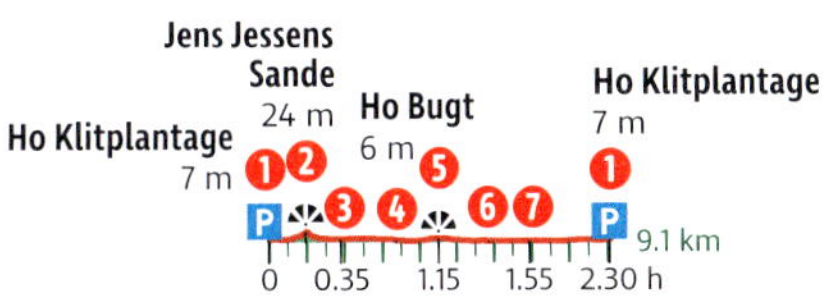

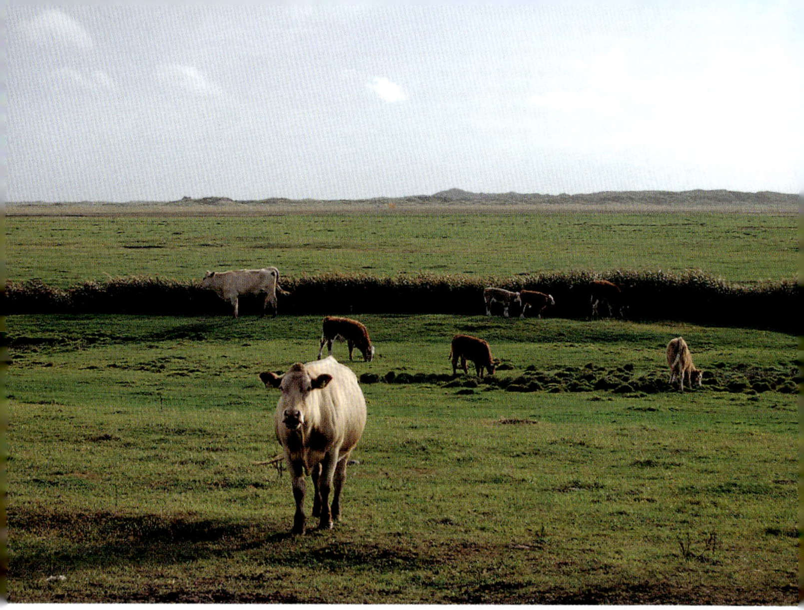

Weidevieh auf den saftigen Wiesen der Halbinsel Skallingen.

Dort gehen wir nach links weiter und links zum Waldrand. Zwischen den Wiesen von Skallingen und dem Küstenwald folgen wir dem Weg nach rechts und erreichen die roten Gebäude der **Skalling-Labors**. Vor diesen zweigen wir nach rechts ab und kommen an einen Rastplatz. Nach einem kurzen Stück auf dem rot und blau markierten Pfad biegen wir nach rechts auf einen Fahrweg in den Wald ein, nun gelb und rot markiert. Nach einer kurzen Strecke verlassen wir den geradeaus verlaufenden Weg an einem markierten **Abzweig** 6 nach links. Es folgt ein gerades Stück durch den Wald bis zu einem Schotterweg, der uns nach links schließlich wieder über die Stichstraße nach Skallingen hinwegbringt. Wir queren darauf die blaue Route und bleiben an der folgenden fünfstrahligen **Kreuzung** 7 in Gehrichtung auf dem Schotterweg.

Die gelben Markierungen führen uns nun sicher am westlichen Fuß der **Jens Jessens Sande** durch den lichten Wald zu einem weiteren Schotterweg. In diesen biegen wir nach rechts ein. So könnten wir schon zum Parkplatz gelangen; schöner ist es jedoch, den Schotterweg sogleich wieder nach rechts dem gelben Dreieck folgend zu verlassen. Links unterhalb der Parabeldüne wandern wir dann auf einem Graspfad am Waldrand entlang zu einer Kreuzung am Ende der Dünen und dort nach links zum **Parkplatz** 1 am Ortsende von **Ho** zurück.

↗ 90 m | ↘ 90 m

3.15 h

Naturpark Marbæk

Über der Ho Bugt in Esbjergs Hauswald

Schon bei der Anfahrt ist man erstaunt, welches Idyll sich hier versteckt. Nichts von der Hektik der Industrie- und Kulturstadt Esbjerg stört uns auf dem Marbaek Stien, wenn wir von oben durch die hohen Bäume auf die kleine Insel Langli mitten in der Bucht schauen. Auf angenehmen Wegen genießen wir die abwechslungsreiche Landschaft mit steilen und flachen Küstenabschnitten, schönen Wäldern, Heideflächen und kleinen Seen.

Ausgangspunkt: Hofanlage Myrthuegård. Anfahrt: Straße 463 von Billum nach Esbjerg, direkt nach der Varde-Å-Brücke rechts Richtung Marbæk, beim Myrthuegård parken. Bus 8 (Varde) von Esbjerg bis Sjelborg Strandvej/Campingpladsen.
Anforderungen: Wanderung auf festen Wegen und zum Teil sehr schmalen Pfaden, insbesondere an der Küste zur Ho Bugt.
Einkehr: Keine.
Tipp: Im Gehöft Myrthuegård informiert eine Ausstellung über die Marbæk-Plantage und das Wattenmeer.
Karte: 1113 III Esbjerg.

Vom **Parkplatz** am Gehöft **Myrthuegård** ❶ gehen wir ein Stück die Straße zurück und biegen bald links in einen breiten Weg ein. Am Waldrand entlang wandern wir auf das Ufer zu, kurz davor überschreiten wir einen Aussichtshügel. Dann folgen wir dem mit einem weißen Wanderer-Symbol gekennzeichneten **Marbæk Stien** nach links und erreichen bald den Wald der Marbæk Plantage. Die Markierung weißer Wanderer wird uns nun lange Zeit begleiten. Auf einem schmalen Pfad (auch grüner Punkt) laufen wir an der Abbruchkante am Ufer der **Ho Bugt** entlang. Der Pfad mündet in einen Fahrweg, wir biegen rechts ab und kommen am privaten Jugendgästehaus **Jens Granes Hus** ❷ vorbei. Hier kann man einen Abstecher zum Strand hinunter unternehmen.

Weiter auf dem Schotterweg gelangen wir durch eine Schranke auf einen Waldparkplatz. Wir folgen kurz dem Ormegravervej und biegen sogleich rechts in den Wald ab, weiter auf dem

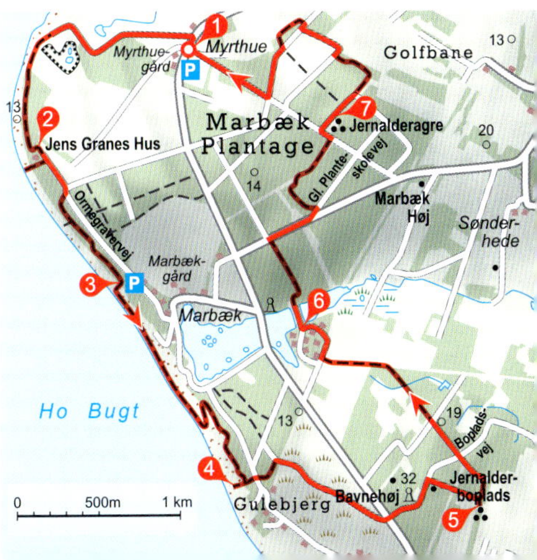

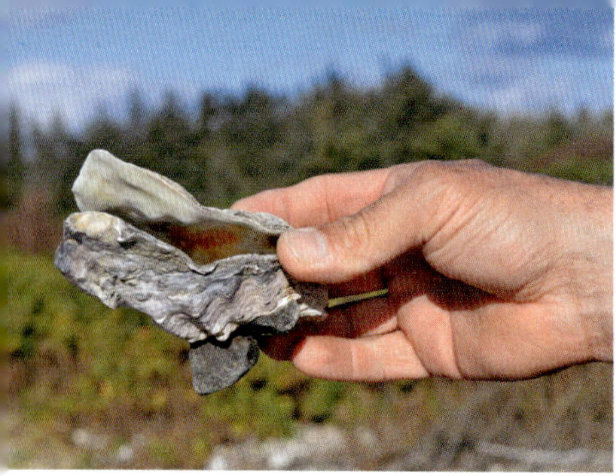

An der Nordsee überall zu finden: Die Pazifische Auster.

Marbæk Stien an der steilen Kante über der **Ho Bugt**. Bei einem weiteren **Parkplatz** 3 haben wir fast Meereshöhe erreicht. Hier gehen wir zur Wasserlinie und links am Strand entlang weiter. Links von uns haben sich einige Ferienhäuser einen Traumplatz ergattert. Danach steigt das Gelände wieder an und verformt sich zu einer niedrigen Steilküste. Im Tiefpunkt dieser Küstenlinie verläuft der markierte **Marbæk Stien** nach rechts und führt an der Küstenkante weiter. Schließlich erreichen wir den markant rostrot gefärbten Strandabschnitt und erklimmen den variantenreich von rotbunten Eisenmineralien durchzogenen **Gulebjerg** 4.
Wir verlassen den Marbæk Stien und den Gulebjerg oberhalb der roten Sandschichten ins Landesinnere, queren einen Parkplatz und wählen den blau markierten Forstweg nach rechts. Mit diesem kreuzen wir erst eine Piste und treffen dann am Waldrand auf einen weiteren Fahrweg. Hier biegen wir nach rechts ab (weg von der blauen Markierung) und gehen leicht bergauf auf die offene Heidefläche. Ab jetzt folgen wir dem **Hjertesti**, der mit einem Wanderer und einer Sonne auf weißem Grund gekennzeichnet ist. Wir wandern über eine Anhöhe mit Bänken und geradeaus weiter durch die Heide. Am Rand der Heidefläche queren wir eine Schotterstraße und nehmen den **Bopladsvej**, weiter auf der Hjertesti-Route. Der Weg führt uns an einem mit Steinen umrandeten Grabhügel vorbei. An einer Abzweigung geht es nach rechts zum **Jernalderboplads** 5, einer Ausgrabungsstätte einer Siedlung aus der Eisenzeit, die wir uns ansehen sollten.
Am Ende der **Wendeschleife**, gegenüber der Fundstätte, wandern wir auf einem Graspfad in den Wald. An der nächsten Möglichkeit biegen wir nach links ab und gehen über eine Kreuzung hinweg. Der Weg geht in eine breite Schneise über, wir bleiben an Abzweigen immer geradeaus. Nach einer ganzen Weile treffen wir wieder auf den Hjertesti und folgen ihm nach links. Der Weg führt uns über eine Kreuzung und quer über eine Heidefläche zu einem Schotterweg. Hier biegen wir nach rechts und folgen dem Schotterweg bald durch den Wald in Richtung der blauen und der Hjertesti-Markierungen. Nach einigen Linksbögen

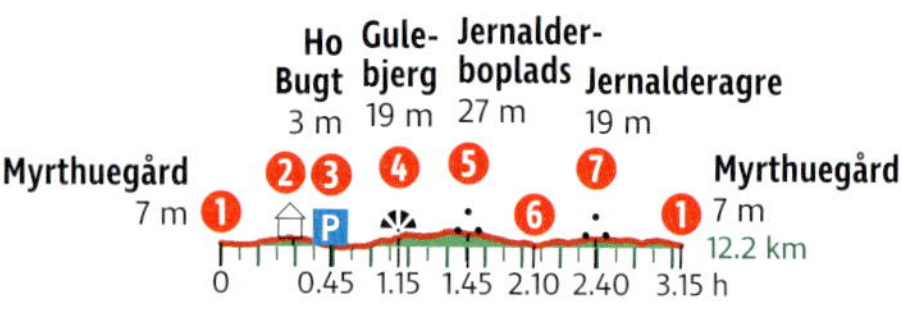

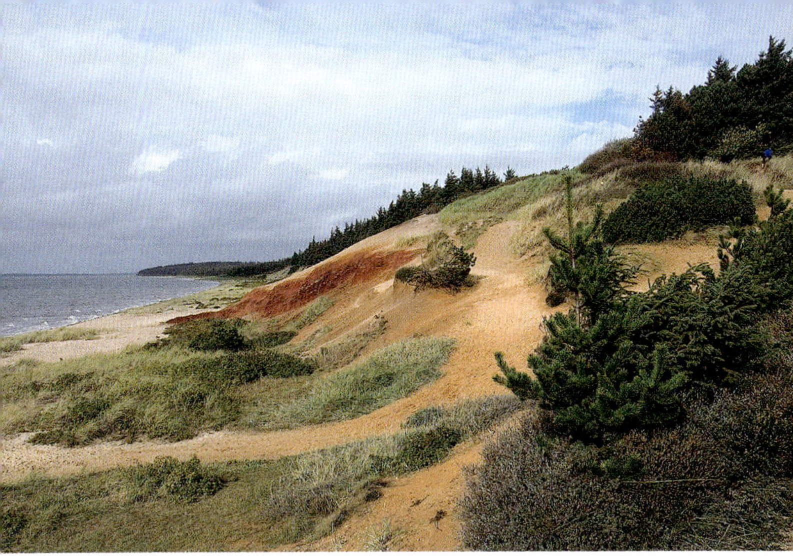

Am Aussichtspunkt Gulebjerg.

weisen uns die beiden Markierungen nach rechts auf einen Pfad. Wenige Schritte später erreichen wir einen **Damm** ❻ zwischen zwei Wasserflächen. Am Ufer gegenüber verlassen wir die Markierungen, gehen rechts und sofort wieder links auf einen schmalen, geraden Weg. Dieser bringt uns auf einen breiten Schotterweg; wir wenden uns nach rechts und erreichen schließlich einen **Parkplatz**.

Hier biegen wir schräg nach links kurz in den **Gl. Planteskolevej** ein und verlassen diesen sogleich nach links, nun wieder den gelben Markierungen folgend. Vor einem kleinen **Waldsee** geht es nach rechts bis zu einem Schotterweg, in den wir nach links einbiegen. Kurz darauf bleiben wir der gelben Markierung treu und gehen rechts auf einen Pfad. Dieser führt sogleich am **Jernalderagre** ❼, einem Acker aus der Eisenzeit, vorbei. Wir bleiben geradeaus und ignorieren auch gelb markierte Abzweige. Dennoch treffen wir wieder auf die gelb markierte Route und gehen links. Am folgenden Fahrweg zweigen wir nach rechts ab und wandern im Linksbogen weiter. Kurz vor dem Waldrand folgen wir rechts ein paar Schritte dem Ndr. Skelvej, um nach links zu einem kurzen Pfad zu gelangen, der zwischen Hecken am Waldrand nach links führt. An einem Schotterweg verlassen wir die geradeaus weiterführende gelbe Markierung und gehen rechts. Nach einem Stück bergan wenden wir uns an der nächsten Kreuzung nach rechts auf einen mit grünen Pfosten markierten Grasweg und kehren so zu den Gebäuden des **Myrthuegård** ❶ und unserem Parkplatz zurück.

↗ 120 m | ↘ 120 m

36 Fanø

4.30 h

Quer über die nördlichste der friesischen Inseln

Auf Fanø waren zur Blütezeit der Insel Kapitäne und Seefahrer zu Hause, sie haben uns die typischen Fanø-Häuser in den entzückenden Orten Nordby und Sønderho hinterlassen. Abseits der Touristenströme wandern wir in der Fanø Klitplantage und an der West- und Ostküste der Insel. So erleben wir an einem Tag den Gegensatz zwischen der sturmgepeitschten rauen Westküste und der ruhigen Ostküste, die im Windschatten und somit im Schutz der Insel liegt, für viele Vögel ein ideales Rast- und Brutgebiet.

Ausgangspunkt: Fanø Plantage. Anfahrt: Mit der Fähre nach Nordby (tgl. ca. 6 bis 20 Uhr alle 20 Min., bis Mitternacht und an Wochenenden weniger Fähren; 1 Pkw inkl. Insassen ab 300 DKK). Von dort Richtung Sønderho, nach Rindby vor der Plantage rechts parken. Bus 631 Richtung Sønderho bis Rindby Strand.
Anforderungen: Lang und aufgrund der vielen Sandpfade anstrengend.
Einkehr: Keine.
Tipps: Fanø Skibsfart- og Dragtsamling, Museum zur Insel- und Seefahrtsgeschichte (Hovegaden 28, fanoskibsdragt.dk; geöffnet Ende März bis Okt. Mo. bis Sa. mindestens 11 bis 15 Uhr). Fanø Museum in einem alten Seefahrerhaus aus dem 19. Jh. mit Originalinterieur und kleiner Ausstellung zur Inselgeschichte und -kultur (Skolevej 2, fanomuseum.dk; geöffnet Juni bis Okt. Mo. bis Sa. mindestens 11 bis 14 Uhr). Historischer Ortskern des Dorfes Sønderho am Südende der Insel. Gegenüber dem Fähranleger neben dem Touristenamt ist ein Fahrradverleih.
Karten: 1113 III SØ Esbjerg, 1112 IV NØ Sønderho.

Möwen am Strand der Westküste von Fanø.

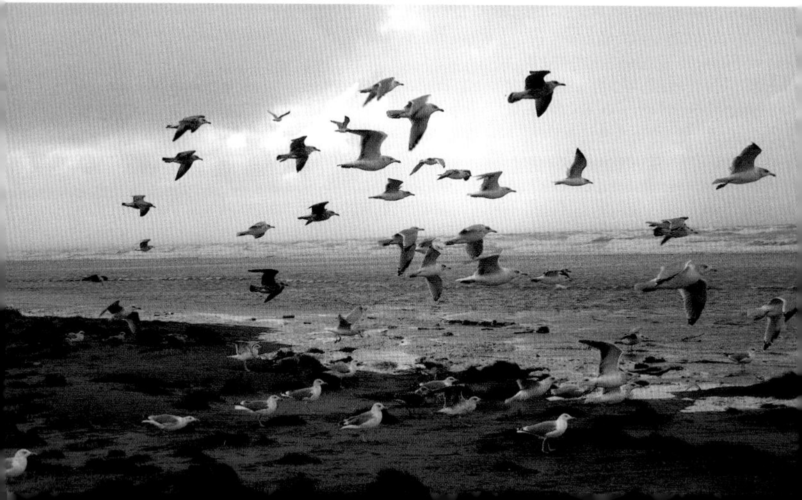

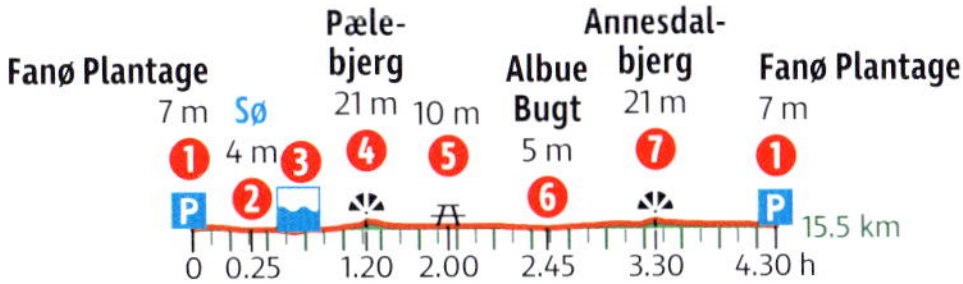

Von der Zufahrt des **Parkplatzes ❶** aus gehen wir nach rechts und folgen an einem Markierungspfosten dem rechten, mit gelben und roten Punkten markierten Weg in die offene Heide. Bald überschreiten wir einen niedrigen **Dünenkamm** und sehen in der Ferne einige Ferienhäuser. An einer Weggabelung wandern wir nach rechts weiter und folgen nun nur noch der gelben Markierung. Der Pfad schlängelt sich durch eine grasbestandene Ebene und führt schließlich links an drei Ferienhäusern vorbei auf eine zweite Dünenreihe. Von hier aus sieht man zum ersten Mal die Nordsee an der Westküste der Insel und außerdem sehr schön unseren mit Pfosten markierten weiteren Weg. Wir überqueren einen **Entwässerungsgraben** und wandern in den Dünen am rechten Ufer eines kleinen **Sees ❷** weiter. Der Pfad bleibt nach einem Linksknick weiter am Ufer und verläuft nun

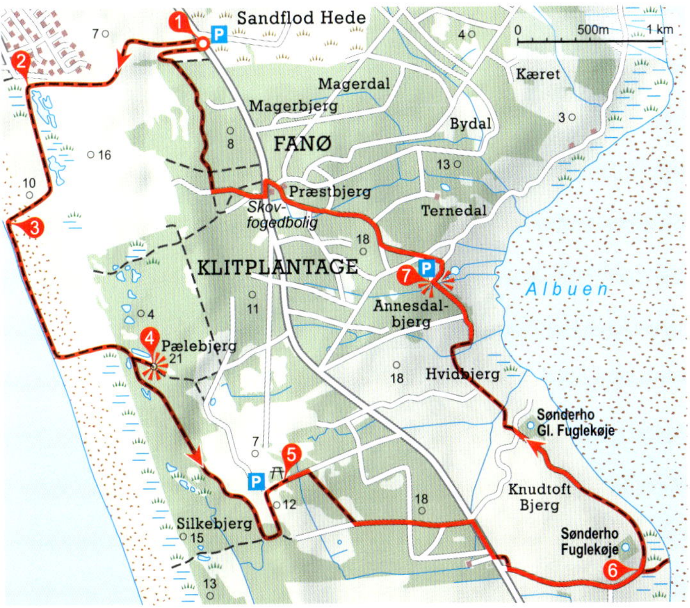

parallel zur Nordsee, auf dem Dünengrat hoch über der Heide. An Abzweigungen ist unsere Route deutlich markiert.
Schließlich führt unser Pfad vom Dünenkamm rechts herunter. Nachdem wir auf einem **Holzsteg** einen Graben überquert haben, kommen wir am schmalen Ende eines Sees an eine Verzweigung, an der wir die gelbe Route verlassen und dem Pfad nach rechts bis an den breiten **Strand** **3** folgen. An der Wasserlinie wandern wir links weiter. Nach einer ganzen Weile kommen wir zu einem Strandzugangsweg, an dem ein Schild »Pælebjerg« uns den Weg nach links weist. Ein Sandpfad bringt uns landeinwärts durch einen Schilfstreifen zu den ersten Bäumen des Waldes, hinter denen ein idyllischer kleiner See liegt. Hier zweigt ein nun wieder gelb und rot markierter Weg an einer Weggabelung nach rechts ab. Bevor wir diesem folgen, machen wir einen kleinen Abstecher auf den Gipfel des **Pælebjerg** **4**, indem wir noch kurz am Seeufer bleiben und dann rechts auf den Hügel steigen.
Wieder zurück bei der Abzweigung geht es nun links in Richtung der Markierungen. Der Weg führt zunächst durch lichten Wald und schließlich aus dem Wald heraus. An einem Abzweig bleiben wir rechts, die rote

Durch die Dünen zum Windsurferstrand.

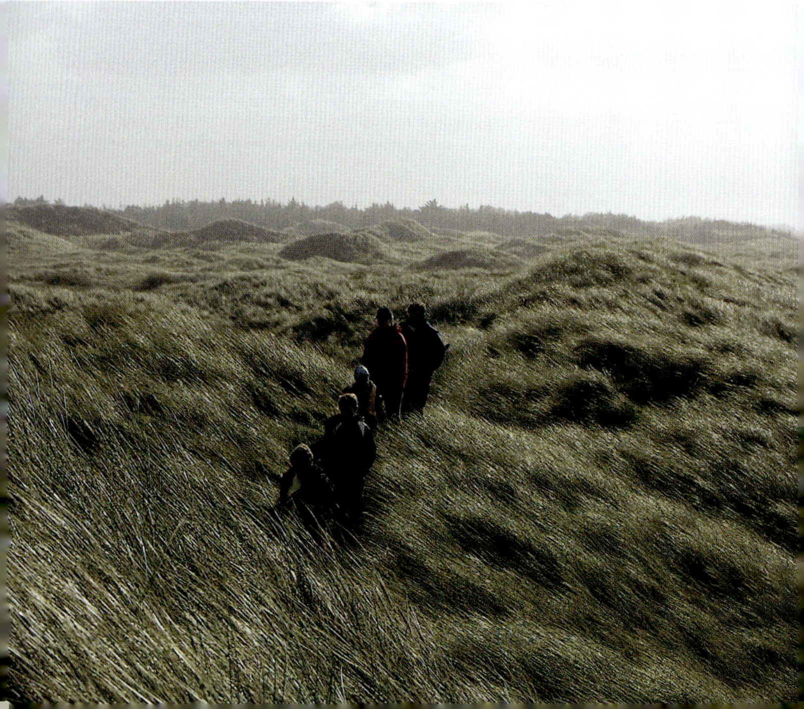

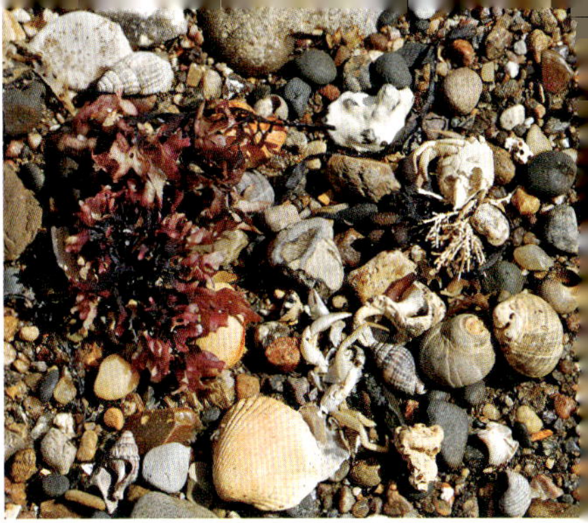

Für Sammler: Muscheln und Schnecken am Strand.

Route verlässt uns hier. Bei einem kleinen **See** stoßen wir auf einen Wirtschaftsweg, in den wir rechts einbiegen und den wir sofort nach links wieder verlassen. Wir wandern durch die hügelige, grasreiche Heide bis zu einem Reitweg. Hier und an der folgenden Kreuzung geht es nach links. Wir kommen auf einen **Parkplatz**, verlassen die gelb markierte Route auf einem breiten Schotterweg nach rechts und queren einen schön angelegten **Grill- und Abenteuerspielplatz** ❺. Am folgenden Abzweig biegen wir rechts ab, an den nächsten beiden Abzweigungen halten wir uns links. Nach einem langen geraden Stück stößt von links eine gelb markierte Route zu unserem Weg. Wenig später treffen wir auf den Radweg an der **Straße Nordby – Sønderho** und folgen diesem ein Stück nach rechts. Auf Höhe der Einfahrt zu einem auf der rechten Seite liegenden Gebäude queren wir die Straße und nehmen den gelb markierten Pfad gegenüber. Der Pfad stößt auf einen Fahrweg, in den wir links einbiegen. Von rechts mündet schließlich ein weiterer Fahrweg ein, der uns immer näher an die Ostküste von Fanø in Richtung Sønderho Fugelkøje an die **Albue Bugt** ❻ führt.
Bald zweigt unsere gelbe Route nach links ab. Der gelb markierte Pfad führt uns schön durch die Heide und ein Wäldchen und schließlich zu einem eingezäunten Waldstück am Rand der Heide. Dieses entpuppt sich als restaurierte **Vogelfangkoje**, die dem Einfangen von Enten diente. Wir verlassen das Gelände wieder und nehmen den zweiten Weg, wieder gelb markiert, nach rechts durch die Heide. Wir bleiben geradeaus, bis wir nach einem kleinen Rechtsbogen auf einen Querweg stoßen. Hier biegen wir mit der gelben und inzwischen auch der roten Markierung links in den nahen, lichten Wald ab und erreichen bald einen Parkplatz und den **Annesdalbjerg** ❼. Über den Zufahrtsweg zum Parkplatz gelangen wir schließlich bei einigen Gebäuden wieder zur Straße nach Sønderho. Wir überqueren sie, gehen auf ihr kurz links und sofort nach rechts in einen Waldweg. Wenig später geht es an einer Kreuzung rechts weiter.
An der nächsten Kreuzung biegen wir rechts auf einen Reitweg ein. Auf diesem wandern wir geradeaus durch den Wald, bis der Reitweg direkt vor der offenen Heidefläche nach rechts abknickt. Hier laufen wir geradeaus und halten uns an den folgenden zwei Wegeinmündungen rechts. Noch ein kurzes Stück durch die Heide und wir haben unseren Ausgangspunkt am **Parkplatz** ❶ wieder erreicht.

TOP

37 Mandø

↗ 40 m | ↘ 40 m

2.45 h

Rund um die grüne Perle im Wattenmeer

Hier ist das eigentliche Abenteuer die Anfahrt: Die Insel ist nur bei Ebbe zu erreichen, entweder mit dem eigenen Auto auf einem geschotterten Damm durch das Watt oder mit dem Traktorbus vom Wattenmeerzentrum aus über den Ebbevej nach Mandø. Bei Flut sind beide Routen überschwemmt und nicht passierbar, also vor der Tour unbedingt die Zeiten von Ebbe und Flut erfragen. Bei der Umrundung genießen wir dann die entspannte Atmosphäre, die dieses mit saftig grünem Gras bewachsene, von zahllosen Schafen beweidete Eiland im Wattenmeer ausstrahlt.

Ausgangspunkt: Mandø. Anfahrt: Von Ribe auf der Straße 11 über den Deich (Schotterpiste), nur bei Ebbe möglich, im Ort an der Windmühle vorbei zum zweiten Parkplatz am Rand der Dünen. Bus 711 (Enderup Ribe) von Ribe zum Vadehavscentret, weiter mit dem Mandø-Bus auf die Insel (s. Tipps).
Anforderungen: Gemütliche Wanderung auf Deichwegen.
Einkehr: Mandø, Vadehavscentret an der Variante, sonst unterwegs keine.
Varianten: 1) Vom Innendeich auf einem Querweg mit der roten und blauen Markierung nach Mandø (6,5 km kürzer).
2) Zu Fuß über den Mandø-Ebbeweg (im Watt mit Reisigbüscheln markiert): einige 100 m südlich des Vadehavscentret bei einer Kreuzung rechts. Vom Vorland der Insel kommt man dann auf den befahrbaren Låningsvej und zum Außendeich. Tidenkalender und Kompass mitnehmen, Nebelgefahr! Ca. 14 km zusätzlich.
Tipps: Vadehavscentret in Vester Vedsted, Wattenmeerzentrum mit interaktiven Ausstellungen und Exkursionsprogramm (vadehavscentret.dk). Am Wattenmeerzentrum startet der Traktor-Anhängerbus tideabhängig nach Mandø (mandoebussen.dk; Nov.–Febr. nur auf Vorbestellung). In Mandø historische Mühle, Kirche von 1639 und Museumshaus, ein ehemaliges Schifferheim von 1831 (Infos dazu unter visitribe.de).
Karten: 1112 IV NØ Sønderho, 1112 IV SØ Mandø, 1112 I NV Ribe.

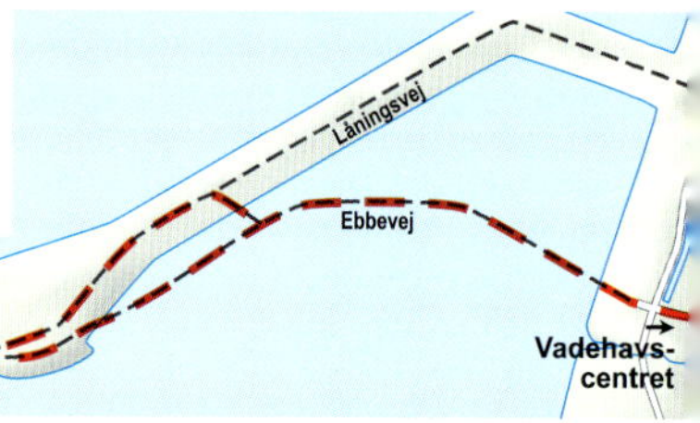

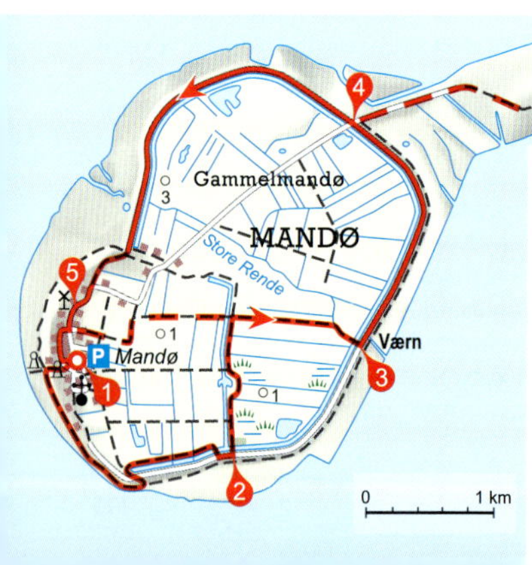

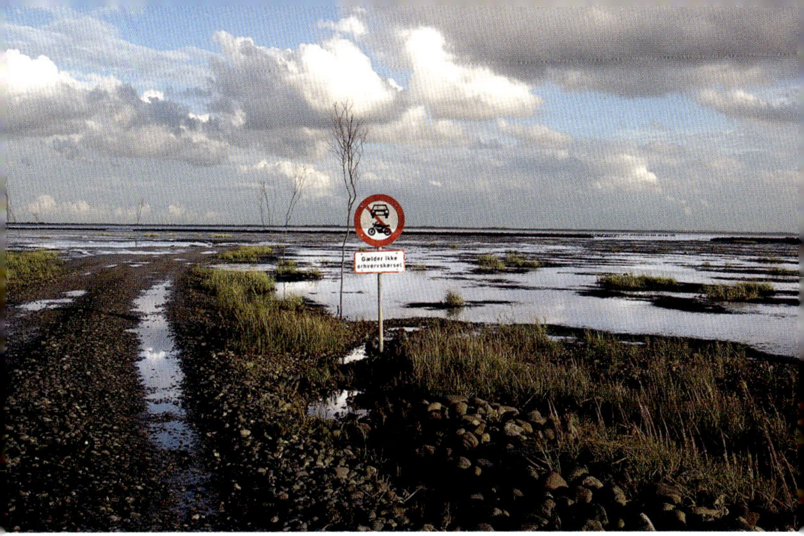

Wattenmeer beim Landungssteg auf dem Weg nach Mandø.

Vom Parkplatz in **Mandø** ❶ aus queren wir, einem Hinweis zum Strand folgend, einen Schotterweg, steigen vorbei an zwei Gedenksteinen auf eine Anhöhe und verlassen sie wieder Richtung Meer. Unten wandern wir auf einem Grasweg längs der Küste nach links. Ein breiter Schilfgürtel trennt uns vom Watt, zu unserer Linken erhebt sich ein hoher Deich. Wir kommen an eine Wiese, steigen auf die Deichkrone und gehen oben rechts weiter bis zu einem Schotterweg über den Deich. Auf ihm verlassen wir die Deichkrone landeinwärts, queren den Asphaltweg am Deichfuß und setzen unsere Inselumrundung auf einem Grasweg nach rechts fort. Der Weg wird schmaler, wir queren an einem Übergang den **Wassergraben** und kommen auf den Deichweg. Dort gehen wir links hinauf auf eine Deichkrone und auf der Landseite gleich wieder hinunter.

Unten biegen wir links auf einen Grasweg und wandern entlang eines niedrigen **Binnendeiches** ❷ (Indredige) zu unserer Linken landeinwärts. Der Weg ist mit Holzpfosten mit einem gelben Ring markiert. Bald führt uns der Weg auf die Deichkrone, von der hier ein Weg links Richtung Mandø abzweigt. Wir gehen geradeaus und erreichen, bald wieder oben auf dem Deich, einen weiteren Abzweig nach links. Auch hier wandern wir weiter geradeaus, jetzt mit blauen Ringmarkierungen, rechts des Binnendeiches. Bald endet unser Weg an einem weiteren Weg, hier führt die

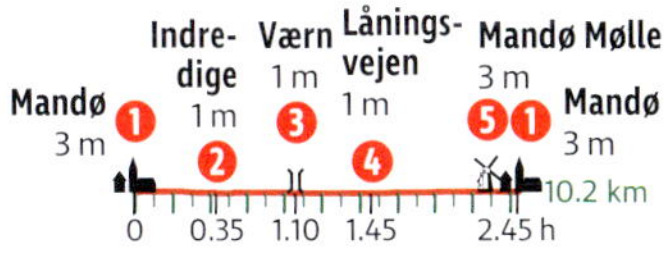

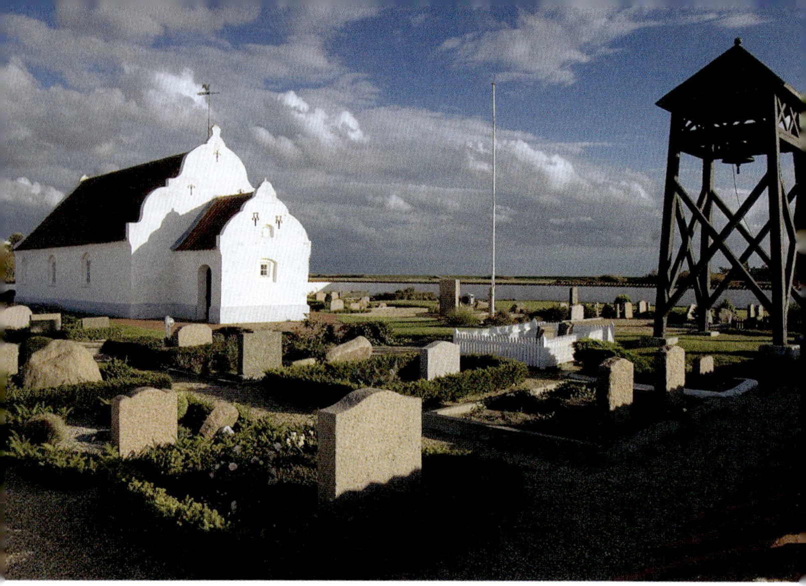

Die Kirche von Mandø mit ihrem freistehenden hölzernen Glockenturm.

rote und blaue Markierung links in den Ort zurück (Variante). Wir aber wandern rechts mit der roten Markierung durch Weiden auf den Außendeich zu, kommen schließlich bei einem **Wehr** ❸ (Værn) durch ein Metalltor auf einen Asphaltweg am Deich und gehen nach links. Der Weg ist mit einem schwarzen und blauen Ring markiert. Entweder bleiben wir hier unten oder wir genießen die Aussicht von der Deichkrone.

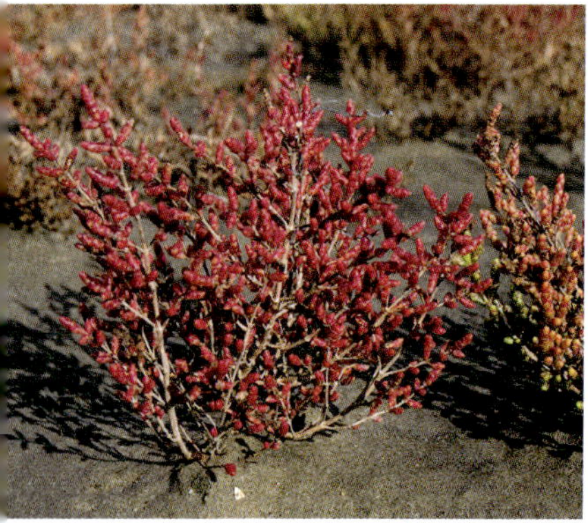

Nach einiger Zeit überqueren wir die Insel-Zufahrtsstraße **Låningsvejen** ❹ und bleiben jetzt mit grüner und schwarzer Markierung weiter auf dem Deichweg. Vor den ersten Häusern von **Mandø** überqueren wir den Innendeich und gehen auf die Windmühle **Mandø Mølle** ❺ zu. Bald kommen wir auf die Straße in den Ort, vorbei an einem Restaurant und hier rechts zum **Parkplatz** ❶.

Im Wattenmeer zu Hause: der Queller.

↗ 50 m | ↘ 50 m

4.30 h

Rømø 38

Aus dem Inselwald über den weiten Strand zum Watt

Vom Inselwald mitten auf Rømø nähern wir uns über weitläufige Weideflächen mit Seen und Schilfröhrichten dem weiten, glatten Sandstrand am Wattenmeer. Auf einem weglosen Abstecher wagen wir uns bis zur Brandungszone der Nordsee, weit draußen vor dem schier endlosen Strand. Hier erleben wir einen durch den ständigen Wechsel zwischen Ebbe und Flut geprägten Lebensraum. Bei Niedrigwasser bedecken Teppiche von grünen und roten Wattpflanzen die höher gelegenen Flächen des Watts, dazwischen leuchten Rinnsale und größere Wasserflächen blau in der Sonne – ein zu jeder Tages- und Jahreszeit anderes Farbenspiel.

Ausgangspunkt: Kirkeby Plantage. Anfahrt: Über den Damm nach Rømø, links in Richtung der Fähre nach Sylt, ca. 3 km nach der Kreuzung den ersten Parkplatz rechts der Straße am Waldrand nehmen. Bus 29 (Skærbæk, Havneby) auf die Insel bis Kongsmark.
Anforderungen: Lange Wanderung, teilweise nicht markiert, an der Westküste weglos.
Einkehr: Keine.

Tipps: Rømø Kirke mit schönen Segelschiffsmodellen, Naturcenter Tønnisgård mit Ausstellungen und Veranstaltungen zur regionalen Natur und Kultur und Nationalmuseum Kommandørgård in einem alten Walfänger-Kapitänshaus (Infos unter romo.dk/de). Strandsegeln, Kitebuggy fahren, Drachen steigen lassen und Auto fahren am Strand zwischen Havneby und Lakolk.
Karte: 1112 III Rømø.

Vom **Parkplatz** ❶ aus passieren wir eine **Holzschranke**, folgen den gelben und roten Markierungen (Schild »Vandreture«) und kommen nach wenigen Schritten nach rechts auf einen Pfad. Dieser windet sich durch den Wald, an einem kleinen See vorbei und trifft auf einen Schotterweg. Wir folgen den Markierungen nach links und wandern auf dem Fahrweg geradeaus weiter. Etwas später zweigt zuerst die rot markierte Route nach links ab, nochmals ein gutes Stück weiter auch die gelbe Route. Wir bleiben aber auf dem Schotterweg immer geradeaus, auch bei anderen Abzweigungen.

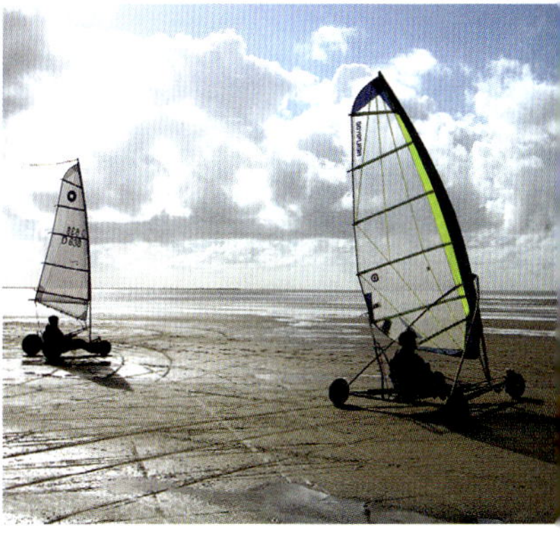

Der Wind auf Rømø treibt nicht nur Segelboote an.

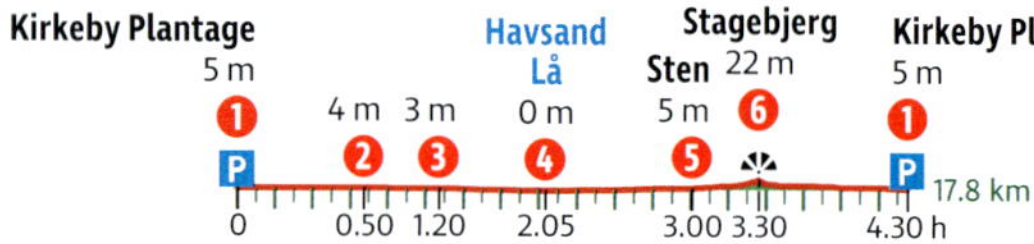

Bald öffnet sich die Heide-Dünenlandschaft vor uns und wir folgen dem Weg am Rand der Heide nach links, stoßen auf einen **Fahrweg** ❷ und biegen nach rechts ab. So treffen wir an den Rand der sumpfigen Marschlandschaft, in der Ferne erkennen wir die meerseitige Dünenkette. Hier gehen wir nach links. Nach einiger Zeit überqueren wir einen niedrigen Damm und biegen kurz darauf durch eine Absperrkette rechts auf einen schnurgeraden **Grasweg** ❸ Richtung Meer ab. Auf diesem Weg durchqueren wir schließlich eine Baumreihe und den breiten, niedrigen Dünengürtel.
Am Strand treffen wir auf eine Sandpiste, auf der auch Autos unterwegs sind. Von hier aus unternehmen wir weglos einen Abstecher bis an die je nach Gezeitenstand mehr oder weniger weit entfernte Nordsee. Dazu überqueren wir zunächst den hier ca. 1,5 km breiten Sandstrand. Wir halten uns dabei schräg rechts Richtung Westen und gehen schließlich auf der rechten Seite des sich verändernden Meeresarmes **Havsand Lå** ❹ auf das offene Meer zu. Diesen Abschnitt der Wanderung können wir nach Lust und Laune ausdehnen – je nachdem, wie viel wir von dieser einzigartigen Wattlandschaft erkunden möchten. Nach unserem Abstecher folgen wir der Piste vom Meer aus gesehen nach rechts, bis wir nach ca. 1 km zu einem

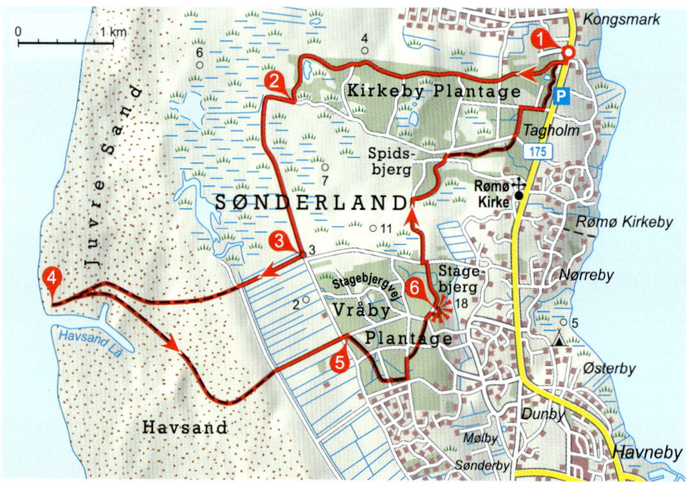

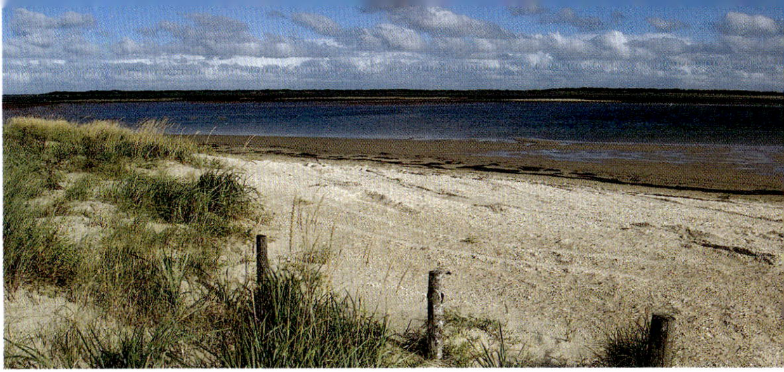

Blick von den Nordseedünen auf Havsand Lå.

Weg mit einem **Hinweisschild »Stagebjergvej«** kommen und diesem mit der Reitwegmarkierung landeinwärts durch die Dünen folgen.
Wir durchqueren wieder die Baumreihe und gelangen über einen Sandweg zwischen Weiden hindurch nach einer Absperrkette schließlich auf eine Schotterwegkreuzung. Wir nehmen den Stagbjergvej ein Stück geradeaus und verlassen ihn sogleich an einem **Stein mit gelber Markierung** ❺ nach rechts. Wir passieren eine Schneise und folgen dem Weg, der sich in einigen Bögen durch den Kiefernwald windet. Schließlich erreichen wir einen **Parkplatz**, vor dem wir links in einen breiten Schotterweg einbiegen. Wir verlassen den Schotterweg wenig später mit der gelben Markierung nach rechts und wandern bis zu einem weiteren Schotterweg. Diesen überqueren wir und gehen durch eine Absperrkette in Richtung **Stagebjerg** ❻, den wir mit einem Abstecher nach rechts besteigen können.
Wieder unten geht es rechts weiter. Wenig später zweigt der gelbe Weg nach links ab, hier verlassen wir die gelbe Markierung und bleiben auf unserem Schotterweg. Bald stoßen wir auf einen breiteren Schotterweg, gehen wenige Meter nach links und sofort wieder rechts durch eine Absperrkette mit Reitwegmarkierung. Wir wandern geradeaus, verlassen schließlich den Wald und durchqueren eine **Heidefläche** bis zu einem weiteren Wald.
Am Waldrand biegen wir an einem Pfosten mit Reiten-verboten-Hinweis rechts auf einen zweispurigen Grasweg ein. Diesem folgen wir, überqueren bei einem Holzhaus einen Schotterweg und zweigen wenig später auf Höhe einer **Bank** mit der gelben Markierung auf einem Pfad nach rechts ab. Der gut markierte Pfad führt in Bögen durch den Wald und über einige Wegkreuzungen hinweg. Wir treffen auf einen Schotterweg und gehen rechts. Kurz vor der Straße folgen wir den Markierungen wieder nach links und wir erreichen bald unseren Ausgangspunkt am **Parkplatz** ❶.

↗ 60 m | ↘ 60 m

3.45 h

39 Durch die Stensbæk Plantage

Dreimal Heide – aber immer anders

Bei dieser Tour wandern wir durch drei Heidegebiete, die Åskov Hede, die Ballum Bjerg Hede und die Stensbæk Hede. Trotz ihrer Gemeinsamkeiten – durch Heidekrautbewuchs am Weiterwandern gehinderte Flugsanddünen – zeigt jedes dieser Heidegebiete ein andersartiges Landschaftsbild: von höheren Dünen geprägt, von Kiefern und Wacholderbüschen unterbrochen oder von geometrisch geformten Hügeln dominiert. Von der Åskov Hede heißt es zudem der Sage nach, unter ihren Steinen sei ein Schatz begraben.

Ausgangspunkt: Varming. Anfahrt: Straße 24 von Ribe Richtung Aabenra, am Abzweig nach Varming vorbei, direkt vor der Brücke über den Gelså bei einigen Gebäuden von »Gelsbro« rechts parken. Bus 35 (Harderslev) nach Gram Ældreafdeling, dort in den Bus 561 (Fole Skole) bis Enderupskov.
Anforderungen: Die Wege sind gut markiert und überwiegend befestigt.
Einkehr: Keine.
Variante: Auf der dritten Heidefläche (Stensbæk Hede) kreuzt die grüne markierte Route in der Nähe von geometrisch geformten Hügeln den Weg, hier links bis zum breiten Flüsschen Gels Å (ca. 1,2 km kürzer).
Karte: 1112 I SØ Arnum.

Wir gehen vom **Parkplatz** an der **Gelsbro** ❶ zurück Richtung Straße, kurz davor zweigt links ein Pfad mit einem blauen Dreieck vom **Gelsbrovej** ab. Die blaue Markierung weist uns im ersten Teil dieser Tour den Weg. Nach wenigen Schritten geht es von der Straße weg nach links in die **Åskov Hede**. Wir queren einen Reitweg und folgen einem breiten Weg in die offene Heide. Bald queren wir einen Schotterweg und wandern in einen Wald hinein. Unsere blaue Route knickt wenig später nach links ab und wir queren erneut einen Schotterweg. Bevor wir wieder die offene Heide

Åskov Hede in der Nähe der Sagnsten.

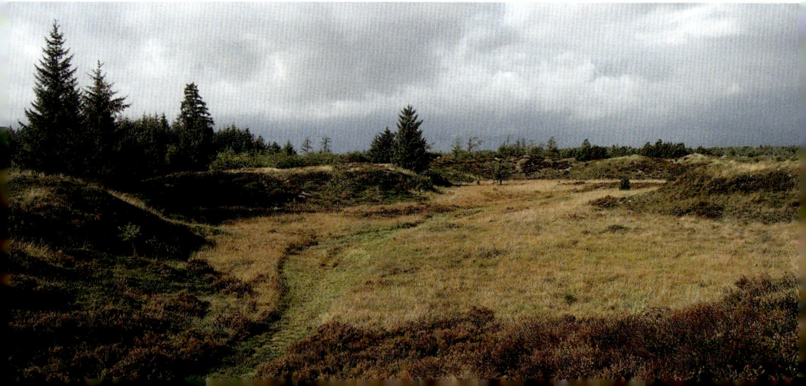

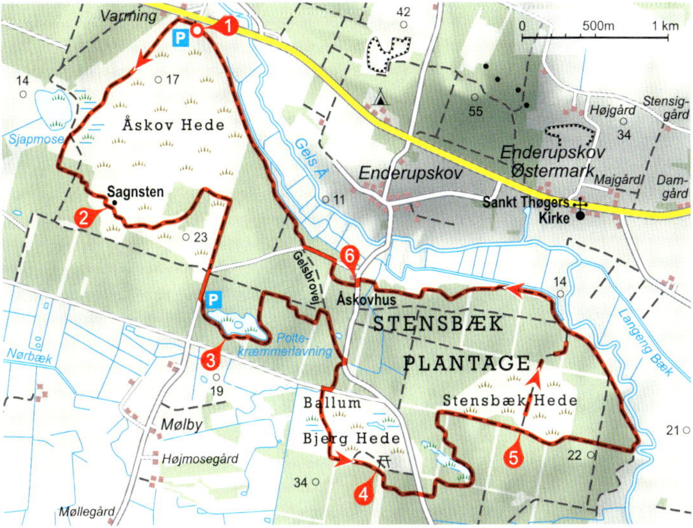

erreichen, zweigt unser markierter Pfad rechts in baumbestandenes, hügeliges Gelände ab. Wir kommen an einem Schild vorbei, das nach links zu den **Sagnsten** ❷ zeigt. Unter ein paar Steinen ist hier der Sage nach ein Schatz verborgen.

Am Ende eines Wäldchens geht es ein Stück in einem Rechtsbogen bergauf, oben verlassen wir die blaue Route und gehen nach rechts weiter. Der Pfad bringt uns zu einer Kreuzung und wir biegen hier rechts auf einen breiten, als Reitweg markierten Sandweg ab, der an einer Schotterwegkreuzung endet. Wir wandern auf einer Schotterstraße geradeaus in den Wald und erreichen bald einen **Parkplatz** auf der linken Seite. An dessen rechter hinterer Ecke folgen wir einem leicht ansteigenden Waldpfad und halten uns sodann rechts. Durch einen dunklen Nadelwald kommen wir an das rechte Ufer eines **Sees** ❸, überqueren einen Graben und bleiben weiter auf dem Pfad oberhalb des Ufers. Nachdem wir so den See mehr als halb umrundet haben, verlassen wir den Uferweg vor einer Bank auf einem Grasweg nach rechts in den Wald. Der Weg endet an einem Schotterweg, in den wir rechts einbiegen.

Wenig später wandern wir nach rechts mit dem interessanten Mountainbiketrail weiter. Schließlich bleibt uns nur die Möglichkeit, nach

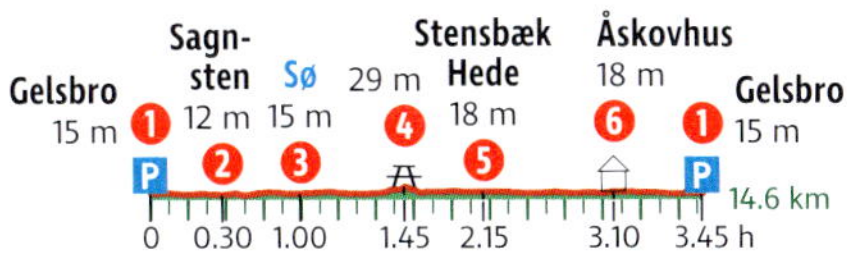

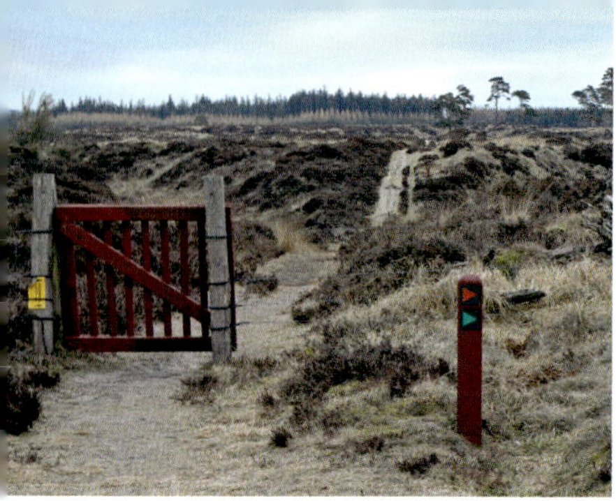

Das Tor zu Stensbæk Hede.

links zum **Varminglundvej** zu gehen und mit diesem nach rechts unmittelbar zu einer Kreuzung. Auch hier wenden wir uns nach rechts. Der Gelsbrovej endet an einer Straße. Auf dieser gehen wir kurz nach rechts, verlassen sie aber ein paar Schritte später mit einem rot markierten Weg ebenfalls nach rechts. Wir folgen bis auf Weiteres den roten Wegzeichen. Am Waldrand geht es kurz nach rechts weiter, um dann nach links die Heide zu durchwandern. Am gegenüberliegenden Waldrand weist uns das rote Dreieck nach links, leicht ansteigend, zum Rand der **Ballum Bjerg Hede**. Unmittelbar hinter einem **Rastplatz** ❹ führt der Weg in einem Rechtsbogen hinunter in den Wald, in den wir dann an einem Abzweig nach links abbiegen. Bald queren wir eine Straße. Unser Weg endet an einem breiten Grasweg, wir wenden uns nach rechts. Vor einer Schonung weist die rote Markierung nach links. Wir halten uns weiter an die Markierungen und befinden uns nach einer Linkskurve am rechten Ufer eines **Schilfsees**. Nach einem kleinen Wegstück am Ufer entlang zweigen wir mit der roten Markierung nach rechts ab und wechseln nun mehrmals in kurzen Abständen gut markiert die Gehrichtung.

So gelangen wir an den Rand der weitläufigen **Stensbæk Hede**. Bei großen Informationstafeln treten wir nach rechts durch ein Gatter. Der Weiterweg ist nun gelb markiert. Unser Weg führt durch die Heide, wo in der Nähe von geometrisch geformten Hügeln an einer **Wegkreuzung** ❺ die grün markierte Route (Variante) unseren Weg quert. Wir gehen weiter geradeaus und queren einen Reitweg, später einen Schotterweg. Schließlich stoßen wir auf einen breiten Bach und folgen seinen Mäandern nach links. Nach einiger Zeit mündet unser Weg in einen Schotterweg, auf dem wir geradeaus weiterwandern. Bei einer großen Bachschleife und einer **Bank** stößt von links die grüne Route auf unseren Weg, ihr folgen wir nach rechts auf einem Pfad in der Nähe des Bachs durch den Laubwald. Wir halten uns dabei an die grünen Markierungen, die uns zeitweise etwas vom Bachlauf entfernen lassen.

Vor dem **Åskovhus** ❻ nehmen wir einige Schritte die Straße nach links und biegen nach rechts auf einen markierten Reitweg ein. Nach rechts gelangen wir zum Mølbyvej, der uns links zu einem Abzweig bringt. Wir biegen nach rechts ab und halten uns weiter möglichst rechts, um nah am Bachlauf zu sein. Nun müssen wir nur noch unsere Gehrichtung beibehalten und kommen ohne große Mühen zum **Parkplatz** an der **Gelsbro** ❶ zurück.

↗ 140 m | ↘ 140 m

3.00 h

TOP **40**

Rebild Bakker und Rold Skov

Steile Berge und tiefe Täler in Heide und Wald

Amerika-Dänen kauften dieses Gebiet und schenkten es dem dänischen Volk – als Nationalpark. Seither findet hier am 4. Juli Europas größtes Fest zum amerikanischen Unabhängigkeitstag statt. Bestimmt ziehen sich dann auch die Trolle in ihren »Troldeskoven«, den Trollwald aus über 100 Jahre alten verschlungenen und krummgewachsenen Buchen, zurück. Gewaltige Hügel, bedeckt mit einem Pelz aus Heidekraut, bestimmen großteils das Bild dieser Berglandschaft, in der wir einige Höhenmeter zu bewältigen haben.

Ausgangspunkt: Rebild. Anfahrt: Autobahn E 45 von Hobro Richtung Aalborg, Abfahrt Nr. 31 Støvring, Richtung Rebild Bakker bis zur Straße 180, dort rechts Richtung Rebild Bakker. Bei den Thingbæk Kalkminer nach links abbiegen und wieder links Richtung Rebild, Skørping. Den dritten Parkplatz links nehmen. Bus 104 vom Bahnhof Støvring Richtung Terndrup, Halt beim »Rebildvej/Cimbrervej« anfordern.
Anforderungen: Viele zwar kurze, aber teils sehr steile Anstiege, Kondition nötig.
Einkehr: Kleine Cafés am Parkplatz in Rebild, Rold Storkro, Lincoln Blokhus.
Tipps: Lincoln Blokhus mit Totempfahl (rebildfesten.dk). Haus des Wilddiebes Lars Kjær.
Karten: 1216 I SØ Støring, 1216 II NØ Rold.

Vom **Parkplatz** ❶ führt ein mit gelben Punkten markierter Pfad in nordöstlicher Richtung bergauf. Im gesamten ersten Teil unserer Wanderung folgen wir diesen gelben Punkten. Wir zweigen im Aufstieg von blauen Markierungen nach links über eine Treppe ab und treffen auf einem Kamm auf einen Höhenweg; geradeaus geht es blau markiert weiter, von rechts blau und gelb, nach links gelb (Abzweig nach rechts durch ein Holzgatter ignorieren). Wir folgen links den gelben Punkten weiter auf dem **Höhenrücken**, an einer Verzweigung rechts Richtung Ravkildnstien (links geht es zur Brunebakke). Wo sich die gelbe Route erneut verzweigt, wandern wir nach links in einen Taleinschnitt. Wir kommen aus dem Wald heraus, vor uns öffnet sich ein breites Tal. Auf einem Pfad geradeaus abwärts queren wir den mit Wacholderbüschen

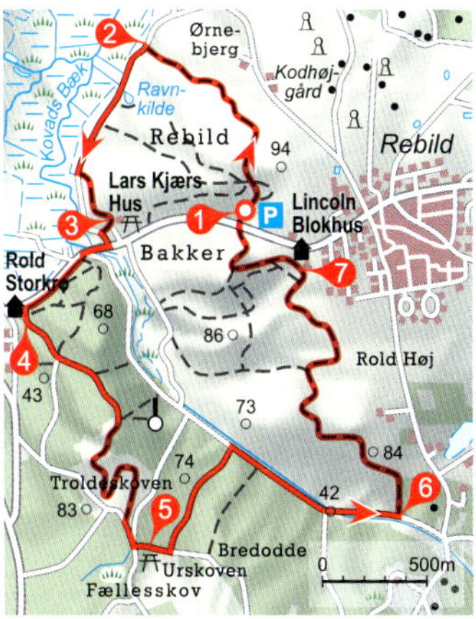

bestandenen Hang und gehen durch ein Gatter nach rechts in den Wald. Nach ein paar Holzstufen treffen wir auf einen querenden Talweg zu einer **Quelle**, die wir rechts halb umrunden und zu einem **Schotterweg** ❷ gelangen. Wir folgen diesem nach links und erreichen bald eine beeindruckend große Quelle, die **Ravnkilde**. Wir ignorieren einen beschilderten Abzweig nach links (gelbe Markierung) und bevor unser Schotterweg weit vor uns eine Linkskurve beschreibt, biegen wir schräg nach links auf einen schmalen Pfad hinauf in die Heide ab. Wir passieren einen Pfosten mit einem blauen Dreieck und erreichen ein Plateau. Dann kommen wir zum **Lars Kjær Hus** ❸, einem schönen alten Reetdachhaus mit Rastbänken davor.
Von hier gehen wir rechts hinunter zur Straße. Ihr folgen wir ein Stück nach rechts, überqueren einen Bach und erreichen ca. 150 m später einen kleinen Parkplatz auf der linken Straßenseite. Von hier an bleiben wir auf einem Pfad links neben der Straße bis wir einen **Schotterweg** ❹ erreichen. Auf diesem wandern wir mit den gelben Markierungen nach links weiter. An einer Gabelung, an der der Schotterweg im Rechtsbogen bergauf weiterführt, wählen wir den linken Weg. Bald teilt sich auch dieser Weg, mit einer **Bank** in der Mitte der Gabelung. Die gelbe Route führt nach links weiter, wir jedoch folgen unserem Weg weiter nach rechts in Richtung der Hinweisschilder »Skov Tarnet« / Troldeskoven«. Bald stoßen wir auf einen Waldweg, dem wir nach rechts auf der Anhöhe entlang folgen (Hinweisschilder).
Der Waldweg schlängelt sich durch den lichten Buchenwald und wir können uns bald vorstellen, wie der **Troldeskov** (Trollwald) zu seinem Namen kam. Wir halten uns an die gelben Punkte, die uns bald in einem engen Rechtsbogen an einer Steilkante entlangführen. Dann endet unser Pfad an einem breiten Schotterweg, den wir nach links einschlagen. An einer Wegkreuzung wandern wir geradeaus weiter Richtung »Urskoven, Balplads«. Kurz nachdem wir einen Grillplatz, den **Balplads** ❺, passiert haben, verlassen wir den Schotterweg an einem Abzweig mit Hinweisschildern und der gelben Markierung nach links auf einen Waldpfad. Der Pfad führt uns bergab, bis wir rechts in einen Schotterweg einbiegen, der im Tal genau an der Grenze zwischen Wald und Heide verläuft. Einen Abzweig, an dem ein ebenfalls gelb markierter Weg nach links in die Heide führt, ignorieren wir und bleiben auf dem Schotterweg am Rand der Heide. An deren Ende, bei einer Weggabelung mit Bänken, gehen wir über einen Viehrost weiter nach links an der Grenze von Wald und Heide entlang. Auch hier finden sich wieder gelbe Markierungen an Bäumen und Pfosten. Kurz vor einem weiteren Viehrost und einem roten Gatter biegen wir nach links auf einen Pfad in die **Heide** ❻ ab.

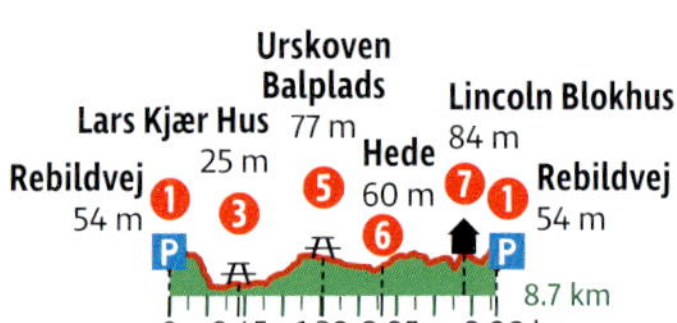

Der Pfad führt uns mehr oder weniger nah am Rand der Heide entlang. Bald tauchen rechts Wiesen und Fel-

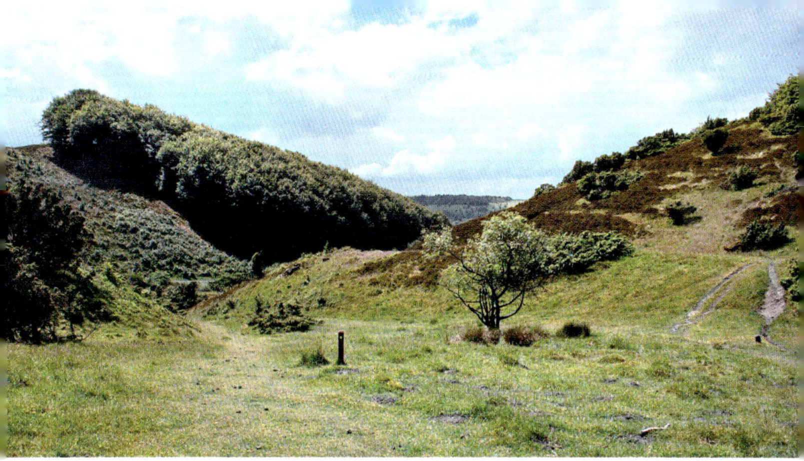

Heidebestandene Inlandsdünen Rebild Bakker zu Beginn der Tour.

der auf, hier schwenkt unser Weg nach links. Wir wandern mitten in die Heide und ersteigen eine Anhöhe. Dann durchschreiten wir einige Tälchen zwischen den Heidehügeln in steilem Auf und Ab und queren ein kleines Plateau. Weiter geht es auf steilen Pfaden durch den Wald, hinunter in die Täler und wieder hinauf auf die Anhöhen, bis wir fast am Ende der Heidelandschaft durch ein Tor im Maschendrahtzaun in ein Tal mit ebenem Talgrund hinuntersteigen; wir folgen ihm nach rechts. Wir erreichen am Ende der Heidefläche eine **Verzweigung**, an der uns die gelben Punkte den Weg nach links weisen. Der Pfad führt bergauf in einem Rechtsbogen in den Wald. Dort geht es wieder bergauf und bergab, wir folgen weiter den Markierungen an den Bäumen. Nach einer weiteren Heidefläche erreichen wir schließlich über einen Schotterweg einen großen **Parkplatz** mit zahlreichen Blockhütten (mit Imbiss- und Souvenirläden) im Wildwest-Stil, u. a. das **Lincoln Blokhus** **7**.

Die gelben Punkte weisen uns wieder den Weg durch den Wald und auf eine grasbewachsene Kuppe. Auf diesem fast kreisrunden Plateau verlassen wir den gelb markierten Weg und steigen auf einen Pfad nach rechts ab. Der schmale Trampelpfad führt hinunter auf einen zweispurigen Fahrweg in einem Heidetal. Auf diesem angekommen, wenden wir uns nach rechts und folgen ihm leicht bergauf. Wir bleiben so lange auf dem Weg, bis wir links unter uns die Straße und unseren Parkplatz sehen können. Hier biegen wir, bevor unser Weg einen Rechtsbogen beschreibt, links auf einen schlecht zu sehenden Pfad ab, der steil den Berg hinunter direkt auf unseren gegenüberliegenden Parkplatz zuführt. Vor der Straße queren wir einen Zaun durch ein **rotes Holzgatter**. Auf der Straße nach links erreichen wir bald den **Parkplatz** **1**.

↗ 150 m | ↘ 150 m

41 Fussing Sø und Fussingø Slot

2.30 h

Vom Fussing-See zur Fussingø-Mühle und zum Fussingø-Schloss

Der Rundweg führt uns zunächst durch die schönen Laubwälder von Fussingø. Unser Ziel ist eine Reihe historischer Gebäude, die sich um die Seenlandschaft gruppieren. Wir wandern von dem größten der Seen, dem Fussing Sø, an den mit schönen Reetdächern gedeckten Nebengebäuden von Schloss Fussingø vorbei zur Fussingø Vandmølle, einer ebenfalls reetgedeckten Fachwerkmühle. Auf dem Rückweg haben wir Gelegenheit, auf den hübschen Wegen im Schlosspark zu spazieren.

Ausgangspunkt: Fussingø. Anfahrt: Autobahn E 39, Abfahrt Nr. 40, Randers, Straße 16 Richtung Viborg, Hinweis »Fussingø 3 km« links, bis zum Parkplatz nach einem Linksbogen.
Anforderungen: Durchgehend markiert, bequeme Forst- und Waldwege.

Einkehr: Keine.
Tipp: Fussingø Slot, Schlosspark zugänglich, Besichtigung der Innenräume nur im Rahmen von Führungen nach Voranmeldung für kleine Gruppen möglich (fussingoeslot.dk).
Karte: 1215 I Hammershøj.

Vom **Parkplatz am Schloss** ❶ aus gehen wir zur Straße und dort links. Wir bleiben ein kurzes Stück Richtung Læsten und steigen sogleich nach rechts mit einem **Wiesenweg** ❷ zum Waldrand an. Rechts des Weges finden wir einen Grillplatz, wir bleiben aber in Gehrichtung. Vor einem niedrigen Wall geht es auf einem deutlich markierten Pfad nach links, wir bleiben immer in der Nähe des Erdwalls. Der Pfad verzieht nach rechts hinunter, durch die Bäume können wir die Fussingø Vandmølle ausmachen. Wir kommen an einen Schotterweg, auf dem wir rechts zur Straße und über den Zufahrtsweg zur **Fussingø Vandmølle** ❸ gelangen. Dort verlassen wir das Ufer des Mühlensees und gehen nach dem Wohnhaus hinter einer reetgedeckten, lang gezogenen Scheune links auf einem Kopfsteinpflasterweg weiter. Nach einem Rechtsbogen finden wir an alten Eichen rechts des Weges unsere Markierungen wieder. Diesen folgen wir leicht bergan und an der nächsten Einmündung nach links. Nach ca. 15 Min. wendet sich unser Weg leicht nach links und dann wieder leicht nach rechts. In dieser Rechtskurve führt ein Stichweg links zum **Skåls Å** ❹, dem Bach, der im See bei der Mühle entspringt (10 Min. für Hin- und Rückweg). Kurz nach dem Abzweig zweigt unsere Route nach

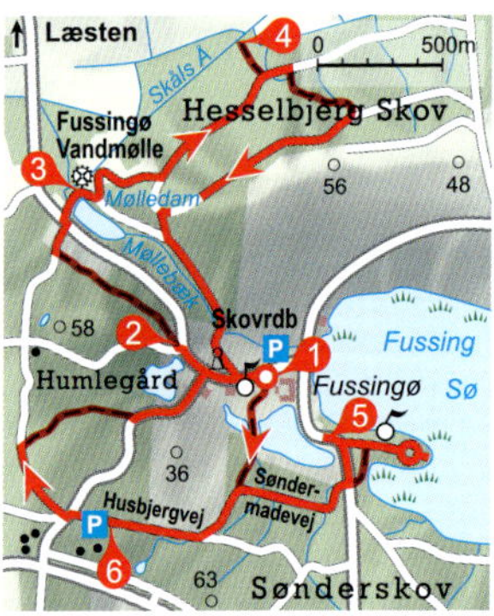

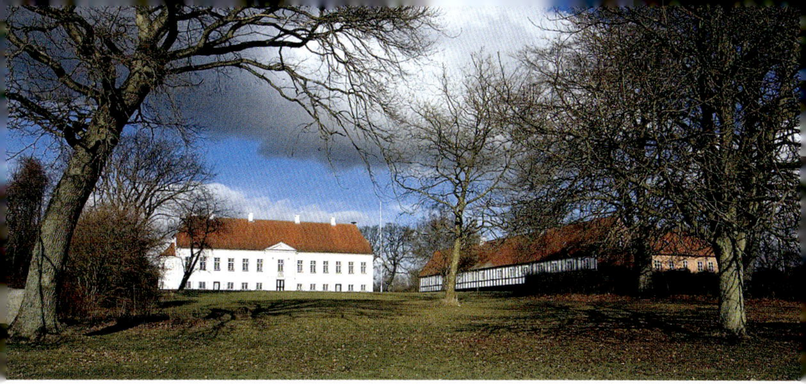

Im Park des Fussingø Slot.

rechts auf einen deutlichen Grasweg (blasse gelbe Punkte) ab. Schließlich treffen wir auf einen Schotterweg, dem wir nach rechts folgen. Nach dem Hochpunkt des geraden Weges schwenken wir nach links in einen Forstweg ein und bleiben in Gehrichtung. Am Waldrand angekommen sehen wir bald Schloss Fussingø und wandern darauf zu. Auf einem Fußweg parallel zur Straße peilen wir dann die nahen gelbroten Nebengebäude des Schlosses mit der »Naturskole« an und queren nach ca. 100 m die Straße nach rechts. Zwischen weißen Steinsäulen hindurch betreten wir das Gelände von **Fussingø Slot** ❶ und wandern auf der Rückseite des Schlosses Richtung Wald. Über einen Holzsteg, der zwei Seen trennt, verlassen wir schließlich den Schlosspark. Im Wald treffen wir auf ein Wegedreieck, ein Findling trägt die Aufschrift »Sondermadevej«. Hier links und über eine Straße (Parkplatz) hinweg gelangen wir zu einer Gartenanlage eines Herrensitzes aus dem 15. Jh., von dem nur noch die Fundamente erhalten sind. Wir gehen nach rechts über die kleine Halbinsel und kommen ab ihrem Ende an das Ufer des **Fussing Sø** ❺. Dort drehen wir um und kehren zum Wegedreieck am »Sondermadevej« zurück. Von dort führt uns der Weg in einem Linksbogen weiter flach bergan. Bei einer Lichtung treffen wir auf den Husbjergvej und folgen ihm. Nach einer Weile erreichen wir den **Kardamsvej** ❻ und biegen unmittelbar dahinter links in einen Schotterweg ein. Nach wenigen Metern zweigen zwei Wege nach rechts ab, wir nehmen den rechten. Knapp 10 Min. später kann man die Markierung unseres Abzweigs nach rechts leicht übersehen. Dieser befindet sich am Tiefpunkt des Weges, wir gehen recht abwärts weiter bis zu einem Wegetreff am Waldrand. Ein paar Schritte später stoßen wir auf einen breiten Schotterweg, gehen links und dann nach rechts zum **Ausgangspunkt** ❶ zurück.

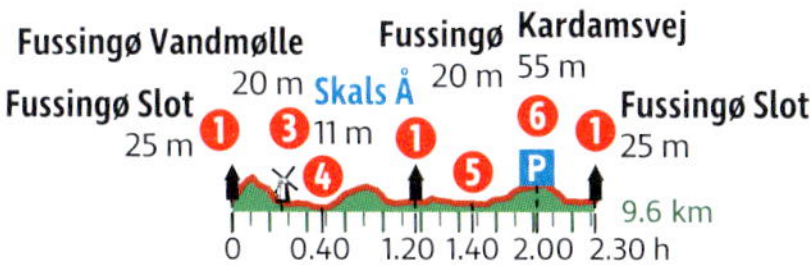

TOP

42 Naturpark am Hald Sø

↗ 270 m | ↘ 270 m

4.30 h

Heide, eine enge Schlucht, eindrucksvolle Buchenwälder und ein See

Wie eine Zunge liegt die vollständig mit schönen, alten Buchen bewaldete Halbinsel Inderø Skov im Hald Sø. Während der Eiszeit trafen hier zwei Gletscher aufeinander, zurück blieb der Hald Sø mit seiner schmalen Halbinsel. Der Eiszeit verdankt auch die Trollschlucht, eine tiefe Geländefurche, ihre Entstehung. Die Schlucht mit den korkenzieherförmig gedrehten Buchen endet etwas abseits unserer Tour am netten Restaurant »Niels Bugges Kro«. Dort kann man eine gemütliche Halbzeitpause einlegen.

Ausgangspunkt: Hald Sø bei Dollerup. Anfahrt: Straße 52 von Silkeborg Richtung Viborg, nach Kjellerup links Richtung Vium, die Straße 13 queren, weiter auf der Margeritenstraße bis zum Hald Sø, nach der Brücke auf den großen Parkplatz rechts. Bus 712 (Trappe Torvet) von Viborg Rutebilstation bis Dollerup, dann an der Kirche starten.
Anforderungen: Die Wege sind durchweg markiert. Wenige sumpfige Bereiche sind – außer in der Troldeslugt – mit Holzstegen überbrückt.
Einkehr: Café und Kiosk oberhalb Dollerup, Niels Bugges Kro am Ende der Troldeslugt, ca. 100 m abseits der Route.

Varianten: 1) An der Wegkreuzung mit den Bänken auf der großen Heidefläche nach rechts ebenfalls mit der gelben Route zum Parkplatz vor der Brücke, hier rechts (ca. 2,5 km kürzer).
2) Nach dem Gatter zur Halbinsel im Hald Sø rechts und auf einem gelb markierten Pfad geradeaus hinauf. Am Ende des Zaunes dem weißen Wanderer-Symbol bis zu einem Schotterweg folgen. Kurz rechts, vor der Straße links und bis zu einer Wegkreuzung. Hier den zweiten Weg rechts (gelbe Punkte) und mit dem Hauptweg weiter (ca. 3,5 km kürzer).
Karte: 1215 III Karup.

Hügelkette hinter dem Dollerup Bæk.

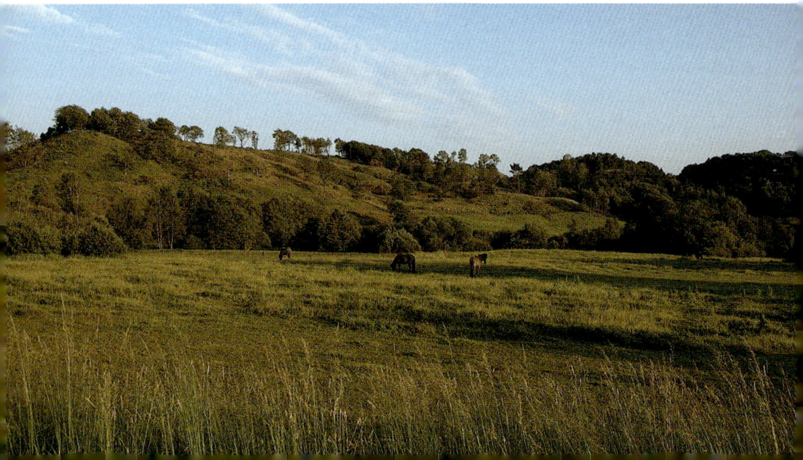

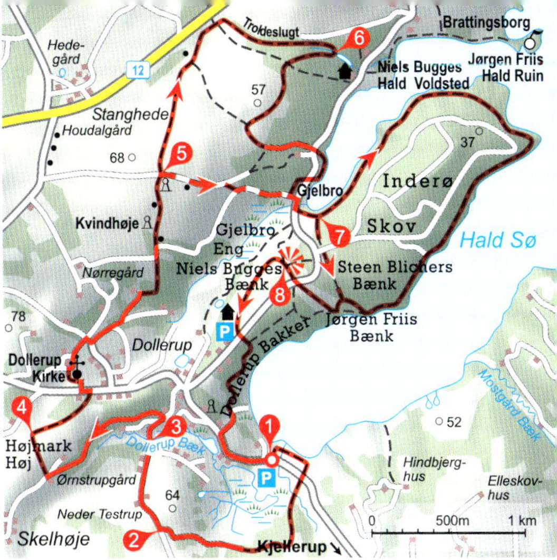

Von unserem **Parkplatz ❶** aus gehen wir vor dem See rechts auf einem Pfad mit gelber Markierung über eine Holzbrücke und erreichen wenig später einen kleinen **Badeplatz** am **Hald Sø**. Hier wenden wir uns nach rechts, überqueren dann die Straße und passieren ein rotes Gatter. Über eine Weide gelangen wir mit den Gelbe-Punkte-Markierungen an den Fuß einer Kette von beeindruckenden Heidehügeln. Über den Kamm geht es steil hinauf auf eine Anhöhe mit einer Bank, von der wir einen schönen Blick über den See haben. Der Pfad führt nun rechts auf der Höhe entlang, quert einen Einschnitt über Stufen und führt kurz danach rechts hinunter.

Hier heißt es aufgepasst: Nach ca. 100 m verlassen wir den weiter auf dem Kamm nach unten führenden Pfad nach links auf einem unscheinbaren **Graspfad** (gelber Punkt an einem Baum links). Wir steigen in ein kleines Seitental ab. Im Talgrund geht es hinter einer großen Buche nach rechts und wenige Schritte später an einem undeutlichen Pfaddreieck nach links; gelbe Punkte an Bäumen und Stümpfen helfen uns, den richtigen Weg zu finden. Wir passieren einen Weidezaun und wandern auf dem breiter werdenden Grasweg geradeaus (hier fehlen die gelben Punkte), queren mehrere Weidezäune und stoßen nach einem Anstieg auf einen **Schotterweg ❷**.

Ein gelbes Dreieck weist uns nach rechts. Wir gehen an einem Bauernhof und anschließend am abzweigenden Testrupvej vorbei; hier verlassen wir die gelbe Route. Nach dem Bachtal **Dollerup Bæk ❸** treffen wir vor einigen Häusern auf den **Ravnsbjergvej**. Auf diesem als Rad- und Wanderweg markierten Fahrweg wandern wir links durch den Wald bis zu einem gelben Haus links vom Weg. An einer Wegeinmündung zweigt ein mit roten Dreiecken markierter Pfad nach rechts ab. Auf diesem Pfad wandern wir entlang einer Hecke über die Kuppe **Højmark Høj ❹**, dann beschreibt der Weg einen Rechtsknick. Durch ein Wäldchen hindurch bringt uns die rote Route zu ein paar Häusern und zu einer Straße. Auf dieser gehen wir kurz nach

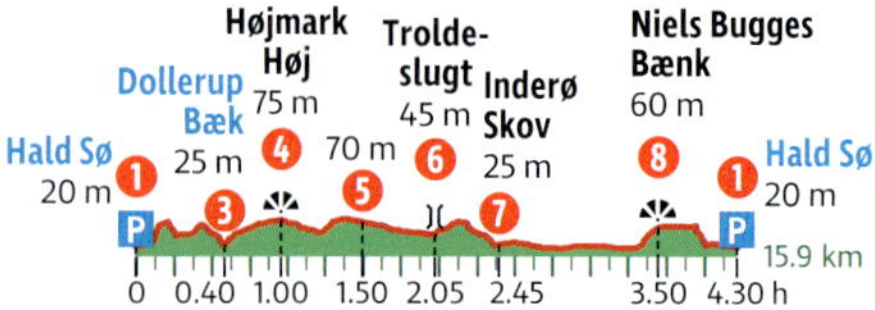

links und sogleich nach rechts hinauf zur turmlosen **Dollerup-Kirche**, die wir nach links halb umrunden. Vom Parkplatz vor der Kirche weist uns das rote Dreieck nach links.
Wir treffen auf einen Schotterweg, auf dem wir kurz rechts und sogleich wieder links gehen. An den zwei darauf folgenden Abzweigen halten wir uns links und wandern durch den Talgrund, bis der Schotterweg bei Häusern links endet. Kurz davor biegen wir auf einem Pfad rechts in den Wald ab (rotes Dreieck). Wenig später zweigt von dem geradeaus weiterführenden Waldweg ein ebenfalls rot markierter Pfad links ab. Dieser Pfad führt uns bergan, bis wir eine große, offene Heidelandschaft erreichen. Etwas nach links versetzt betreten wir durch ein Gatter die Heidefläche und wandern auf einem Grasweg über die Hochebene. An einem steinernen Gedenktisch vorbei kommen wir an eine **Wegkreuzung** 5 mit Bänken, an der wir weiter geradeaus wandern, jetzt nur noch mit gelber Markierung (Variante 1).
Wir passieren eine kleine Anhöhe, dann zwei Gatter und kommen schließlich zu einem Parkplatz. Wir wenden uns nach rechts und an einer Informationstafel vorbei wieder nach rechts, weiter auf der gelben Route. Der Pfad führt uns an einem Abzweig nach rechts direkt durch die **Troldeslugt**, ein schluchtartiges Schmelzwassertal mit bis zu 300 Jahre alten Buchen. Dann bringt uns ein **Holzsteg** 6 nach rechts über den nassen Talgrund und wir steigen auf einem markierten Pfad den Hang hinauf; geradeaus weiter gelangt man nach ca. 100 m zum Gasthaus Niels Bugges Kro.
Oben führt uns die gelbe Route nach rechts am Rand der Schlucht zurück. Der Waldpfad knickt bald links ab und wir erreichen wenig später durch ein Holzgatter wieder die große Heidefläche. Wir wandern auf einem Grasweg parallel zum Waldrand, bis es steil in einen Einschnitt hinuntergeht. Unten wenden wir uns nach links und verlassen die Heide durch ein Gatter (gelbe Punkte). Ein geschotterter Waldweg bringt uns zu einem **Parkplatz**.
Wir überqueren die Straße links vom Parkplatz, gehen weiter auf dem gelb markierten Pfad und sofort nach rechts über einige Holzstege auf das Ufer des **Hald Sø** zu. Der Weg mündet bald wieder in die Straße, wir queren sie und steigen über einige Stufen (Schild weißer Wanderer) auf einen parallel zur Straße führenden Pfad hinauf. Dieser endet an einem Parkplatz; hier weichen wir von der gelben Route ab und überqueren auf der Straße nach rechts einen **Bach**. Sogleich wieder links kommen wir über einen kleinen Parkplatz durch ein Holzgatter auf einen Pfad. Der Pfad bringt uns durch ein weiteres Gatter in den hohen Buchenwald des **Inderø Skov** 7, der die Halbinsel im Hald Sø bedeckt. Hier gehen wir nach links auf den gelb markierten Pfad am Seeufer (Variante 2).

Wir umrunden auf dem markierten Weg die gesamte Halbinsel, immer nah am Ufer. Am Ende dieser Umrundung verlässt die gelbe Route das Ufer nach rechts hinauf und biegt oben an einer Kreuzung vor einem Reitweg links ab (auch Markierung weißer Wanderer). Nach wenigen Schritten stehen wir vor einem engen Tal, hier verlassen wir die gelbe Halbinsel-Route. Kurz rechts und sogleich links durch ein Holzgatter steigen wir steil in das **Tal** hinunter. Unten angekommen, wandern wir auf einem breiten Weg im Talgrund nach rechts wieder hinauf. Oben queren wir eine Straße und gehen über einen Parkplatz auf einem Pfad auf die Anhöhe zur **Niels Bugges Bænk** 8, einem Aussichtspunkt mit Bank, hinauf.

Wir wandern weiter auf dem Höhenweg durch die Heide und folgen ihm nach links zu einem Parkplatz. Hier gehen wir links über die Straße bis zur Steilkante zum See. Nach rechts kommen wir zu einem **Kiosk** auf dem Höhenrücken. Unser weiterer Weg führt vor dem Kiosk nach links durch ein Gatter (gelbe und rote Punkte) steil hinab und durch ein zweites Gatter nach rechts. Am Hang entlang ist ein kurzes Stück nur rot markiert, bald kommt wieder eine neue gelbe Route hinzu und es geht gelb und rot markiert über einen Holzsteg. Der Pfad mündet vor einem Haus in einen Schotterweg und wir laufen nach rechts an dem Haus vorbei zur Straße. Auf ihr gehen wir links an einer alten Fabrik vorbei bis zu unserem Ausgangspunkt am **Parkplatz** 1.

Im lichtdurchfluteten Buchenwald des Inderø Skov.

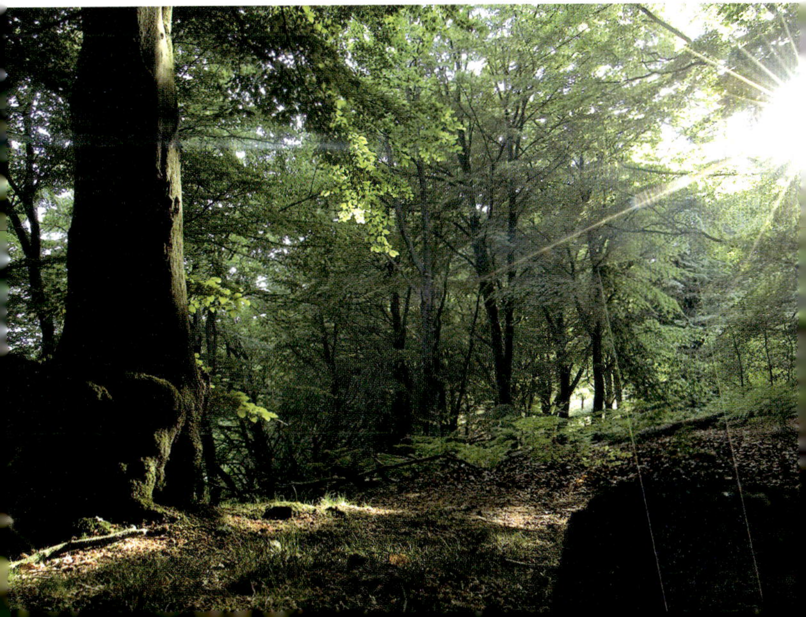

↗ 260 m | ↘ 260 m

43 Vom Julsø auf den Himmelbjerget

2.30 h

Auf den Spuren des Dichters H. C. Andersen

In diesem beliebten Ausflugsgebiet findet man die höchsten Berge Dänemarks, zwischen denen sich eine romantische Seenlandschaft, gespeist durch den Gunden Å, den längsten Fluss Dänemarks, gebildet hat. Dieses waldreiche Gebiet inspirierte schon H. C. Andersen zu seinen Werken. Schließlich stehen wir 172 m ü. NN auf dem 25 Meter hohen Aussichtsturm Himmelbjergtårn hoch über den Baumwipfeln und lassen unseren Blick über die Seen, Wälder und Heidegebiete schweifen, die wir durchwandern.

Ausgangspunkt: Rye Nørreskov. Anfahrt über Autobahn E 45, Abfahrt Nr. 52 Skanderborg, auf der Straße 445 durch Ry und dann den zweiten Abzweig Richtung »Himmelbjerget« nach rechts zum Parkplatz P5. Bahn RA oder RX (Århus) vom Bahnhof Silkeborg nach Ry, mit Bus 311 Richtung Silkeborg Station bis Himmelbjerggåden.
Anforderungen: Leichte Waldwanderung mit einigen Steigungen.

Einkehr: Restaurant Julsø, Kioske und ein Restaurant am Himmelbjergtårn.
Tipp: Die Seenplatte von Silkeborg ist ein bekanntes Ausflugs- und Naherholungsgebiet (Infos: silkeborg.com). Von Anfang Mai bis Ende Sept. ist die Anreise mit dem Ausflugsdampfer vom Frischwasseraquarium in Silkeborg über den Brassø, den Borresø und den Julsø zum Hotel Julsø möglich.
Karte: 1214 I Silkeborg.

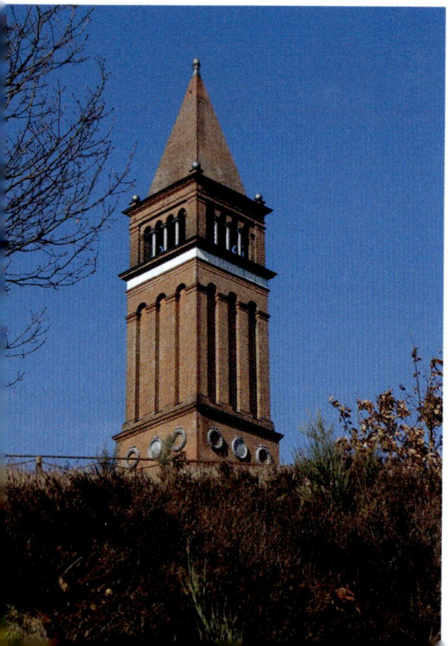

Wir gehen vom **Parkplatz P5** ❶ aus nach rechts an Markierungspflöcken in den Wald hinein, bleiben geradeaus und folgen den gelben Dreiecken direkt zum **Julsø**, den wir bald durch die Bäume vor uns schimmern sehen. Kurz vor dem **Seeufer** ❷ schwenken wir nach rechts ein. Den See immer im Blick, wandern wir nah am Ufer durch den Wald und weiter auf einem schmalen Pfad am Seeufer zum **Hotel-Restaurant Julsø** ❸. Hier verlassen wir die Markierung. Vom Ufer aus gehen wir eine Treppe hinauf und auf der Straße zwischen den Hotelgebäuden hindurch. Achtung, direkt hinter den Gebäuden führt ein

Gedenkturm Frederik VII.

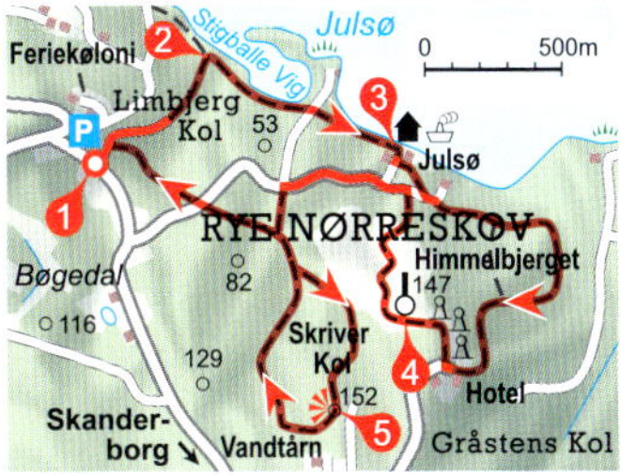

unscheinbarer, schmaler Sandpfad direkt an einer Stützmauer links steil hinauf. Oben angekommen passieren wir einen Gastank und biegen am Ende des Hotelkomplexes in einen Waldweg nach rechts ein.

Der Pfad windet sich im Talgrund zwischen den Hügeln hindurch. Dann treffen wir auf eine Schotterstraße, in die wir nach links einbiegen. An der Einfahrt eines Hauses vorbei stößt bald wieder ein Weg mit gelbem Dreieck, dem wir für die nächste Zeit folgen, zu uns. An einer Abzweigung halten wir uns nach rechts. Bald öffnet sich der Wald und gibt den Blick auf eine kleine Heidefläche frei. Wir wandern am Rand der Heide entlang und folgen dabei einem Abzweig nach rechts. Wenig später entscheiden wir uns erneut für den rechten der beiden Wege und treffen auf einen breiteren Waldweg, dem wir nach links weiter hinauf zum Himmelbjerget folgen. Über eine lange Holztreppe gelangen wir schließlich zu **H. C. Andersens Bænk**, der Bank von Hans Christian Andersen. Von hier gehen wir auf das **Hotel Himmelbjerget** zu und erreichen einen großen Parkplatz mit einigen Imbissbuden und Kiosken. Den stattlichen Aussichtsturm auf dem **Himmelbjerget** 4, der während der Saison auch bestiegen werden kann, erreichen wir über eine Treppe oder über einen längeren, ebeneren Weg.

Vom Turm aus, die Seen im Rücken, steigen wir die Treppe Richtung »Bådene« hinunter. Weiter geht es rechts bergab auf die Seen zu, auf einem breiteren Sandweg mit hübschen Holzgeländern. Von einem kleinen **Aussichtsplateau**, von dem wir rückblickend nochmals schön den Himmelbjerget und den Turm sehen, wandern wir Richtung Julsø und treffen auf einen Schotterweg, in den wir links einbiegen. Der Weg führt leicht bergab an einem Parkplatz vorbei. Rechts geht es dann zum Hotel Julsø, wir aber folgen geradeaus der Zufahrtsstraße mit den Markierungen Wanderer und wieder gelbes Dreieck. An der nächsten Kreuzung weisen zwei Markierungen geradeaus, wir ignorieren sie und verlassen die Straße nach links auf einen breiten Waldweg. Bald kommt von rechts ein Pfad mit der Markierung weißer Wanderer, wir gehen jedoch geradeaus weiter. Dann erreichen wir ein **Wegedreieck**, an dem wir uns mit dem gelben Dreieck und dem Hinweisschild »Himmelbjerget« weiter geradeaus halten.

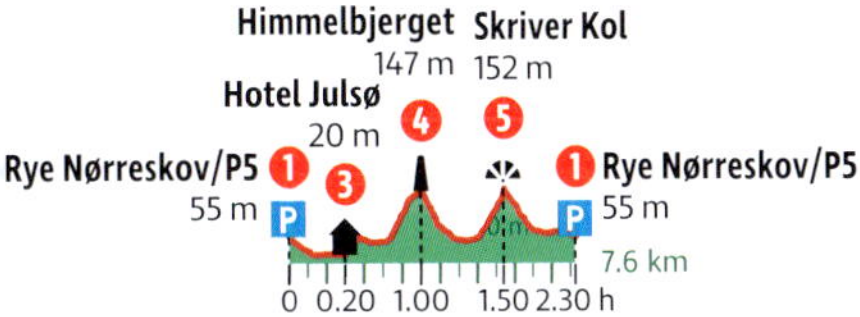

Am nächsten Wegedreieck, an dem es links noch einmal zum Himmelbjerget geht, fol-

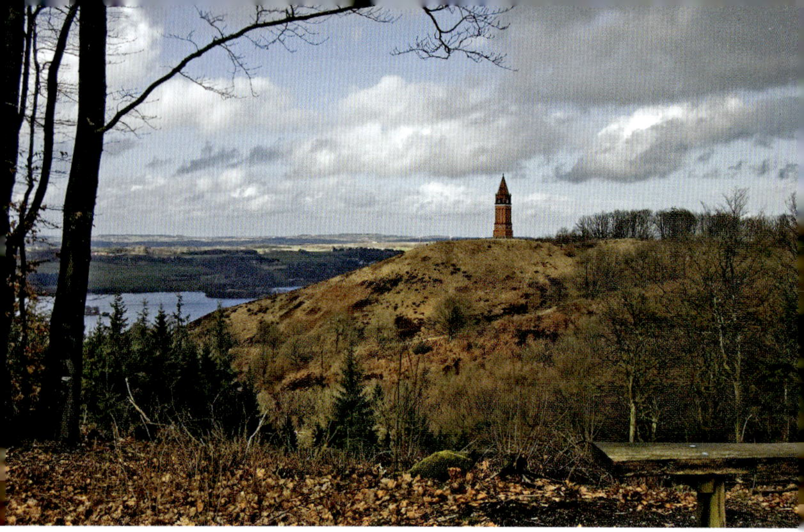

Blick vom Skriver Kol zum Himmelbjerget.

gen wir dem gelb markierten Weg geradeaus. Bald führt ein gelb markierter Weg geradeaus Richtung Parkplatz P2, wir folgen nach rechts der ebenfalls gelben Markierung weiter bergan. In einem Linksbogen nehmen wir den markierten steileren Pfad geradeaus. Nach einer steilen Passage können wir an einem Wegedreieck den **Skriver Kol** 5, einen ausgeschilderten Aussichtspunkt, über einen kleinen Abstecher nach rechts besuchen. Das ist der höchste Punkt im Umkreis und wir haben wiederum einen schönen Blick auf den nunmehr weiter entfernten Himmelbjerget und die Seen. Wieder am Abzweig zurück, folgen wir dem gelben Dreieck geradeaus weiter. Bald sehen wir durch den Wald ein gelbes Haus, vor diesem Haus verlassen wir den breiten Schotterweg auf einen kleinen Waldweg nach rechts, wieder gelb markiert.

Wir durchqueren eine kleine Lichtung in einer Senke und gehen geradeaus auf einem quer zum Hang leicht ansteigenden Pfad weiter. Auf einer Anhöhe kommen wir an einer **Bank** vorbei und haben jetzt mit drei Serpentinen das gelbe Haus umgangen. Im Talgrund wenden wir uns mit dem gelben Dreieck nach rechts. Wir folgen stets dem Talgrund bergab, vorbei an zwei Abzweigungen zum Parkplatz P4 nach links. Kurz hinter der zweiten Abzweigung stoßen wir auf einen Querweg. Der gelbe Pfeil zeigt hier nach rechts Richtung Himmelbjerget, wir gehen nach links und verlassen die gelbe Markierung. Nach ca. 200 m biegen wir nach links in einen Pfad mit Markierung weißer Wanderer ein. Wir überqueren einen Schotterweg und kommen so direkt zurück zum **Parkplatz P5** 1.

↗ 60 m | ↘ 60 m

3.30 h

Randbøl Hede und Frederikshåb Plantage

Über eine Aussichtsdüne im Binnenland und durch Savannenheide

Die Randbøl Hede ist ein weitläufiges, flaches und fast wegloses Heideareal, an das sich der Wald Frederikshåb anschließt. Wir besteigen die große Binnendüne Stoltenbjerg, die mit ihren weithin leuchtenden Sandflächen die Randbøl Hede dominiert. Ganz anders ist der Landschaftseindruck in der Klitterne-Heide: Hier liegt – umgeben von Heidehügeln – eine flache Savannenlandschaft, die sich auf dem Boden ausgetrockneter Seen gebildet hat.

Ausgangspunkt: Nahe Frederikshåb. Anfahrt: Von Billund Richtung Kolding, in Frederikshåb rechts Richtung Fitting 6 km, 1 km später rechts zum hinteren Parkplatz (Kirstinelyst). Bus 406 (Kolding) bis zur Haltestelle Frederikshåb Smed.
Anforderungen: Wege überwiegend befestigt und durchgehend markiert, auch im Sommer vereinzelte nasse Wegabschnitte, die umgangen werden können (in der nassen Jahreszeit allerdings nur sehr weitläufig).
Einkehr: Keine.
Tipp: Im 4 km entfernten Billund ist der Freizeitpark Legoland® zu Hause (legoland.dk).
Karte: 1213 IV Jelling.

Am hinteren **Parkplatz** ❶ beginnen drei farbig markierte Wanderungen über Stufen Richtung »Kirstinelyst 250 m«. Dort angekommen erwartet uns das **Naturrum Kirstinelyst**, ein Ausstellungszentrum über eine der größten Binnenheiden Dänemarks. Nach der Besichtigung gehen wir Richtung Parkplatz zurück und folgen kurz vor diesem der gelben Markierung nach links auf einen Pfad. Schon nach wenigen Schritten machen wir unser nächstes Etappenziel aus, die gelben Sandflächen der hohen Sanddüne **Stoltenbjerg** ❷. Ohne abzuzweigen führt uns der markierte Weg zu dem imposanten Sandberg, den wir an seiner rechten Seite bis zu einem Hochpunkt erklimmen.

Nachdem wir das Gelände erkundet haben, verlassen wir den Hochpunkt entsprechend dem Aufstiegsweg und gehen unten nach rechts weiter. Der Pfad beschreibt einen Linksbogen, führt durch ein Gatter und rechts am eingezäunten **»Hundeskov«** (»Hundewald« zum Freilauf für Vierbeiner) vorbei. Wir queren eine Straße

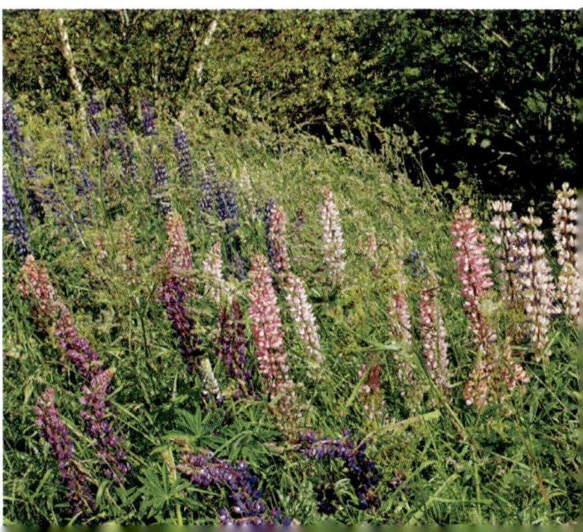

Farbenfrohe Heideblüte.

und treffen von Bäumen gesäumt mit dem Alleenweg in gerader Gehrichtung an den Waldrand. Nun sind rote Markierungspunkte an den Bäumen zu erkennen, denen wir nach rechts folgen. Kurz darauf biegen wir nach links in den **Kighøjvej** (roter Punkt) ein. Auf diesem Fahrweg unternehmen wir geradeaus einen Abstecher zur kleinen **Aussichtsdüne** ❸ und weichen damit von der roten Route ab.

Fast zurück am Einbiegepunkt in den Kighøjvej folgen wir den roten Punkten nach rechts auf einen schmalen Sandpfad, der gut markiert in steilem Auf und Ab über Holztreppen und Stege hinweg letztlich über den aussichtsreichen Dünenkamm führt. Sehr vielseitig ist hier die Landschaft: Unter uns die feuchte und ebene Klitterne mit ihren blauglitzernden Wasserflächen und hier eine kleinstrukturierte Hügellandschaft aus bis zu 15 m hohen und steilen durcheinandergewürfelten Dünenwällen. Direkt nach dem **dritten Treppenanstieg** verschwenkt der Pfad nach links, wir verlassen die Dünen und treffen an einen **Schotterweg** ❹, dem wir nach links folgen. Wenig später biegen wir nach rechts ab und queren zunächst in gerader Linie den Nadelwald, bevor uns die roten Markierungen wieder über die Straße und zu einem Parkplatz bringen. Wir queren sofort einen Asphaltweg und folgen dem Verlauf des Grasweges (rote Punkte) nach rechts. Auf diese Weise überqueren wir die rechten Ausläufer der **Stoltenbjerg-Dünenkette** ❺. Vor uns eröffnet sich nun die weite Ebene der Randbol Hede mit den charakteristischen vereinzelten Baumgruppen.

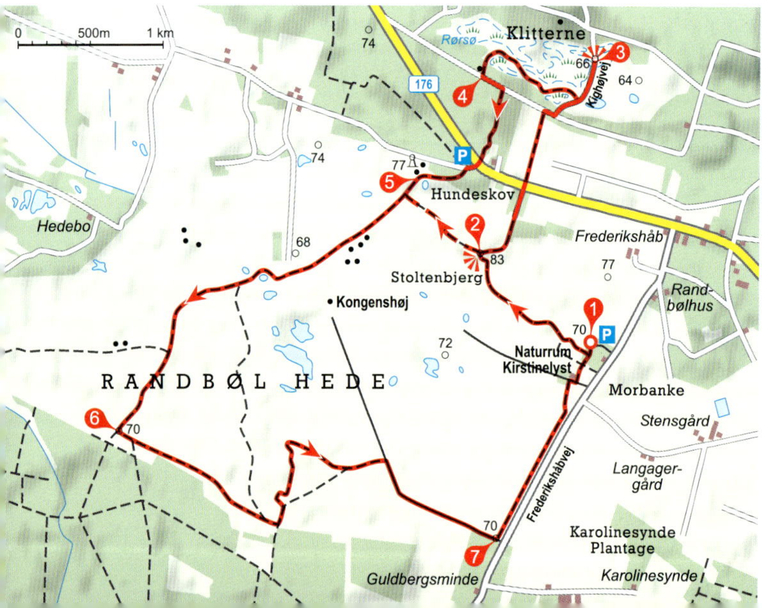

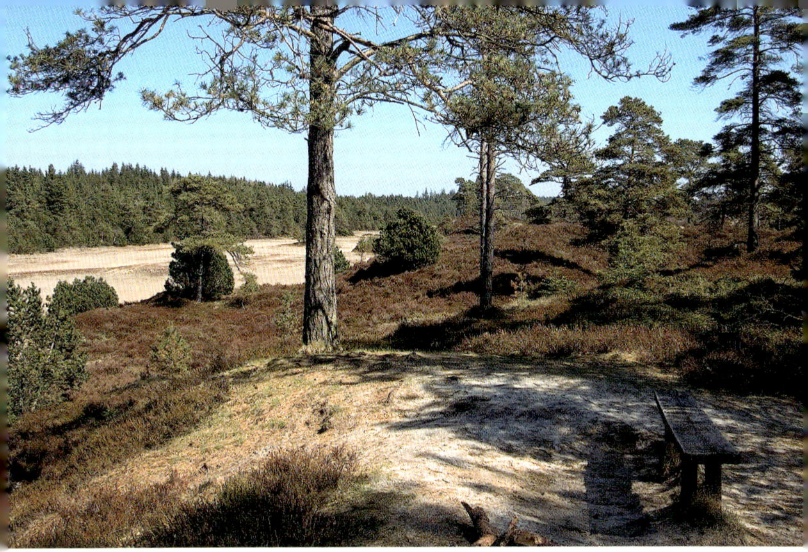

Am Kammweg in der Klitterne.

Für den schnellsten Weg zurück können wir nach links abbiegen und mit dem roten und später gelben Weg direkt am Fuß des Stoltenbjerges vorbei zum Parkplatz gehen. Wir jedoch bleiben geradeaus, nun bis zum Ende blau markiert, und wandern in die Heide hinein. Ohne abzuzweigen behalten wir die Gehrichtung bei, der zuerst sehr ferne Wald voraus kommt merklich näher. Ein kurzes Stück vor dem **Waldrand** biegen wir an einem **Abzweig** 6 nach links ab und folgen so den in kleine Findlinge eingemeißelten blauen Pfeilen. Nach einer Weile knickt der Weg nach links und führt uns ein Stück in die Heide zurück. Wir durchschreiten einen niedrigen Dünenwall im Rechtsbogen. Nach einem **zweiten Dünenwall** münden wir nach rechts in einen Heidefahrweg ein. Auch an dem nächsten Fahrweg gehen wir rechts. Bei Weiden knickt der Fahrweg nach links ab.
Schließlich erreichen wir die **Straße** 7 und wandern auf dem Grasweg links neben ihr nach links zur Ausstellung Kirstinelyst zurück. Dazu bleiben wir 900 m am Straßenrand und wählen am Ende der Weide den Weg nach links. Vor dem Gatter geht es sogleich nach rechts und wir gelangen kurz darauf wieder zum **Naturrum Kirstinelyst** und schließlich zum **Parkplatz** 1 zurück.

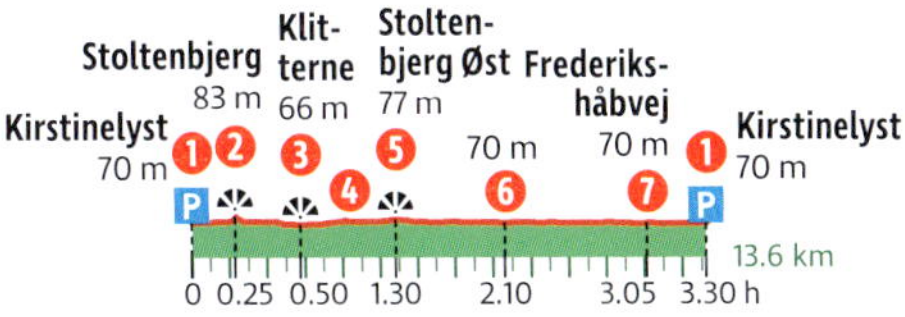

↗ 40 m | ↘ 40 m

45 Die Schlossanlagen Gammel Estrup

2.00 h

Durch die Ländereien und Wälder des einstigen Hofherren

Gammel Estrup zählt zu den schönsten Herrenhofanlagen Jütlands und beherbergt zwei sehenswerte Museen: das im Stil verschiedener Epochen eingerichtete Schloss selbst und das Dänische Landwirtschaftsmuseum. Unsere Wanderung beginnt im Schlosspark, dann geht es über sattgrüne Uferwiesen, durch einen feuchten Wald und das Tal des Alling Å und schließlich durch eine sanft gewellte Landschaft mit Wiesen, Feldern, Hecken und Wäldern.

Ausgangspunkt: Gammel Estrup. Anfahrt: Straße 16 von Grenaa Richtung Randers, nach Auning Hinweis »Gammel Estrup«. Bus 214 (Grenaa – Randers), Bus 212 (Ebeltoft – Randers).
Anforderungen: Gemütliche Runde auf befestigten Wegen.
Einkehr: Am Schloss, unterwegs keine.
Tipps: Schloss Gammel Estrup mit Originalmobiliar, Sonderausstellungen, Markttagen etc. (aktuelle Infos: gammelestrup.dk). Dansk Landbrugsmuseum, Freilandmuseum zur dänischen Agrargeschichte, beim Schloss (Infos: gl-estrup.dk). Die Wanderung beginnt im Schlosspark (Eintritt: 70 DKK pro Person).
Karte: 1315 IV SØ Allingåbro.

Das malerische Schloss Gammel Estrup.

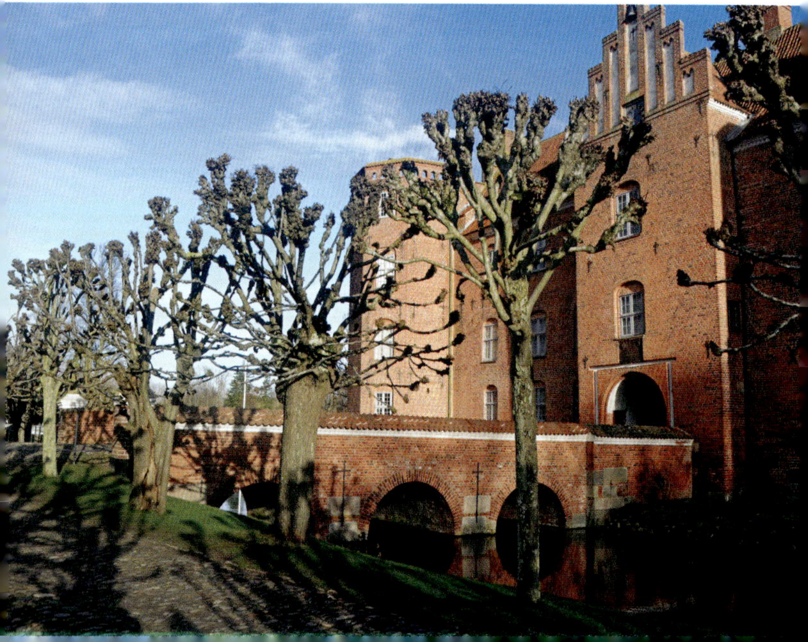

Vom **Schloss Gammel Estrup** ❶ gehen wir über den inneren Wassergraben, dann rechts Richtung »Barockhaven« (Garten) und zwischen zwei Häuschen hindurch. Über einen weiteren Wassergraben kommen wir in den Wald, dabei folgen wir der Beschilderung »Kultursti«. An einer Kreuzung verlassen wir die Allee nach rechts auf eine Wiese und gelangen weglos an das alte **Pumpenhaus**. Hier wenden wir uns nach links und wandern am Schilfsaum des Flüsschens **Alling Å** ❷ entlang. Wir überqueren auf einer **Holzbrücke** den Fluss nach rechts und wandern auf einem Wiesenweg weiter. Wir folgen den Mäandern des Baches links von uns, bis wir über Stufen zu einem asphaltierten Radweg, einer ehemaligen Bahntrasse, hinaufsteigen. Nach links unternehmen wir nun einen Abstecher zu einer Hügelkette, die eine Aneinanderreihung von **Grabhügeln** ❸ darstellt.

Vom Abstecher zurück und vorbei an den Stufen, mit denen wir auf die Bahntrasse gelangt sind, genießen wir den Blick über die Landschaft durch unsere auf der Bahntrasse leicht erhöhte Position. An der nächsten Kreuzung (geradeaus geht der Bahndamm weiter) zweigen wir links auf einen Waldweg ab. Nach einem Haus auf der linken Seite biegen wir rechts auf einen Wiesenweg ab, wandern an Teichen vorbei und bleiben immer geradeaus. So treffen wir wieder auf den **Radweg** ❹ auf der **Bahntrasse**, den wir an einer unübersichtlichen Kreuzung nach genau geradeaus überqueren (Pflock mit Schild »Gammel Estrup«

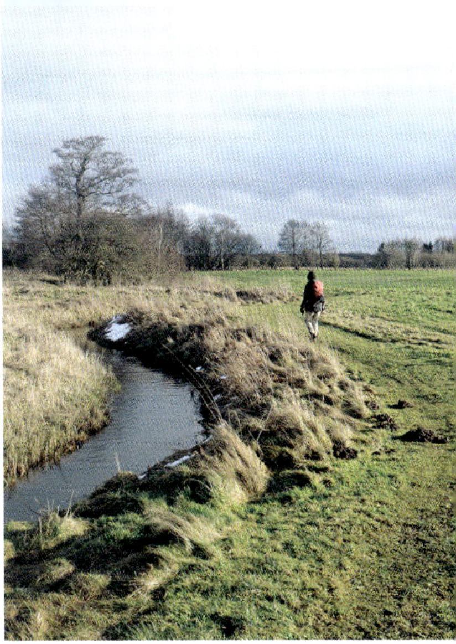

Zufluss zum Alling Å: Der Tøjstrup Bæk.

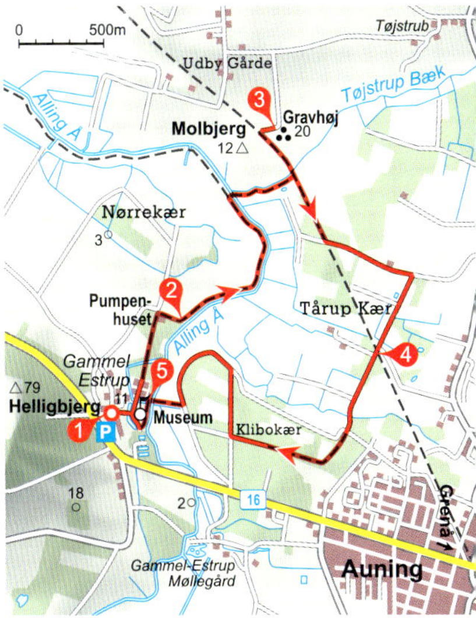

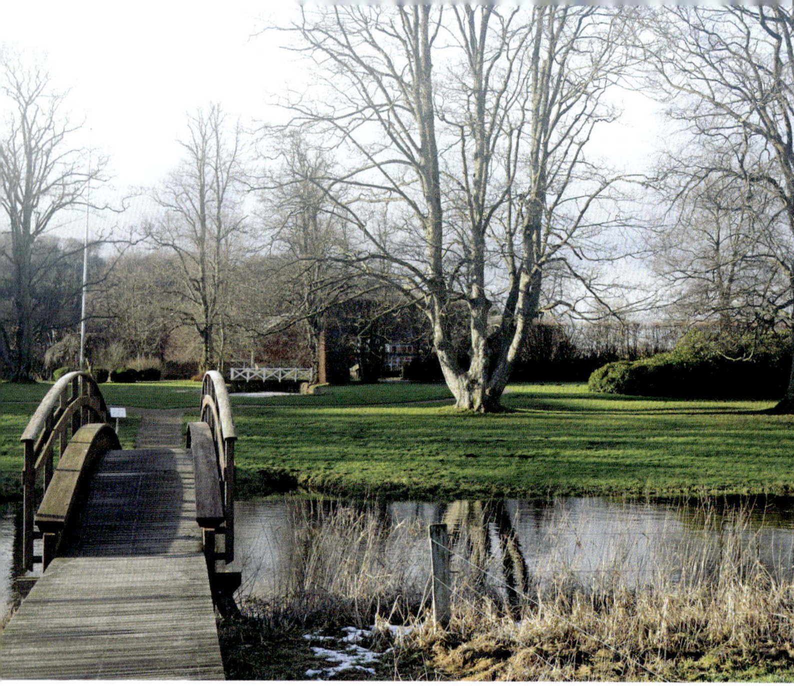

Im Schlossgarten von Gammel Estrup.

und Pfeil). Wir bleiben bis zu einem Wegedreieck auf dem Hauptweg. Dort verlassen wir die Schotterpiste und wandern links neben einer Bank auf einem Pfad weiter durch den Wald. An einem querenden Pfad gehen wir nach rechts weiter. Die sich schlängelnde Passage endet an einer Piste. Wir setzen unseren Weg nach links fort. An einer Kreuzung biegt der Fahrweg nach links zur nahen Straße ab, wir wählen hier den untergeordneten Fahrweg nach rechts. Dieser endet vor einem **Fleet**, das wir ohne Steg überqueren müssen.

Danach geht es auf einem Fahrweg nach links weiter. Schon kommt **Gammel Estrup** ins Blickfeld, dessen **Schlossgarten** 5 wir nach einem Rechtsabzweig und einer Holzbrücke über den Fluss erreichen. Nach der Brücke gehen wir gleich links weiter und umrunden so das Schloss entgegen dem Uhrzeigersinn von der Rückseite zum **Schloss-Haupteingang** 1.

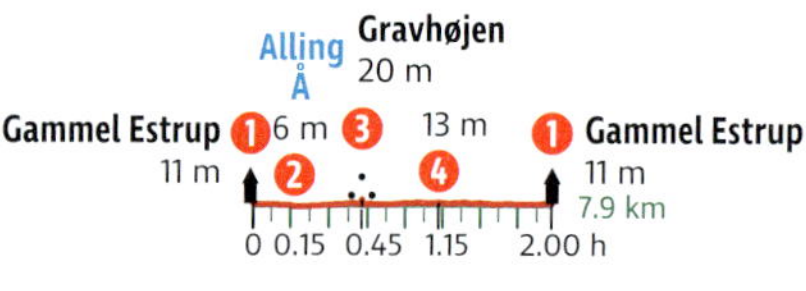

↗ 50 m | ↘ 50 m

3.20 h

Bønnerup Strand und Gjerrildbanestien

Idyllisch entlang der Ostsee und auf alten Schienenwegen

Der hübsche Ferienort Bønnerup Strand lohnt auf jeden Fall einen Abstecher mit Einkehr in einem netten Café oder Kro. Von Bønnerup Strand führt uns ein einsamer Pfad entlang der Nordküste von Djursland abwechslungsreich durch kleine Heidegebiete, Birkenwäldchen und Dünenwiesen, vorbei an steilen Waldhängen, die bis zum Strand hinunterreichen. Wir starten von Gjerrild Nordstrand zunächst Richtung Landesinneres und treffen hier auf einen stillgelegten, zum Wanderweg umfunktionierten Bahndamm (Banestien), der auf unserem Rückweg Richtung Westen reizvolle Eindrücke vom Binnenland bietet.

Ausgangspunkt: Gjerrild Nordstrand. Anfahrt: Nach Gjerrild, durch den Ort und der Beschilderung nach Gjerrild Nordstrand folgen. Im Ort beim Eingang Campingplatz parken. Bus 352 (Grenaa – Ryomgård).
Anforderungen: Einfache, aber lange Wanderung auf durchweg befestigten Wegen.
Einkehr: In Gjerrild Nordstrand nur während der Saison.
Varianten: 1) Am Zufahrtsweg zum Strand von Gjerrild Nordstrand, dort nach rechts am Wasser entlang, bis zum Ort und rechts bis zu einer Kreuzung und durch den Ort.
2) Am Ortsende von Hemmed rechts mit dem Poppelhøjvej nach Nygård (ca. 1,3 km kürzer).
Karte: 1315 I Løvenholm.

In **Gjerrild Nordstrand** gehen wir vom Parkplatz des **Campingplatzes** ❶ zur Straße und dort auf einem Fußweg neben der Straße nach links Richtung Landesinneres. Wir verlassen den Ort schließlich weiter geradeaus. Wir überqueren den Fjeldholmvej und haben bald den Waldrand erreicht. Es geht noch ein kurzes Stück auf dem Radweg an der Straße in den Wald hinein. An der nächsten Abzweigung biegen wir rechts ab und nehmen den Waldweg links an der Zufahrt zu einem **Gehöft** ❷. Dahinter halten wir uns links und wandern zuerst durch den Wald, dann zwischen Feldern

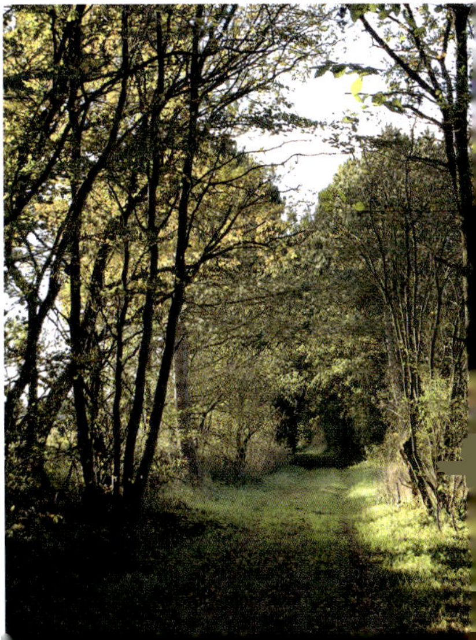

Auf dem alten Bahndamm.

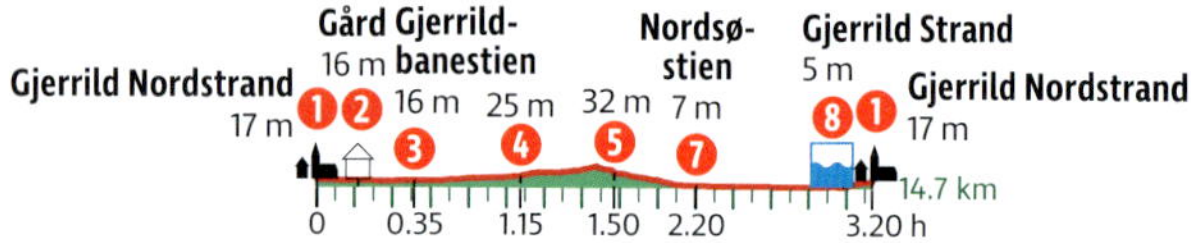

und Wiesen hindurch. Schließlich treffen wir bei ein paar Gebäuden auf einen Asphaltweg, der uns nach links zu einer Straße bringt. Auf dieser Straße gehen wir nach links, folgen ihr aber nur für ca. 150 m. Am Waldrand führt ein Fahrweg rechts in den Wald.

Bald kreuzt unser Weg einen alten Bahndamm, der zu einem Wanderweg umfunktioniert wurde und **Gjerrildbanestien** ❸ (Gjerrild-Bahnweg) heißt. Auf diesem wenden wir uns nach rechts und wandern nun auf der alten Schienentrasse durch Wald, Wiesen und Felder. Einige Zeit später queren wir bei einem Hof eine Schotterstraße und gehen weiter geradeaus.

Unsere Bahntrasse trifft schließlich auf eine Straße. Dort wenden wir uns kurz nach rechts und verlassen die Straße sogleich nach rechts. In einer Rechtskurve des Forstweges nehmen wir den **Grasweg** ❹, der geradeaus in Gehrichtung weiterführt. Wir bleiben in Gehrichtung auf unbefestigten teils zerfahrenen Trassen im Wald und erreichen sogleich einen Waldweg, den wir nach rechts einschlagen. An einem alten **Holzschild** mit dem Hinweis »Molleaens Kilder« biegen wir im spitzen Winkel rechts ab. Wir kommen zu einer Kreuzung (zurück weist ein Schild zum »Skolestien«) und nehmen den ersten Weg durch eine Kettenabsperrung nach links. Von nun an bleiben wir immer geradeaus an mehreren Abzweigen nach links vorbei, bis wir auf eine Straße treffen. Auf dieser kurz nach rechts, verlassen wir die Straße sogleich wieder nach links in einen zugewachsenen **Waldweg** ❺. Ein Pfosten zeigt uns, dass dieser Weg früher markiert war, jetzt ist das erste Stück verwachsen.

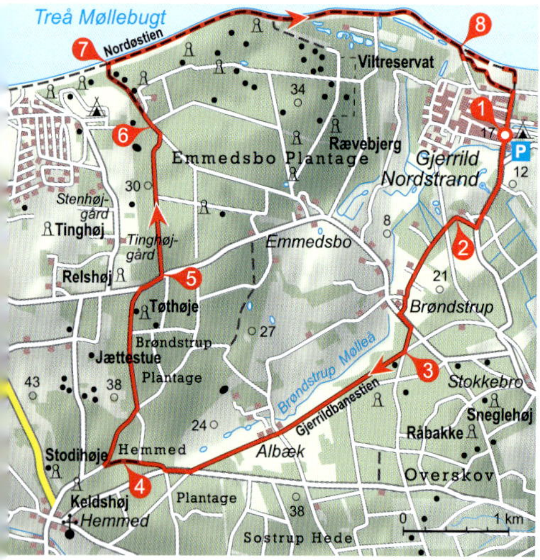

Nachdem wir uns durch ca. 50 m Brombeergestrüpp geschlagen haben, ist der Weg aber sehr gut zu begehen und es erwarten uns sogar relativ neue Schilder,

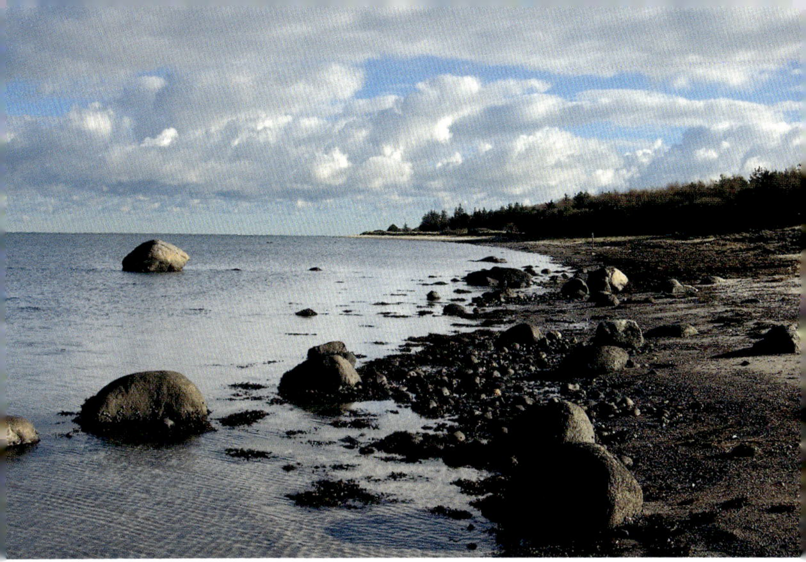

Überbleibsel der Gletscherschmelze: Findlinge in der Bucht von Stavnshoved.

die den Besucher willkommen heißen. Wir kommen zu einer Lichtung, an deren rechtem Rand wir in Gehrichtung entlangwandern und danach in einen Forstweg einbiegen. Hier geht es links haltend weiter, bis wir vor einem Hügel auf einen Querweg treffen. Auf diesem nach links gehen wir kurz darauf an dem **Rechtsknick** 6 des Weges geradeaus auf einem Pfad weiter. An einem querenden Pfad nach links kommen wir nach einigen Kurven und Bögen aus dem Wald heraus an das Ufer der Ostsee. Wir treffen auf einen entlang des Ufers verlaufenden Schotterweg, den **Nordsøstien** 7. Der Wanderweg bringt uns immer nahe an der Küste entlang zur Feriensiedlung in Gjerrild Nordstrand. Auf dem Weg dorthin umrunden wir zunächst eine Biegung der Küste und kommen dann in eine kleine Bucht. Hier führt ein mit grünem Dreieck markierter Weg rechts in den Wald zu einem Wildgehege (Hin- und Rückweg 2,0 km).
Wir folgen dem Nordsøstien weiter durch Schilfwiesen und einen Wald, der fast bis an das Wasser reicht. Nach einer ganzen Weile erreichen wir schließlich die ersten Zufahrtswege zum **Strand** 8 von Gjerrild Nordstrand (Abzweig Variante 1). Wir bleiben weiter auf dem Nordsøstien, auf der Schotterstraße nach rechts, und biegen wenig später links auf einen Pfad ab. Parallel zur Küste wandern wir nach **Gjerrild Nordstrand** und kommen dort an eine beschilderte, asphaltierte Kreuzung. Nach links weist ein Schild zum Meer hinunter, wir biegen aber rechts in die Straße Richtung Gjerrild ein und kommen so zurück zum Parkplatz am **Campingplatz** 1.

↗ 50 m | ↘ 50 m

47 Entlang der Steilküste Sangstrup Klint, Grenaa

3.15 h

Rundweg am Rande der Kalk-Steilküste und über fossilienreiche Steinstrände

Wer bislang geglaubt hat, die Ostsee sei ein plätscherndes Gewässer, bei dem die Felder und Wiesen bis ans Wasser reichen, wird auf dieser Tour eines Besseren belehrt. Am Anfang der Tour mag das noch zutreffen. Doch spätestens nachdem die Steilküste ins Blickfeld kommt, wird man seine Vorurteile aufgeben. Die Kalksteinwände, in denen sich kuschelige Höhlen verbergen, sind etwas ganz Besonderes: Die 65 Millionen Jahre alte Kalkstufe, die wir zunächst unten direkt am Meer und auf den Rückweg oben erwandern, ist nur eine von mehreren »Treppenstufen«. Alle anderen sind für uns unsichtbar unter Wasser verborgen. Erahnen können wir die Kalkplatten dennoch, sind sie nämlich verantwortlich für das bei Sonnenschein karibisch-blaugrüne Leuchten der Ostsee an dieser Stelle.

Ausgangspunkt: Fornæs Fyr. Anfahrt: Von Ebeltoft über Holme Richtung Grenaa und den Schildern zum Hafen folgen, dort links (geradeaus Fischgeschäft) und hinter dem Hafen rechts Richtung »Fornæs« (Hinweis). Direkt vor dem Gut Stensmark rechts mit Hinweisschild zum Leuchtturm.
Anforderungen: Relativ einfache Runde, jedoch mit abenteuerlicher Seil-Ablassstelle, wo Schwindelfreiheit erforderlich ist. Bei den langen Kiesstücken am Strand ist festes Schuhwerk vorteilhaft. Oben auf der Kalkstufe ist bei hohem Korn zwischen dem Feldrand und der senkrechten Klippenkante teils wenig Platz. Seile und eine Strickleiter helfen zum Strand hinunter.
Einkehr: Keine.
Karte: 1415 IV Fornaes og Anholt.

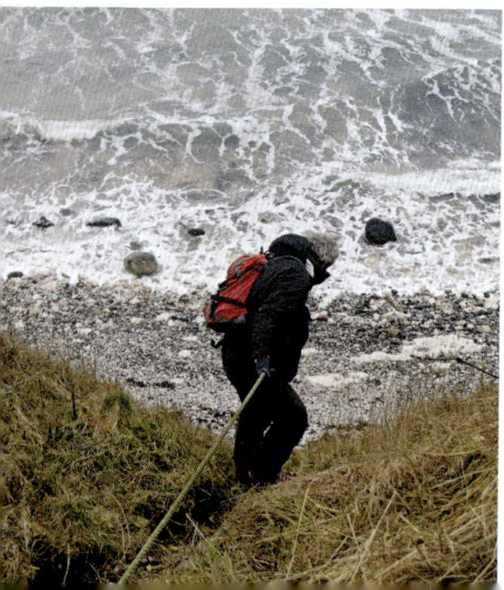

Wir verlassen den Parkplatz beim **Fornæs Fyr** ❶, passieren ein Gatter (Nordsøstien) und wandern mit dem Leuchtturm im Rücken in der Wiese am Strand entlang. Nach einem weiteren Gatter bleiben wir an einer **Verzweigung** unten und passieren unterhalb von Picknickbänken des knapp hinter der Küste liegenden Campingplatzes (sieht man von hier unten nicht) einen Fahrweg, der nach links ins Landesinnere führt. Wir folgen jedoch einem Pfad,

Ein Tau hilft uns beim Abstieg an der Steilküste zum Strand.

der nach einigen Metern in eine Fahrspur übergeht, an der Küstenlinie und wandern im weiteren Verlauf an einigen kleinen Fischerhütten vorbei. In der Ferne erkennen wir nun die Kalkstein-Steilküste, die wir sowohl unten als auch oben abwandern werden.
Bei dem **Strandzugangsweg-Schild F 199** zweigt der Nordsøstien ins Landesinnere ab, wir bleiben aber auf einer Fahrspur nahe an der Wasserlinie. Bei einer Picknickbank endet die Fahrspur. Nun geht es weglos über das

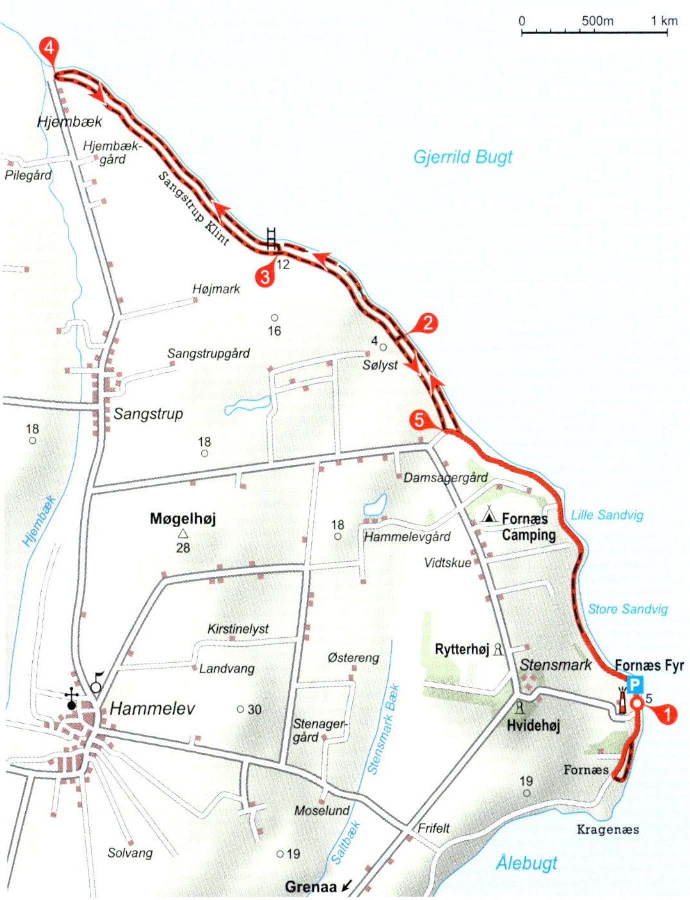

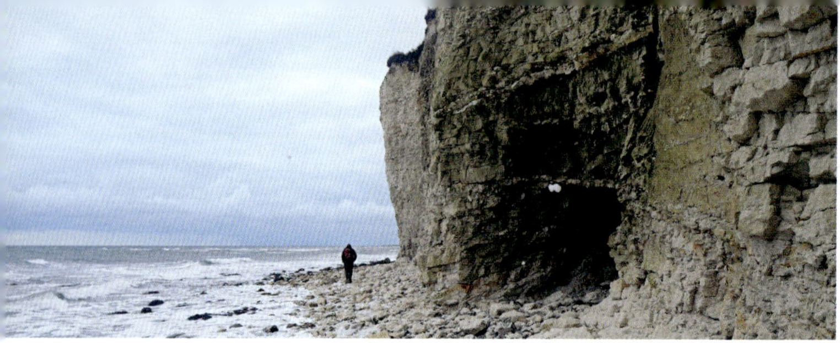

Die Kalksteinwände der Sangstrup Klint.

hier typische Feuerstein-Kalk-Kiesel-Gestein am Wasser weiter. Schließlich erreichen wir den Beginn der **Steilküste** ❷. Von links oben kommen wir übrigens mit dem Rückweg an diesen Punkt zurück.
Jetzt gibt es keinen Weg, aber auch kein Verlaufen mehr. Der folgende Abschnitt ist einzigartig, verbergen sich doch etliche kleine Höhlen links in der Steilwand. Bei starkem Wind, hohem Wasser und im Winter ist aber irgendwann Schluss (nach etwa 600 m). Dann muss man für ca. 140 m watend durchs Wasser. Wer das nicht möchte, muss zurück bis zum Beginn der **Steilküste** ❷ und hier nach rechts zur oberen Küstenlinie aufsteigen.
Auf der oberen Küstenkante wandern wir weglos an der manchmal engen Grenze zwischen Feldern und Abbruchkante. Dabei achten wir auf Einschnitte rechts. Einen ersten erreichen wir nach etwa 1 km. In diesem steigen wir an einem **Abstiegsseil** ❸ die Steilküste hinab und wandern am Strand nach links weiter bis zu den Fischerhütten von **Sangstrup Strand** ❹. Nun schwenken wir nach links und wandern oben an der Steilküstenkante, teils recht eng zwischen Feldern und Abbruchkante, zurück. Den Leuchtturm können wir vorerst für lange Zeit nicht sehen. Wir kommen an weiteren Abstiegsmöglichkeiten zum Strand vorbei und gelangen wieder an den Beginn der Steilküste. Wir bleiben leicht erhöht über dem Meer in der Küstenwiese, lassen uns von einem Bach nach rechts leiten und überqueren diesen mit dem Fahrweg **Stensmarkvej** ❺ nach links.
Auf der Hinwegtrasse geht es nun zum Leuchtturm **Fornæs Fyr** ❶ zurück. An diesem gehen wir aber vorbei und durch ein Gatter auf dem Nordsøstien weiter. Der Grund dafür: Eine weite »Naturgolfplatzwiese«, geformt von eiszeitlichen Gletschern, lädt bei Schönwetter zum Baden ein und gestattet einen Blick auf die Hafenbucht von Grenaa. Dieser kleine Zusatzschlenker kann nach Wanderlust und individueller Neugierde ausgedehnt werden, bevor man wieder zum **Fornæs Fyr** ❶ zurückkehrt.

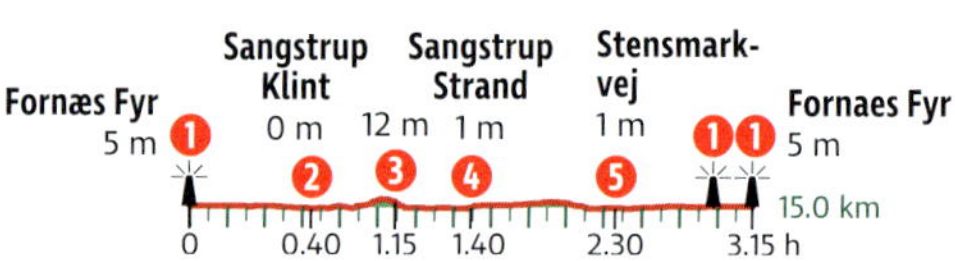

↗ 50 m | ↘ 50 m

4.00 h

Katholm Skov und Ostseestrand

48

Grünes, sanft gewelltes Binnenland und steiler Abbruch zum Meer

Die besondere Form der Küste macht diese Landschaft, durch die diese Tour führt, so attraktiv. Bevor die dichten Wälder und Wiesen die Ostsee erreichen, bricht die Küste ab, sodass ein zwar nicht sehr hoher, aber zum Wasser hin teilweise senkrechter Abbruch entsteht. Wir wandern unten auf einem schmalen Streifen zwischen Steilküste und Meer über unendlich viele Kieselsteine und hoch über dem Meer auf fruchtbarem Boden durch dichte Wälder und üppige Wiesen und Felder.

Ausgangspunkt: Glatved Strand. Anfahrt: Von Ebeltoft nach Grenaa über die Margeritenstraße, bei Balle am Kreisverkehr in Hoed rechts, vor dem Kieswerk links in den Glatved Strandvej und dort parken.
Anforderungen: Außer direkt am Strand nur befestigte, ebene Wege.
Einkehr: Keine.
Karte: 1415 III Grenå.

Am **Glatved Strand** ❶ wandern wir auf Wiesenwegen nach links (Norden) und erreichen bei einem Haus einen geschotterten **Parkplatz**. Direkt an der Wasserlinie überschreiten wir einen **Kanalgraben** ❷ und folgen sofort einem Pfad nach links zum Waldrand (hier kommen wir am Rückweg wieder an). Wir wandern eine ganze Weile rechts des Waldes entlang, dann wird die Küste steiler und der Fahrweg biegt nach links aufwärts ab. Auf einem Pfad geradeaus gelangen wir direkt zu dem schmalen **Strand** und setzen unseren Weg links an der Küstenlinie entlang fort.
Je nach Wasserstand und Brandung ist nur wenig Platz zwischen dem oft senkrechten Abbruch der Steilküste (Klint) und der Ostsee. Im weiteren Verlauf wird der Strand wieder breiter und die Küste flacher. Wir passieren kurz hintereinander zwei

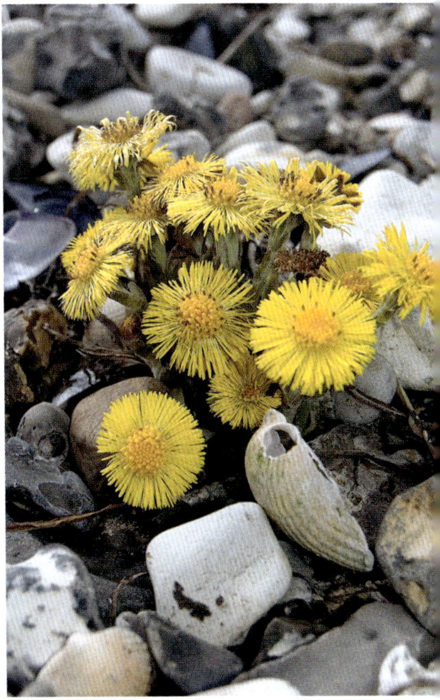

Farbtupfer am Strand von Klint.

von links einmündende Wege und eine **Holzhütte**. Von hier an verläuft ein Pfad auf einem niedrigen Wall zwischen Wiese und Meer. Ein Steg führt nach links, wir bleiben jedoch beim Strand. Wenig später überqueren wir einen Graben und gehen durch einen kleinen Geländeeinschnitt nach links, verlassen damit den Strand und steigen rechts an der Kante der wieder höher werdenden Küste hinauf zur **Havknude** ❸.
Hinter einem weiteren Graben erreichen wir schließlich einen Wald und bleiben links am Waldrand. Wenig später biegen wir auf einem schmalen

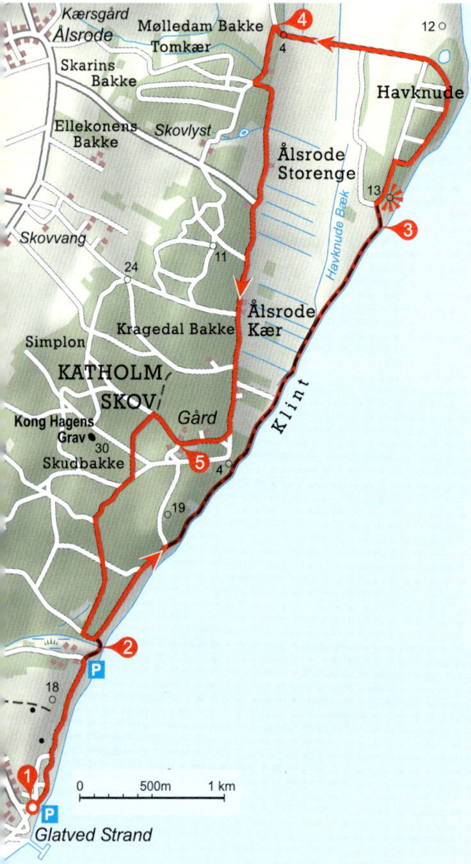

Fahrweg rechts in den Wald ab. Bald zweigt ein Weg rechts ab, dieser führt uns nahe an der Küste durch den Wald. Nach einer Weile kommen wir wieder aus dem Wald heraus. Ein Waldweg mündet von links in unseren Weg. Wir wandern an einer Tannenschonung vorbei und durch die Felder auf einen Waldstreifen zu. Dahinter treffen wir auf ein **Wegedreieck** ❹, wenden uns nach links und kommen bald an eine Kreuzung im Wald. Wir wählen den breiten Forstweg nach links und erreichen den Waldrand. Weiter auf dem Schotterweg treffen wir schließlich vor roten Gebäuden auf einen anderen breiten Weg, dem wir linkshaltend folgen. An hübschen, kleinen Anwesen vorbei sind wir nach einem Linksbogen fast wieder an der Ostsee. Wir folgen dem Hauptweg an Abzweigen nach rechts und kommen zu einem großen Privatanwesen **Gård** ❺. Direkt vor den Gebäuden biegt unser Weg rechts ab. Nach einer geraden Wegstrecke steht bald links des Weges ein Schild.

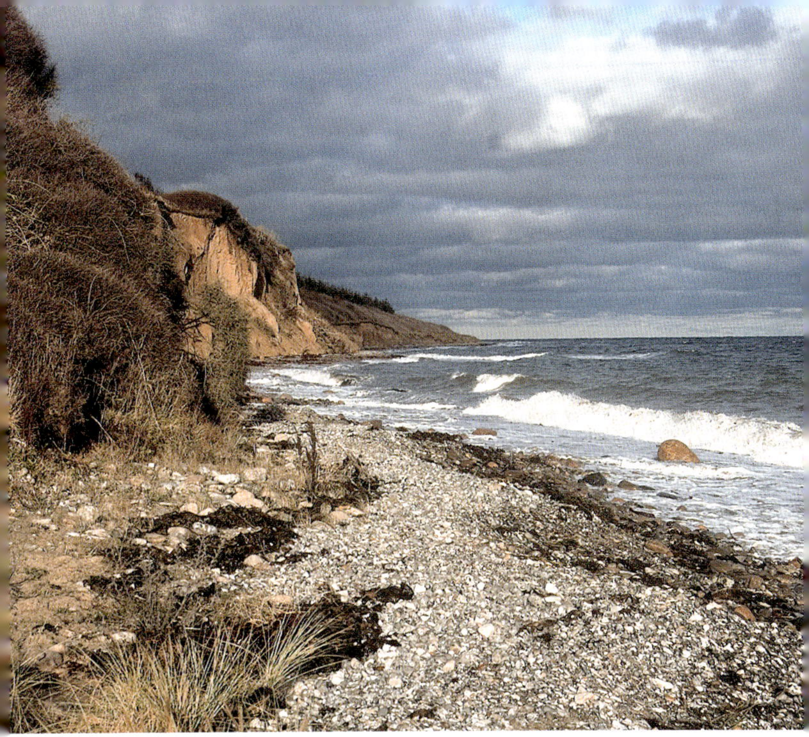

Nur bei extremem Hochwasser unpassierbar: die Steilküste am Katholm Skov.

Aus einer Lichtung rechts des Weges heraus kreuzt ein Pfad unseren Schotterweg. Diesen nehmen wir nach links und treffen hinter einer kleinen Kuppe, bei einem **Hochsitz** vor einer Lichtung, auf einen Waldfahrweg. Diesen überqueren wir und biegen in den nächsten Waldweg rechts ein. An den folgenden Verzweigungen halten wir uns links und überqueren eine etwas unübersichtliche Kreuzung im Linksversatz. Wir bleiben in Gehrichtung bis zum Waldrand und treffen nach links auf unseren Hinweg bei dem **Wassergraben** 2 an einem Haus am Strand. Hier gehen wir rechts zum Ausgangspunkt **Glatved Strand** 1 zurück.

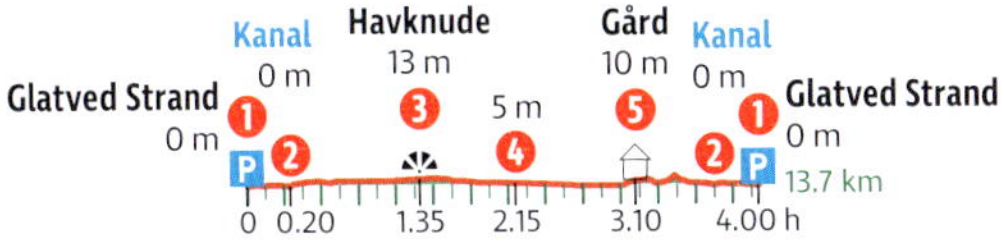

↗ 120 m | ↘ 120 m

49 Vom Jernhatten zum Schloss Rugård

4.45 h

Zum höchsten Punkt an Djurslands Ostküste

Bei dieser Wanderung ist alles dabei: Gleich zu Beginn ein kurzer, aber knackiger Anstieg, Steilküste, flach auslaufende Küstenabschnitte und endlose Wälder. Auch ein großer Binnensee und ein Schloss fehlen nicht. Die Passagen am Strand zeigen vor allem den Nordseeliebhabern sehr schön die Besonderheit der Ostseeküste: Laubbäume wagen sich hier fast bis zur Wasserlinie vor und sauber gewaschene, rundgeschliffene Felsen liegen am Strand. Wer möchte, kann auch eine Angel mitnehmen und sein Fischerglück versuchen, so wie es viele am Strandabschnitt von Jernhatten tun.

Ausgangspunkt: Jernhatten. Anfahrt: Straße 21 Richtung Ebeltoft, vor Ebeltoft links Richtung Dråby, durch den Ort und am nächsten Abzweig rechts nach Holme. Kurz hinter Holme nach der Brücke über den Havmølle Å rechts zum Parkplatz (Hinweis »Jernhatten«). Bus 351 (Grenaa – Ebeltoft) bis Skovgårde, Gammel Mejerivej.
Anforderungen: Relativ lange Tour, am Strand weglos.
Einkehr: Kiosk am Campingplatz, nur während der Saison.
Karten: 1415 III Grenå, 1315 II Rønde.

Schloss Rugård am Nørresø in weißer Pracht.

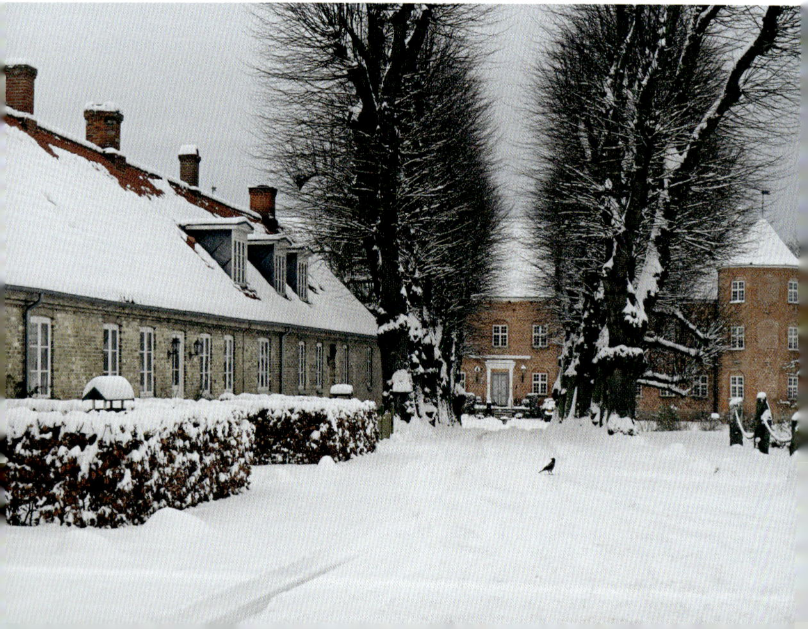

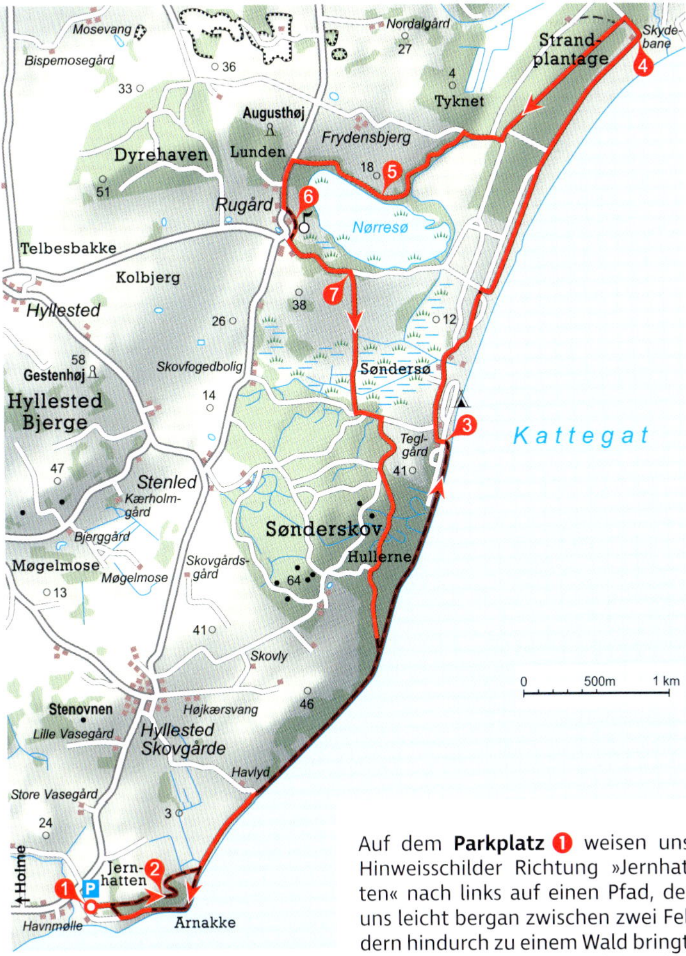

Auf dem **Parkplatz ❶** weisen uns Hinweisschilder Richtung »Jernhatten« nach links auf einen Pfad, der uns leicht bergan zwischen zwei Feldern hindurch zu einem Wald bringt. Am Waldrand zweigt ein Pfad rechts zum Strand ab, wir gehen aber geradeaus nach Jernhatten. Der schmale Weg führt uns über einen Kamm durch einen lichten Wald aus niedrigen, korkenzieherartig gedrehten, vielstämmigen Buchen. Bald haben wir **Jernhatten ❷** erreicht und verlassen das kleine Gipfelplateau auf dem Pfad, der oben an der Steilküste entlangführt. Den steilen Weg mit Stufen zum

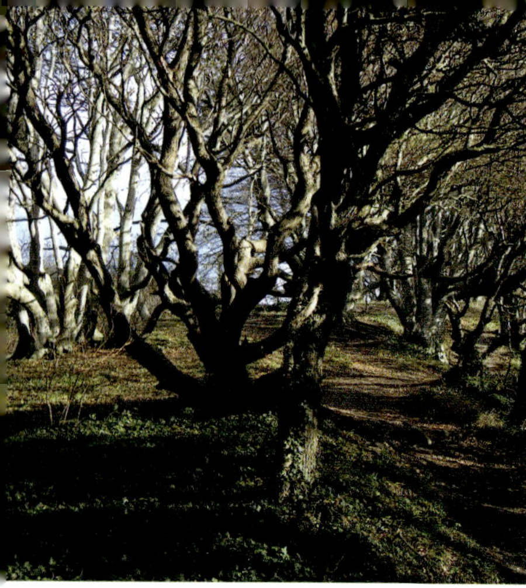

Korkenzieherbuchen am Jernhatten.

Strand lassen wir unbeachtet. Unser Pfad biegt bald links ab und bringt uns durch dichtes Gebüsch steil hinunter zum **Strand**, wo wir links an der Wasserlinie entlanggehen. Wir passieren ein weißes Gebäude und wandern an der Wasserlinie weiter, bald über ein paar halb im Wasser liegende, heruntergestürzte Bäume. Schließlich kommen wir an eine schmale Wiese zwischen Strand und Böschung, dahinter beginnt der Campingplatz **Rugård Camping**. Wir schwenken nach links ein zum Rezeptionshäuschen und **Kiosk** ❸. Dort wenden wir uns nach rechts auf einen Schotterweg, der parallel zum Strand an einem weißen Holzzaun am Campingplatz vorbeiführt. Nach einer Schranke gelangen wir an einen breiten, bis zur Ostsee reichenden Wiesenstreifen. Auf einem Fahrweg wandern wir nun in einiger Entfernung zum Wasser die Küste entlang. Wir ignorieren Abzweigungen nach links. Auf Höhe von **Picknickbänken** an einer Zufahrt gehen wir Richtung Strand, um sogleich nach links in einen Fahrweg einzuschwenken, der sich näher an der Wasserlinie befindet. Diesem folgen wir immer oberhalb des Strandes an der Küste entlang.

Bald nimmt uns eine Baumreihe den Blick auf das Meer, wir queren diese wenig später und haben wieder freie Sicht. Bei einem **roten Haus** ❹ treffen wir auf einen Schotterweg, biegen links ab und gehen am Ende eines Fußballplatzes sogleich wieder links auf einen schnurgeraden Fahrweg in den Wald. Schließlich zweigt nach einer eingezäunten Schonung unser Weiterweg rechts ab. An der nächsten Verzweigung geht es links, und kurz bevor der Weg aus dem Wald herausführt, wenden wir uns an einem unscheinbaren Abzweig nach links. Wir folgen dem schmalen Waldweg entlang einer bewaldeten Böschung oberhalb eines Wassergrabens, mit schönem Blick auf eine große Wiese und schließlich auch auf den **Nørresø** ❺. Der Weg endet an einer schmalen Straße.

Die Straße bringt uns nach links zum **Schloss Rugård** ❻, das in Privatbesitz ist. Leider können das schöne Backsteingebäude und die Fachwerkstallungen nur von außen besichtigt werden. Auf der Straße wandern wir ein Stück um einen Teich herum und biegen nach der Schlosseinfahrt an der **alten Schmiede** nach links in einen Schotterweg Richtung Ostsee ab. Schließlich zweigen wir auf einen Weg rechts hinauf in eine **Wiese** ❼ ab. Über eine Geländekuppe hinweg folgen wir dem Weg bis an den Waldrand gegenüber und treffen dort auf die **Campingplatz-Zufahrt**. Wir gehen links in den Wald hinein. Kurz nachdem wir ihn wieder verlassen haben, zweigt rechts ein Schotterweg ab, der uns leicht bergauf erneut in den Wald führt. Im Wald gabelt sich der Weg sogleich; wir halten uns zweimal links und erreichen, leicht ansteigend, einen Hochpunkt im Wald. Wir wandern bis zu einem Wegedreieck. Hier wählen wir den Weg links, der weiter horizontal am Hang verläuft (nicht den schmalen Pfad ebenfalls links, der steil nach unten führt). Durch den Buchenwald sehen wir bald die Ostsee schimmern und kommen dann zum **Strand** hinunter. Ein Abzweig bringt uns in wenigen Schritten vorbei an einer Bank zum Wasser. Auf dem Strand wandern wir weglos nach rechts immer am Wasser entlang, bis wir zum Jernhatten kommen. Diesmal bleiben wir unten am Strand, rechts die steilen Hänge des **Jernhatten**. Ein Holzschild (»P-Plads«) weist uns schließlich den Weg zu unserem **Parkplatz** ❶.

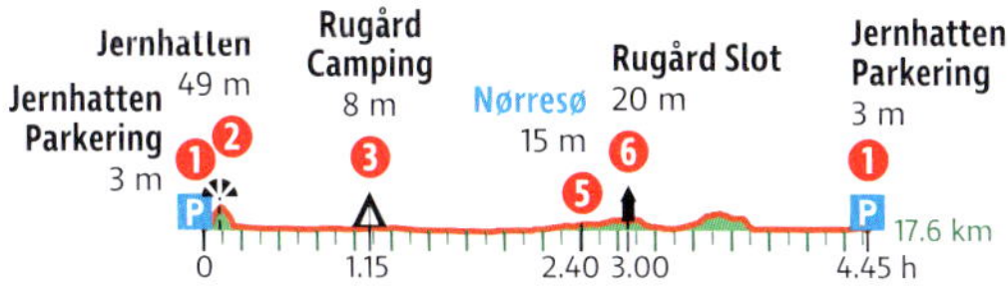

Die Nase des Jernhatten.

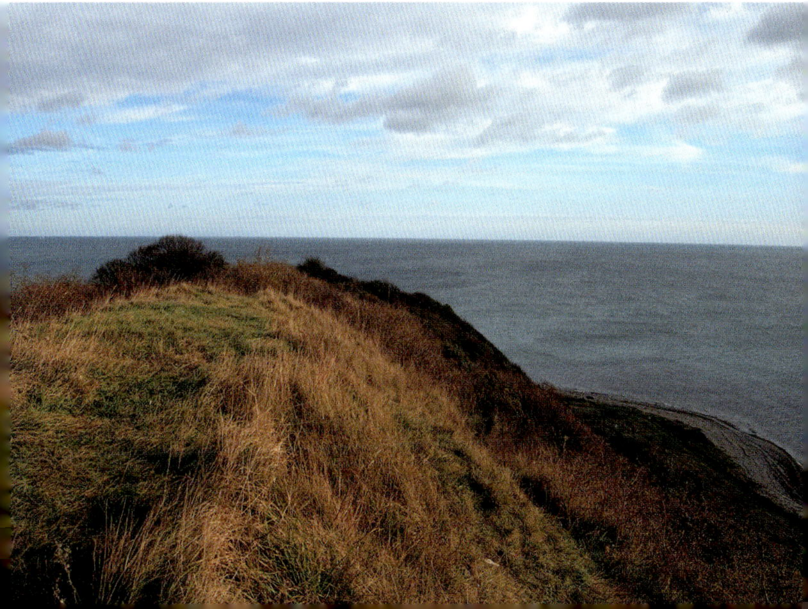

TOP

↗ 280 m | ↘ 280 m

50 Über die Mols Bjerge

5.15 h

Abwechslungsreiche Berglandschaft mit grandioser Aussicht

127 m über dem Meer, auf einer Halbinsel zwischen den Buchten von Kalø und Ebeltoft, die Sicht nur begrenzt durch das Wetter und die Erdkrümmung, stehen wir auf der Trehøj, einem der schönsten Punkte der Ostküste Jütlands. Auf unserer Wanderung öffnen sich immer wieder neue Perspektiven auf den zum Naturschutzgebiet erklärten Landstrich mit seiner kleinräumig strukturierten Hügellandschaft, sanft geschwungenen Tälern, Wäldern und Heide – und natürlich fehlen auch einige Hügelgräber nicht.

Ausgangspunkt: Trehøje. Anfahrt: Von Rønde Richtung Helgenæs, nach der Kirche von Vistorf links (»Knebel 3 km«), vor dem Ortsende rechts (»Trehøje«), bergauf, oben parken. Bus 123 (Rønde) von Ebeltoft bis Femmøller, Efterskole.
Anforderungen: Länge und teils steile Passagen erfordern Ausdauer.
Einkehr: Keine.
Variante: Gegen Ende der Tour an einem Wegedreieck in einer kleinen Senke den Schotterweg durch einen Durchlass im Weidezaun verlassen und links in einem weiten Rechtsbogen bergan, vor einer kleinen Kuppe rechts abwärts durch ein kleines Tal und an einer Weggabel mit einem Pfosten in der Mitte links in den Wald hinein. Geradeaus durch den Wald, über eine Weide und auf die Grabhügel Trehøje hinauf (ca. 1 km kürzer).
Karten: 1315 II Rønde, 1314 I Ebeltoft.

Vom **Parkplatz** ❶ an der **Trehøje** gehen wir auf der Schotterstraße kurz nach rechts, steigen nach wenigen Schritten links an einem gelb markierten Durchlass über einen Weidezaun und folgen weiter dem gelben markierten Pfad zunächst abwärts. Bald kommen wir am Waldrand an eine Kreuzung. Hier und an folgenden Abzweigen geht es geradeaus weiter. Nach einem kurzen Anstieg gehen wir nach links durch ein Gatter zu einem Weg und rechts weiter. Am nächsten Schotterweg (Hinweis »Bogens«) biegen wir rechts ab und gelangen zu einem **Aussichtspunkt** mit Rastbänken. Von dort nehmen wir geradeaus Kurs auf die Häuser von Bogens und steigen mit einem Grasweg ab. Bei den ersten Häusern von **Bogens** ❷ treffen wir auf einen Schotterweg und gehen links. Am Wegedreieck beim letzten Gebäude geht es links weiter und zwischen einem Viehgehege und einer kleinen Baumgruppe sehen wir unseren nach rechts

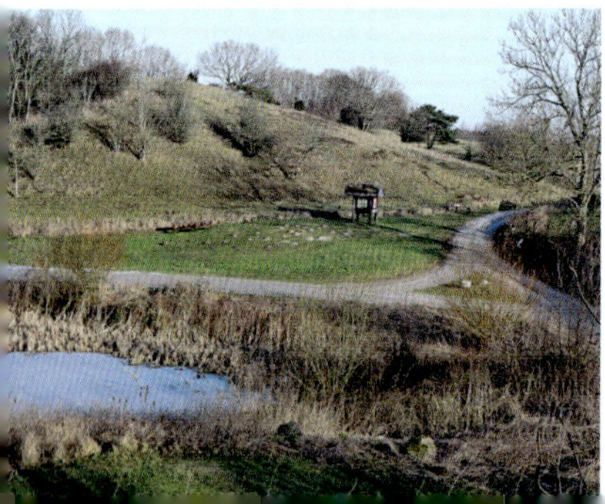

Zahlreiche Informationstafeln erklären die Besonderheiten des Naturschutzgebietes.

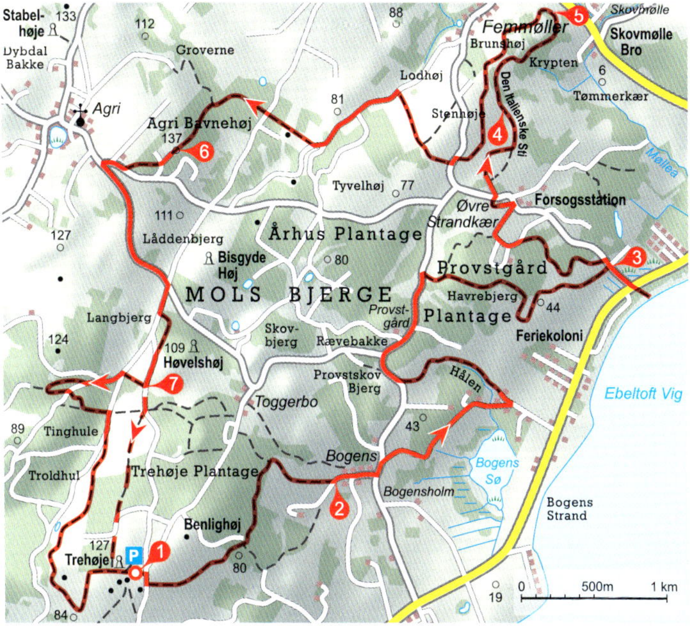

abzweigenden Grasweg. Wir wandern durch die Wiesen und passieren den schilfbestandenen **Bogens Sø** an seiner westlichen Seite. Bei einigen Gebäuden wird der Pfad zum Schotterweg und knickt rechts ab. Am folgenden Wegedreieck gehen wir links und nehmen bei einem Anwesen einen Grasweg mit **Holzschranke**, auf der »Offentlig Sti« (öffentlicher Weg) steht. Wieder im Wald queren wir genau vor einer Wegeeinzweigung von rechts oben ein Gatter und gehen am Fuß einer Hügelkette entlang. Nach einem weiteren Gatter münden wir ansteigend in einen Schotterweg. Hier rechts und am nächsten Wegedreieck wieder rechts Richtung Strandkaer. Von rechts münden Wege ein, wir gehen aber geradeaus und erreichen eine Wiese auf der rechten Seite. Der Schotterweg beginnt auf und ab zu führen, wenig später verlassen wir ihn unmittelbar hinter einer Baumreihe nach rechts auf einem kaum erkennbaren Pfad zwischen Bäumen und Weidezaun. Am Ende der Weide gehen wir geradeaus weiter und ignorieren den ersten Abzweig nach links (hier wieder Markierung gelbe Punkte). Kurz darauf folgen wir der nächsten Linkskurve und bleiben nun auf dem gelb markierten Weg. Nach einer Rechtskurve passieren wir ein Gatter, laufen eine Schleife aus und gelangen schließlich an einen Wiesenrand. Rechts

der Wiese wandern wir bergan und folgen dabei den gelben Punkten auf einen Höhenrücken. Diesen überschreiten wir und gelangen bergab zu einer **Schotterstraße** ❸ (Strandkærvej). Nach rechts kann man hier einen Abstecher zur Ostsee machen, zur **Ebeltoft Vig**.
Anschließend gehen wir zu unserem gelb markierten Wiesenweg zurück, verlassen also die Schotterstraße nach links und wählen an der Y-förmigen Verzweigung den rechten Pfad, der bald in Bögen bergauf und bergab durch Mischwald führt. Nach einem dichten Wacholdergebüsch folgen wir einem Linksbogen des Weges. Schließlich kommt unsere gelbe Route aus dem Wald, quert einen Weidezaun und mündet in einen breiten Fahrweg.
Wir gehen kurz nach links und biegen am Wegedreieck sogleich rechts ab. Der Fahrweg führt links weiter, wir verlassen ihn jedoch uns geradeaus haltend, schwenken nach rechts und erreichen ein **Besucherzentrum**. Rückseitig von diesem gelangen wir geradeaus zum Schotterparkplatz und rechts zur Fahrpiste. Wenige Schritte nach rechts und wir haben den Einstieg in den mit roten Punkten markierten **Italienske Sti** ❹ (viele Hinweistafeln) erreicht. Den Zeichen folgen wir an einer Verzweigung nach rechts. Nach einem steilen Anstiegsstück geht es ebenfalls nach rechts weiter. An einem Querweg biegen wir links ab und folgen nun dem Verlauf einer kleinen Schlucht rechts unter uns. An einer Verzweigung im Hang halten wir uns rechts und erreichen so an einem Gatter (das wir nach der Schleife über Femmöller wieder passieren werden) einen weiteren Querweg.
Ab hier folgen wir den gelben Markierungen der kleinen Runde und steigen steil fast bis **Femmøller** ❺ ab. Noch vor dem großen Wanderparkplatz gegenüber eines Gebäudes steigen wir dann wieder nach links an. In einer Wiesenmulde halten wir uns links und können schon das nahe Gatter erkennen. Nach dessen Durchstieg halten wir uns rechts direkt am Zaun entlang auf einem Pfad. Dieser steigt etwas an und bietet bei einer **Rastbank** schöne Ausblicke nach links (Bucht). Weiter mit dem Weg queren wir bald im Linksversatz eine Schotterpiste. Nach einem kurzen Anstieg biegt der Italienske Sti an einem **Wegedreieck** links ab. Hier verlassen wir ihn und gehen rechts weiter ein Tal hinab bis zu einem Schotterweg. Auf diesem wenden wir uns nach links. Von rechts zweigt ein gelb markierter Weg ein, wir bleiben geradeaus. Im folgenden kurvigen Wegabschnitt zweigen wir mit den gelben Punkten durch ein Gatter nach rechts auf einen Pfad ab. Durch die offene Heidefläche lassen wir uns mit den gelben Punkten bald an einem Doppelgatter über eine Piste hinweg bis zum **Höhenwall** vor uns

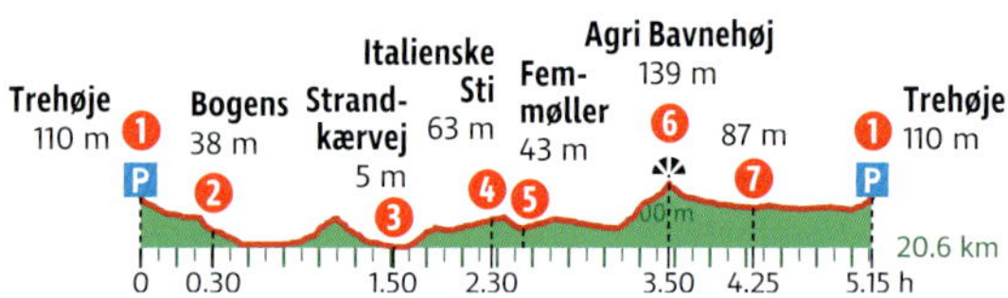

leiten. An dessen Fuß verschwenken wir leicht nach links und steigen zu einem den Hang querenden Weg an. Ein Hinweisschild weist nach rechts Richtung »Agri«, wir bleiben aber geradeaus und erklimmen die fantastische Aussichtshöhe **Agri Bavnehøj** 6. Über diese hinweg führt ein Schotterpfad wieder nach unten und wir erreichen den Wanderparkplatz am Ortsrand von **Agri**. Wir queren den Parkplatz nach rechts bis zu den ersten Häusern von Agri und biegen scharf nach links mit Hinweis »Toggerbo« ab. Auf der Fahrpiste erreichen wir, kurz nachdem wir in eine Hügellandschaft hineingewandert sind, eine Kreuzung. Wir gehen nach rechts auf dem Radweg weiter, der sich bald nach links von der Schotterfahrpiste entfernt. Der Radweg mündet in eine weitere Piste. Mit dieser kommen wir an ein Wegedreieck in einer kleinen Senke. Hier verlassen wir den Schotterweg und gehen nach rechts ein paar Schritte hinauf zu einem **Weidezaun-Durchlass** 7 (Variante). Vor diesem Durchlass folgen wir außerhalb der Weide einem Pfad mit gelben Markierungen nach rechts. Bald queren wir einen Schotterweg und treffen wenige Schritte später auf einen weiteren Waldweg; hier links. Wir verlassen mit der gelben Markierung diesen Weg nach rechts auf einen Pfad entlang einer hier beginnenden Schlucht. Unser Pfad quert einen Waldweg und mündet in einen weiteren Pfad, auf dem wir nach links hinauf wandern. Am links neben dem Fahrweg verlaufenden Fußpfad gehen wir rechts weiter und bald nach links durch ein Gatter. Wir folgen den gelben Markierungen durch die kleinräumig interessante Landschaft und kommen in ein kleines **Muldental**. Dort gehen wir nach rechts zu einem Gatter vor der Schotterpiste. Vor dem Gatter (gelber Weg) geht es nach links weiter bergan mit den gelben Punkten. An einer Pfadeverzweigung in der Weidefläche halten wir uns rechts, bis wir zu einem von rechts unten ansteigenden **Quertal** kommen (gelbe Route).

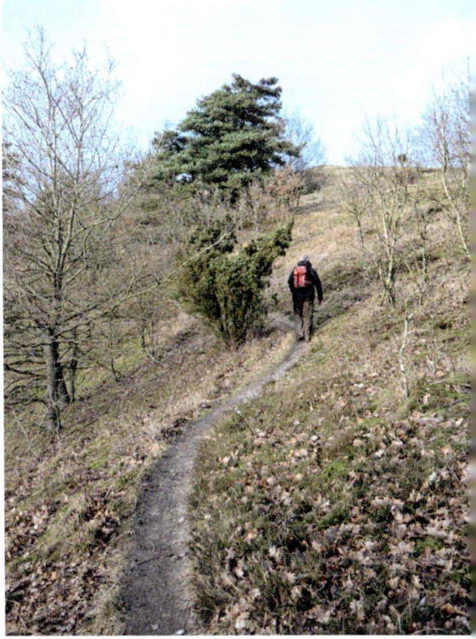

Immer wieder fordern uns kurze, aber knackige Anstiege.

Hier gehen wir links hinauf und betreten bei einem **Brunnen** durch ein Gatter wieder die Weideflächen. In Direttissima steigen wir nun zum ersten der vor uns liegenden Hügel auf. Zwei weitere folgen noch in Gehrichtung – nun wissen wir, warum dieser Ort **Trehøje** heißt. Von der letzten Kuppe aus erreichen wir den **Parkplatz** 1.

TOP

↗ 200 m | ↘ 200 m

51 Halbinsel Helgenæs

3.00 h

Rund um die Südspitze Djurslands

Auf unserer Wanderung erschließen wir die gesamte Südspitze dieser kleinen Halbinsel, die nur über eine schmale Landzunge mit Mols und dem Festland im Norden verbunden ist. Dabei müssen wir gelegentlich auch einmal zurückschauen, um uns den Postkartenblick auf den am Ende der Landzunge der Halbinsel errichteten Leuchtturm nicht entgehen zu lassen. Schließlich können wir auch hier Höhen von knapp 100 m über dem Meer erreichen und den Panoramablick von der Kalø-Bucht bis zur Ebeltoft-Bucht genießen.

Ausgangspunkt: Sletterhage Fyr. Anfahrt: Von Ebeltoft Richtung Helgenæs bis zum Leuchtturm.
Anforderungen: Einfache Tour, Pfade und befestigte Wege, weglos am Strand.

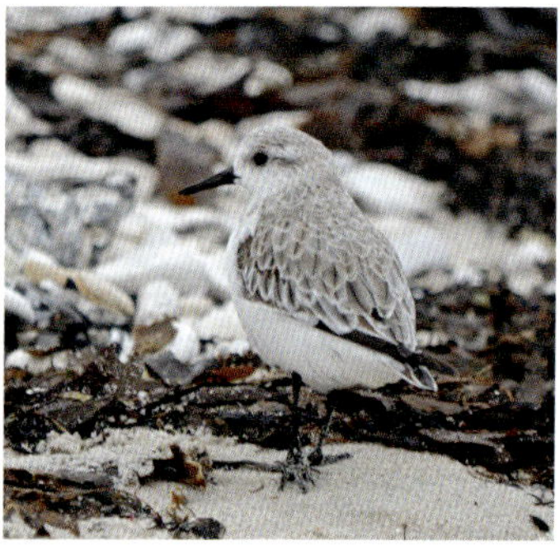

Einkehr: Keine.
Varianten: 1) An dem Querweg vor Weidezäunen geht es nach links über einen unscheinbaren Steinwall, direkt dahinter können wir einen Weg ausmachen, der den locker bewachsenen Hang hinunterführt. Dieser Weg bringt uns recht bald zu einem Pumpenhaus. An diesem wandern wie auf einem Schotterweg vorbei und bleiben in Gehrichtung geradeaus. 2) Vom Gipfel des Ellemandsbjerg links ca. 20 m auf dem regulären Abstiegsweg und genau bei einem Pfosten auf undeutlicher Pfadspur schräg rechts den Hang hinunter. Nach dem Waldrand in der zweiten Baumreihe rechts durch Brombeerbewuchs zu dem Grasweg an der Waldinnenecke der Hauptroute.
Karte: 1314 I Ebeltoft.

Kleiner Watvogel: der Flussuferläufer.

Vom **Parkplatz** ❶ am **Sletterhage Fyr** gehen wir über den Kiesstrand zum Wasser und dort links am Leuchtturm vorbei. Wir wandern am Strand entlang auf die vor uns aufragende Steilküste zu. Rote Holzschilder zum Tyskertårnet und gelbe Punkte weisen uns den Weg. Nach einer längeren Strecke am Kiesstrand folgen wir dem Hinweis »Tyskertårnet« links hinauf. Nach einigen Stufen gehen wir an einem Abzweig rechts weiter und erreichen bald den **Bunker**, von dessen Dach wir eine beeindruckende Aussicht haben. Vom Turm aus geht es nach rechts weiter auf einem parallel zur Küste verlaufenden Pfad, bald an der recht steil abfallenden Küste entlang. Schließlich erreichen wir die Aussichtshöhe **Bursklint** ❷ und blicken über den östlichen Zipfel von Helgenæs hinaus auf die **Ebeltoft-Bucht**.

Mit dem gelben Punkt geht es weiter geradeaus. In einer flachen Mulde erreichen wir eine **Abzweigung** nach rechts (Hinweis »Lyshage« geradeaus)

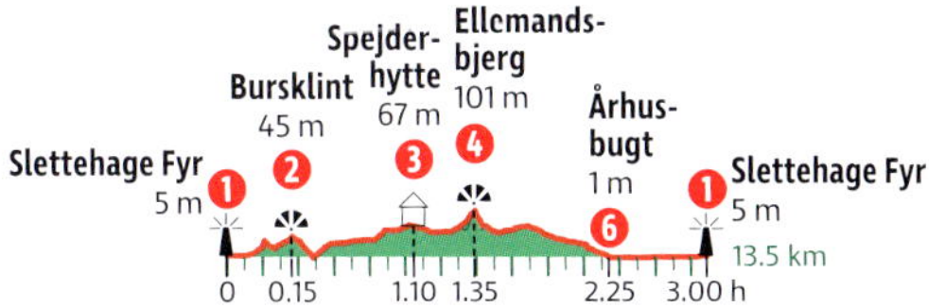

und folgen ihr auf einem schmalen Steig, zum Schluss weglos die Bucht hinab. Unten gehen wir an einer kleinen Landzunge vorbei und folgen weiter den Pfosten mit den gelben Markierungen wieder bergauf. Oben gehen wir an der Kante rechts weiter. Nach einem Linksbogen vor einer Windschutzhecke endet schließlich der markierte Pfad an einem kleinen **Parkplatz**. Wir gehen auf dem Zufahrtsweg nach rechts und schon bald auf einem Feldweg nach links. Dieser führt an einem Acker vorbei in einen Wald, in Kurven bergauf und bergab und zu einigen **Gebäuden**.
Hier enden die Fahrspuren an einer Wiese, rechts führt der Weg als Graspfad sanft bergan weiter. Vor einer Rodungsfläche treffen wir auf einen Forstweg, in den wir links einbiegen. Auf diesem Weg, zu dem von rechts und links immer wieder Pfade stoßen, gehen wir geradeaus, bis wir den Waldrand erreichen, dort rechts. Unmittelbar nach der Rechtskurve erreichen wir die **Spejderhütte** 3. Auf Höhe der Pfadfinderhütte biegen wir von dem Schotterweg nach links auf einen Pfad ab und folgen diesem in die Weiden hinein. An einem Querweg vor Weidezäunen haben wir die Möglichkeit, nach links direkt, ohne Abstecher auf den Ellemandsbjerg, abzusteigen (Variante 1). Zur Besteigung des Ellemandsbjerges gehen wir am Weidezaun rechts und treffen auf einen Schotterweg. In diesen biegen wir nach links ein. Direkt am Waldrand wählen wir nach links einen Grasweg, der an der Waldinnenecke nach rechts in den Wald einschwenkt. Wir treffen auf einen Querweg, in den wir nach links einbiegen. An einem **Wegedreieck** gehen wir dann

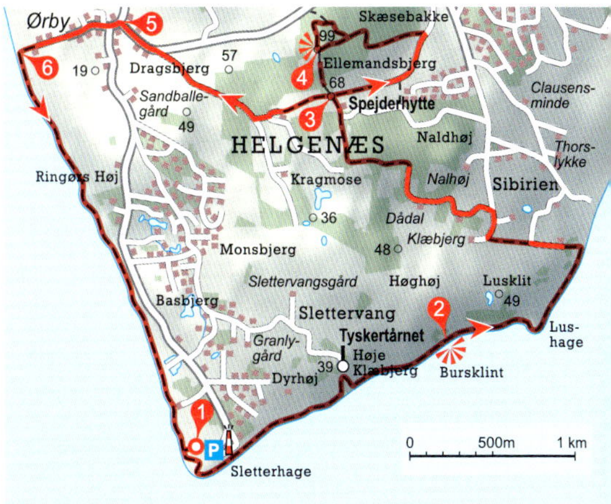

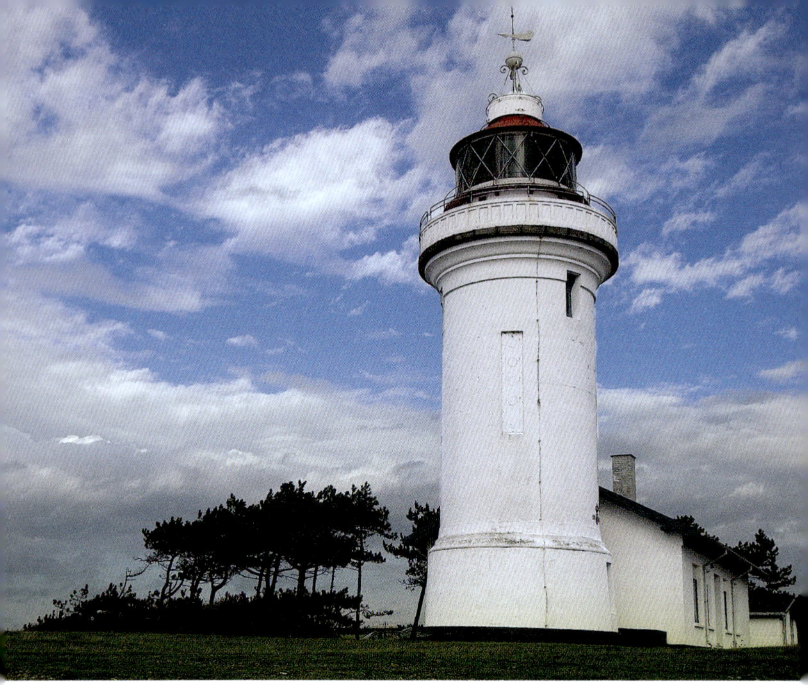

Der Leuchtturm Sletterhage an der Südspitze der Halbinsel Helgenæs.

rechts weiter und folgen dem gelb markierten Weg links bergan bis zum höchsten Punkt des **Ellemandsbjerges** 4 (Variante 2). Von dem Aussichtspunkt nehmen wir den Weg nach links bergab und gelangen zu dem **Wegedreieck**, an dem wir die kleine Gipfelrunde nach rechts begonnen haben. Leicht rechts haltend gehen wir nun bis zu dem Beginn des Pfades zurück, der nach links zur Spejderhütte führt (Abkürzungsbeginn Variante 1). Wir bleiben nun noch ca. 10 m geradeaus, übersteigen einen kleinen Wall und gehen in gerader Linie zu einem **Pumpenhaus** den Hang hinunter.
An einem weiteren Schotterweg wandern wir nach rechts und bald durch Wiesen auf die Häuser von **Ørby** 5 zu und in den Ort hinein. Bei einer Natursteinmauer folgen wir dem Sletterhagevej für wenige Schritte nach links und bleiben bei einer Litfasssäule geradeaus (Strandbakken). Nach dem Dorf erreichen wir bald den Strand der **Århusbugt** 6, hier links. Nach einer kleinen Küstenbiegung sehen wir in der Ferne schon den **Leuchtturm Sletterhage**. Wir erreichen unseren **Ausgangspunkt** 1 über den Kiesstrand oder, auf dem letzten Kilometer nach dem Ende der Dünen bei Häusern etwas bequemer, über den Asphaltweg parallel zum Strand.

↗ 120 m | ↘ 120 m

3.30 h

Zur Schlossruine Kalø

Von einem Jagdschloss auf eine Insel mit Burgruine

Über den Steindamm, der heute auf die kleine grüne Insel in der Kalø-Bucht führt, hätte der schwedische König Gustav Vasa im Jahre 1519 wohl einfacher von der Burg Kalø fliehen können. Uns ermöglicht er heute, zur Insel hinüberzulaufen und dort die erhaltenen Grundmauern zu besichtigen. Zum Jagdschloss Kalø Hovedgård zurück wandern wir an der Steilküste durch einen Wald aus Buchen, deren Stämme sich zu bizarren Skulpturen geformt haben, und vorbei an der kleinen Bregnet Kirke mit schönem Blick über die Insel und die Burganlage.

Ausgangspunkt: Kalø Hovedgård bei Rønde. Anfahrt: Straße 21 von Randers Richtung Ebeltoft, hinter Mørke durch Rønde, gleich danach rechts (Hinweis »Bjødstrup 3 km, Kalø«). Bei Gebäuden rechts zum Jagdschloss fahren, Parkplatz in einem kleinen Waldstück am Jagdschloss. Bus 123 (Rønde) von Ebeltoft zur Haltestelle Kalø Ruin.
Anforderungen: Bequeme Runde auf befestigten Wegen und holperigem Natursteindamm.
Einkehr: Kalø Slotskro.
Karte: 1315 II Rønde.

Alter Natursteindamm zur Schlossruine.

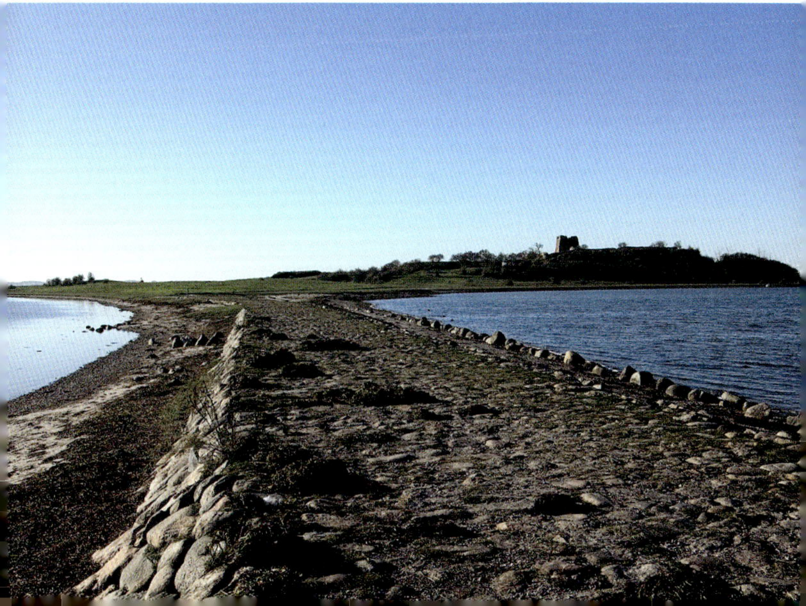

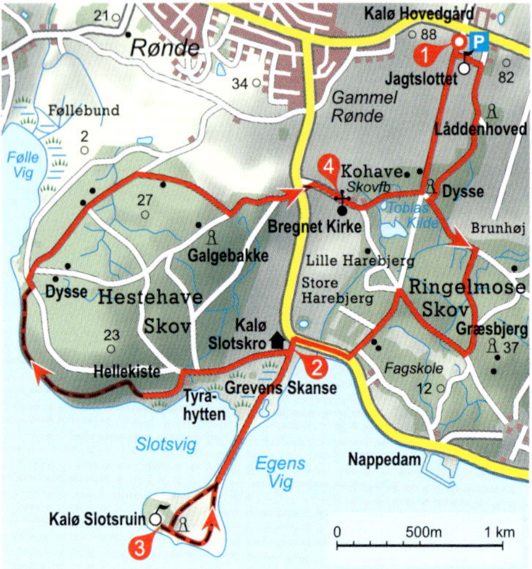

Vom **Parkplatz 1** gehen wir auf das **Jagdschloss** zu, kurz davor links und sogleich auf einem Schotterweg rechts. Im ersten Teil der Wanderung folgen wir einer gelb markierten Route. Nach einer längeren Strecke im Wald stoßen wir auf einen Kiesweg und wenden uns nach links. Etwas später biegen wir an einem Wegedreieck rechts ab und kommen erneut an ein Wegedreieck, an dem wir uns nach rechts wenden. Dann erreichen wir eine Schotterwegkreuzung, an der wir die gelbe Route nach links verlassen und geradeaus bis zur **Egens-Bucht** laufen. Mit dem Radweg kommen wir rechts zu einem großen Parkplatz mit einem Kiosk und Café, **Slotskro 2**.

Wir überqueren Straße und Parkplatz, passieren ein Holzgatter und wandern über einen mit großen Steinen befestigten Damm zur Ruine **Kalø Slotsruin 3**, die auf einer kleinen, grünen Insel in der Ostsee liegt. Nach Erkundung der Ruine verlassen wir die Insel wieder über den Steindamm.

Am Festland angekommen, folgen wir aufs Neue einer gelb markierten Route, diesmal in den **Hestehave Skov**. Sofort hinter dem Holzgatter, durch das wir auf den Damm gelangt sind, wenden wir uns auf einem Kiesweg nach links und haben bald den Wald erreicht. Eine Abzweigung nach rechts ignorieren wir. Wenig später zweigt unsere Route bei einem kleinen Fachwerkhäuschen nach links auf die **Molsroute** (markiert mit einem weißen Wanderer auf blauem Grund) Richtung Ufer ab. Auf einer mit Schilf und Gras bewachsenen Uferterrasse gehen wir nach rechts und weiter bis

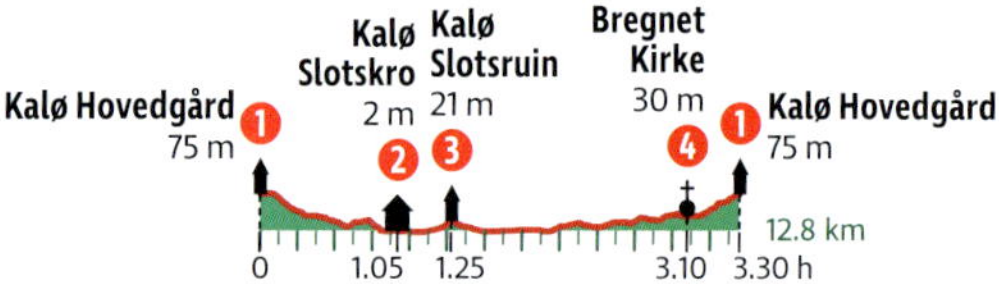

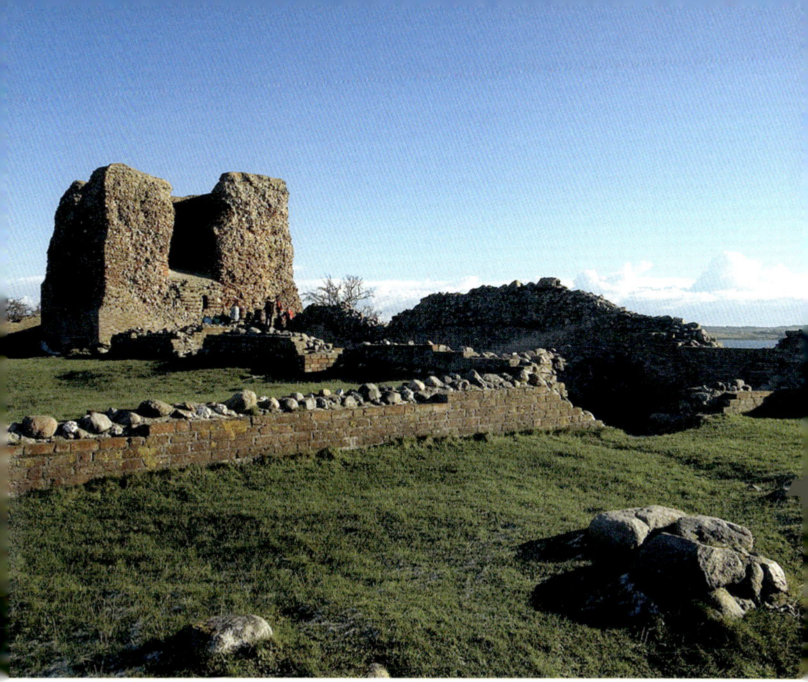

Grundmauern der Schlossruine auf Kalø.

zum Waldrand. Dort biegen wir nach rechts in den gelb markierten Pfad ein. Wir wandern oberhalb der Schlossbucht auf einem schmalen Pfad zwischen skurril geformten Buchen hindurch. Nach einer ganzen Weile sind wir wieder auf Meereshöhe angekommen, gehen an einer **Uferwiese** mit Bänken rechts zu einem Schotterweg und nehmen diesen nach links.
An einer Gabelung verzweigt sich auch die gelbe Route. Wir halten uns mit der Molsroute links und dann geradeaus durch den Wald, vorbei an einem Abzweig nach rechts bis zu einer weiteren Verzweigung. Hier biegen wir rechts ab. Bald schimmert links ein kleiner See durch die Bäume. Wir stoßen auf einen Schotterweg und verlassen die gelbe Route nach links. Dann kommen wir aus dem Wald heraus zu einer Straße, auf deren anderer Seite die **Bregnet Kirke** 4 liegt. Diese Kirche erreichen wir über eine schmale Straße. Das Sträßchen führt durch eine Schranke und dann als Schotterweg durch eine weitere Schranke in den Wald. An der folgenden Kreuzung (bei einem Gedenkstein) gehen wir nach links. Der Weg führt schnurgerade bergan, aus dem Wald heraus und schließlich zu unserem **Parkplatz** 1 beim **Jagdschloss**.

STICHWORTVERZEICHNIS

KLEINE SPRACHHILFE DÄNISCH – DEUTSCH FÜR WANDERER

Dänisch	Deutsch	Dänisch	Deutsch
å	Bach, kleiner Fluss	knude	Knotenpunkt (von Seenavigationslinien)
bane	Zug, Bahn	kog	Koog
bakke	Hügel	kro	Gasthaus
batteri	Geschützstand	kyst	Küste
bjerg	Berg	købmand	Kaufmann, Laden
borg	Burg	landsby	Dorf
bredning	Haff-, Binnensee	legeplads	Spielplatz
bro	Brücke	mile	Düne
bugt	Bucht	mindesten	Gedenkstein
bæk	kleiner Bach	museet	Museum
bænk	Bank	mølle	Mühle
båd	Boot	norden	Norden
bålplads	Feuerstelle	odde	Landzunge
center, centret	Zentrum	område	Gebiet
cyclerute	Radweg	ø	Insel
dal	Tal	øst	Osten
dam	Teich	parkering plads	Parkplatz
dige	Deich	plantage	Anpflanzung, Schonung
dysse	Hünengrab, Dolmen	rasteplads	Rastplatz
dæmning	Damm	ruin	Ruine
ebbe	Ebbe	sande	Sand, verlandetes Gebiet
eng	Wiese	skib	Schiff
fjord	Fjord	skov	Wald
flod	Flut	slot	Schloss
fugle	Vogel	sluse	Schleuse
fyr	Leuchtfeuer	station	Bahnhof
fyrtårn	Leuchtturm	sten	Stein
færdsel	Verkehr	sti	Steig, Weg
færge	Fähre	storm	Sturm
gade	Straße (Stadt)	strand	Strand
grav	Grab	sund	Meerenge
gård	Hof, Herrensitz	syd	Süden
hav	Meer	sø	See
havn	Hafen	tidevand	Gezeiten
hede	Heide	tårn	Turm
holm	Landenge	udsigt	Aussicht
hus	Haus	vade	Watt
hytte	Hütte	vand	Wasser
høj	Hügel	vandrerhjem	Jugendherberge
indre dige	Binnendeich	vej	Weg, Straße
kap	Kap	vejle	Untiefe
kilde	Quelle	vest	Westen
kirke	Kirche	vig	Bucht
klint	Steilufer	værn	Wehr
klit	Düne		
klitplantage	Küstenschutzwald		

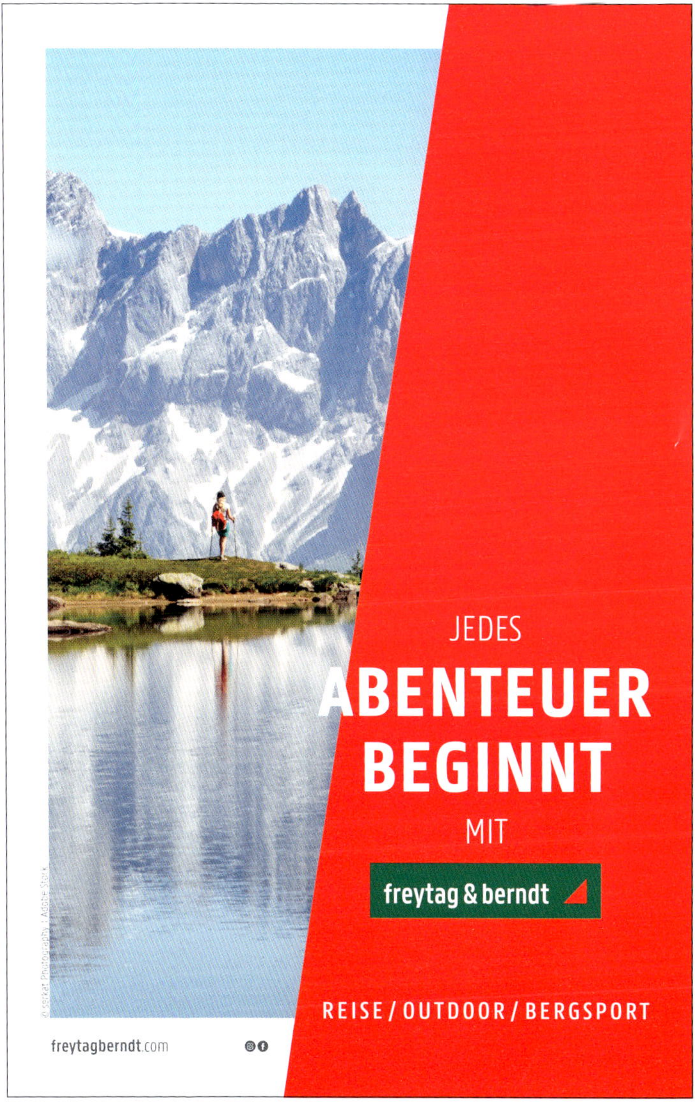
JEDES
ABENTEUER
BEGINNT
MIT
freytag & berndt
REISE / OUTDOOR / BERGSPORT
freytagberndt.com

Umschlagbild: Brücke über den Liver Å an dessen Mündung in die Nordsee (Tour 6).

Bild im Innentitel: Am Fuß der Steilküste Hanklit (Tour 20).

Bild S. 32/33: Mündungsgebiet des Uggerby Å in die Nordsee (Tour 5).

Alle 142 Fotos stammen von den Autoren.

Texte in Zusammenarbeit mit Karin Driesen.

Kartografie:
52 Wanderkärtchen im Maßstab 1:50.000 / 1:75.000 (gezeichnet von Barbara Häring, Gröbenzell und Heinz Muggenthaler, Regen)
© Bergverlag Rother GmbH, München
sowie 2 Übersichtskärtchen im Maßstab 1:2.000.000 und 1:3.500.000
© Freytag & Berndt, Wien

Werk-Nr.: 4352

5., aktualisierte Auflage 2024

ISBN 978-3-7633-4764-3

FSC www.fsc.org MIX Papier | Fördert gute Waldnutzung FSC® C147178

Wir freuen uns über jeden Korrekturhinweis zu diesem Wanderführer!
Bitte per E-Mail an: leserzuschrift@rother.de

ROTHER BERGVERLAG · Keltenring 17 · D-82041 Oberhaching
Tel. +49 89 608669-0 · rother.de